对外汉语本科系列教材
语言技能类（三年级）

报刊阅读教程

下 册

彭瑞情　王世巽　刘谦功　编

北京语言大学出版社
BEIJING LANGUAGE AND CULTURE
UNIVERSITY PRESS

图书在版编目（CIP）数据

报刊阅读教程下册/彭瑞情等编.
－北京：北京语言大学出版社，1998.12（2014.8重印）
ISBN 978－7－5619－0664－4

Ⅰ．报…
Ⅱ．彭…
Ⅲ．对外汉语教学－教材
Ⅳ．H195.4

中国版本图书馆 CIP 数据核字（1998）第 25476 号

书　　　名：	报刊阅读教程下册
责任印制：	汪学发

出版发行：	**北京语言大学出版社**
社　　　址：	北京市海淀区学院路 15 号　邮政编码 100083
网　　　址：	www.blcup.com
电　　　话：	发行部　82303650 /3591 /3651
	编辑部　82303647
	读者服务部　82303653
	网上订购电话　82303908
	客户服务信箱　service@blcup.com
印　　　刷：	保定市中画美凯印刷有限公司
经　　　销：	全国新华书店

版　　　次：	1999 年 1 月第 1 版　2014 年 8 月第 8 次印刷
开　　　本：	787 毫米×1092 毫米　1/16　印张：19.25
字　　　数：	369 千字
书　　　号：	ISBN 978－7－5619－0664－4 / H·9829
定　　　价：	39.00 元

凡有印装质量问题，本社负责调换。电话：82303590

目 录

第18课 ……………………………………………………………………（ 1 ）
  课文 朝阳,正喷薄而出
       ——关于发展国内旅游的述评
  阅读(一) 北京向国际旅游名城迈进
    (二) 生态旅游好处多
    (三) 小窗口联着大世界

第19课 ……………………………………………………………………（ 19 ）
  课文 伟大的理论 宏大的实践 巨大的转变
       ——我国社会主义市场经济进程述评
  阅读(一) 看临颍怎样搞活国有企业
    (二) 看得见摸得着的变化

第20课 ……………………………………………………………………（ 34 ）
  课文 迈好走向社会第一步
  阅读(一) 说"跳槽"
    (二) 双向选择:有没有更好的方法

第21课 ……………………………………………………………………（ 48 ）
  课文 我们何时坐上国产高速列车
  阅读(一) 把汽车住房"捆"起来
    (二) 萨伯载我上蓝天
    (三) 扶桑十日看交通

第22课 ……………………………………………………………………（ 66 ）
  课文 个人所得税:是喜？是忧？
  阅读(一) 第一代"地税人"
    (二) 遗产税向我们走来

第23课			(82)
课文	潜入网络的罪恶		
阅读(一)	电子计算机走过50年		
(二)	信息高速公路并不神秘		

第24课			(96)
课文	走向现代化的必由之路		
	——评述我国小城镇发展趋势		
阅读(一)	小城镇 风华正茂		
(二)	在山东半岛的村庄兼并		

第25课			(110)
课文	"请客吃饭"也要更新观念		
阅读(一)	家常便饭好待客		
(二)	烤鸭的魅力		

第26课			(127)
课文	锐意改革发展 再铸拉萨辉煌		
阅读(一)	蒙古包走进博物馆		
(二)	浓郁而迷人的穆斯林风情		
(三)	中国:多民族的大家庭		

第27课			(147)
课文	缩小地区差距 促进协调发展		
阅读(一)	东西差距与城乡差距		
(二)	乡镇企业东西合作成效显著		
(三)	西部发展要立足自身		

第28课			(159)
课文	替代开发 铲除毒源		
阅读(一)	遏制"白色瘟疫"的蔓延		
(二)	禁毒斗争方兴未艾		

第29课			(176)
课文	世界屋脊的面纱渐渐揭开		
阅读(一)	人类:回望的觉醒		
	海洋:蓝色的力量		
(二)	话说地震预报		

第 30 课		(194)
课文	牢记人民嘱托	
	——为"星火计划"十周年而作	
阅读（一）	人生目标：让农民满意	
（二）	科普兴县——热了小凉山	

第 31 课		(210)
课文	需要中国的参与	
	——中国经济的持续增长对世界的意义	
阅读（一）	中美经济贸易 25 年	
（二）	铺设亚欧金桥	

第 32 课		(224)
课文	谁拥有文化谁就拥有未来	
	——谈谈经济文化一体化	
阅读（一）	地铁——一条文化暗河	
（二）	小吃	

第 33 课		(242)
课文	加强我国广告市场建设	
阅读（一）	广告幼稚病	
（二）	商业广告也要讲文化品位	
（三）	让中国品牌走向世界	

第 34 课		(260)
课文	联合国改革知难而进	
阅读（一）	维护和平，促进发展	
（二）	决不许奥斯威辛悲剧重演	

注释索引	(276)
词汇表	(279)

第18课

课　文

朝阳，正喷薄而出

——关于发展国内旅游的述评

姜　波

"来这里的很多旅游者都携家带口。他们坐在椅子上，打着伞，几乎挡住了海岸线。孩子们吃着蛋卷冰淇淋，大人们抱怨收费太高。世界各地旅游者所熟悉的那种情况已来到中国。"这是美联社1995年9月发自北戴河的报道。

真有恍如隔世之感。记得1990年春季旁听全国旅游工作会议时，北京、上海、广州等涉外饭店房空待客的局面使会议笼罩着低调的气氛。多数人预测：按正常的发展与增长，即使不再上新项目，全国涉外饭店供过于求的情况也将持续到本世纪末。那一年全国旅游创汇额为22.2亿美元。

时光刚流逝四五年，事情便发生了本质性的变化。进入旺季时，各中心城市和旅游胜地房间紧张，旅客爆满。1994年我国旅游创汇73.23亿美元，仅仅北京市就达20.09亿美元，几乎相当于1990年全国的总额。

从1978年创汇2.62亿美元、排名世界第41位，到1995年创汇87亿美元、名列全球第9，我国国际旅游取得了革命性的进展，完成了从"事业接待型"到"产业创汇型"的过渡，这是改革开放的重要成就。

然而，更为激动人心的是国内旅游的崛起。

1995年国内旅游人次6.29亿，旅游产值达1375.7亿元。国内旅游产值已远远超出了国际旅游产值。更为重要的是，在国际旅游平稳增长之际，国内旅游犹如岩浆喷发，有着不可遏制的爆发力。

这是一个结构性的变化、战略性的变化，现实向人们提出这样的问题——我国旅游业是否面临着把工作重心从国际旅游转移到国内旅游的抉择。

旅游，作为永不衰退的朝阳产业，现在是全球仅次于石油的第二大产业，产值达3.4万亿美元。专家们预测到本世纪末会达到7.2万亿美元,成为第一大产业。旅游近年来被称为"火车头产业",可以带动交通、通讯、建筑、轻工、餐饮等多种行业发展。旅游部门每收入1元钱,社会综合效益可达5—7元。而且,在国际经济的兴衰起伏中,唯有旅游业受周期波动和产业结构调整的影响最小。把旅游业作为国民经济的支柱产业,已经取得了全社会的共识。

然而,旅游业的发展有其特殊的规律,有待人们去认识、去探讨。

全球的国际旅游从1950年的2520万人次、21亿美元的产值,到1994年的5.28亿人次、3214亿美元的产值,说明了旅游业在现代经济中是超常发展的。这需要人们有超前的认识。目前,在美、法等发达国家,旅游业产值占全部国内总产值的10%以上,西班牙、新加坡、香港等国家和地区的比例更高;而我国1994年国内国际旅游产值1655亿元,占国内总产值的3.78%,这说明我国的旅游业总体上处于刚起步阶段。

各国经济发展水平不同,但专家们注意到一个现象:人均收入在500—800美元阶段,是旅游,尤其是国内旅游的迸发期。1964年日本人均收入400美元时,第一次组织包机去美国旅游,成为轰动全国的大事;而今天,日本光每年出国旅游就达到1000万人次。现在,我国人均收入正值500美元左右,有几十个城市超过1000美元,正是旅游急剧扩展时期。根据抽样调查,北京有40.6%、上海有49.3%的人把中近途旅游作为双休日休闲的第一选择。然而,从人均年参旅游率来看,我国只有0.5次,而发达国家一般都有六七次。

从国内旅游起步带动相关产业发展,是世界旅游大国的重要特点。一般来说,国内旅游收入占旅游总收入的90%左右,而我国国内旅游收入目前占60%左右。当然,我国仍处于发展中阶段,在一定时期内需要发展国际旅游,作为非贸易外汇收入的重要来源。但是,国际旅游、国内旅游、出境旅游协调发展是一种大趋势。如果国内旅游不畅,很可能使一些高收入的旅游者被迫选择出境旅游。

在我国旅游业中,有一个对比十分鲜明的现象。在国际旅游方面,大部分游客是由旅行社做中介入境的,散客很少;而香港、新加坡等地的入境旅客中,散客比例达60%左右。这说明我国的促销与接待工作还有待改进。与此相反,在国内旅游方面,旅行社组织的客源少而又少。尽管全国有9470家旅游企事业单位、4000多家旅行社,但1994年只组织了1389万人次,占国内旅游总人数的3.8%;而旅游发达国家则达到70%以上。这固然由于微利使旅行社不愿问津,但更重要的是国内旅游的管理滞后。

当然,我国不应放松国际旅游,而需要更多地招徕游客,更多地收取外汇,因此应进一步提高"硬件",充实"软件"。这是一个巩固与提高的过程。然而,国内旅游基础条件和管理水平严重滞后,"出门受罪"成为普遍现象,已经严重阻碍旅游生产力的发展。这是一个起步与创建的过程。

事情很明显,在抓好国际旅游的同时,逐步把我国旅游业的工作重心转移到国内旅游上来,这是时代提出的课题。

选自《经济日报》1996年4月2日

生　词

1. 喷薄	（形）	pēnbó	形容太阳上升的样子。 gush; spurt	
2. 携家带口	（成）	xié jiā dài kǒu	携带家人。 bring one's wife and children along	
3. 恍如	（副）	huǎngrú	仿佛，好像。 seem; as if	
4. 隔世	（动）	géshì	隔了一世。形容很久以前。 for a long time; long ago	
5. 笼罩	（动）	lǒngzhào	像笼子似的罩在上面。 envelop; shroud	
6. 低调	（名）	dīdiào	消沉的论调。 low-key; low-spirited	
7. 涉外	（形）	shèwài	涉及与外国关系的。此指对外。 concerning foreign affairs or foreign nationals	
8. 供过于求	（成）	gōng guò yú qiú	供应超过了需求。 the supply exceeds the demand	
9. 创汇	（动）	chuànghuì	赚取外汇。 earn foreign exchange	
10. 爆满	（形）	bàomǎn	形容旅馆、戏院等人多到没有空位的程度。 full house	
11. 过渡	（动）	guòdù	事物发展、转变的阶段。 transition; transit	
12. 崛起	（动）	juéqǐ	兴起。 rise abruptly	
13. 岩浆	（名）	yánjiāng	地壳下面的高温熔融物质。 magma	
14. 喷发	（动）	pēnfā	喷出来。特指火山口喷出熔岩。 spurt; spout	
15. 遏制	（动）	èzhì	制止。 check; hold back	
16. 抉择	（动）	juézé	选择。 choice	
17. 衰退	（动）	shuāituì	衰落。 fail; decline	

18. 周期	（名）	zhōuqī	事物在发展变化的过程中,某些特征多次重复出现,其连续两次出现所经过的时间叫周期。
			period; cycle
19. 共识	（名）	gòngshí	一致的看法。
			common view
20. 超常	（形）	chāocháng	超出常规的。
			be above average
21. 超前	（形）	chāoqián	超越当前。
			lead
22. 迸发期	（名）	bèngfāqī	指迅速发展时期。
			booming period
23. 急剧	（形）	jíjù	迅速而猛烈。
			rapid; sharp
24. 抽样调查		chōuyàng diàochá	在事物的总体中选取样品进行调查。
			pilot survey
25. 双休日	（名）	shuāngxiūrì	周末两天休息日。
			weekend
26. 相关	（形）	xiāngguān	彼此关连。
			be interrelated
27. 中介	（名）	zhōngjiè	媒介,即促使双方发生关系的人或事物。
			medium
28. 微利	（名）	wēilì	微薄的利润。
			small profits
29. 问津	（动）	wènjīn	探问渡口,比喻探问情况。
			make inquiries (as about prices or the situation)
30. 滞后	（动）	zhìhòu	落后。
			fall behind; lag behind
31. 招徕	（动）	zhāolái	招引,招揽。
			solicit (customers or business)
33. 硬件	（名）	yìngjiàn	计算机系统的组成部分,是构成计算机的各个元件、部件和装置的统称。在此比喻旅游业的基础设施。
			hardware
34. 软件	（名）	ruǎnjiàn	指计算机的程序系统,主要作用是提高计算机的使用效率,扩大计算机的

功能。在此比喻旅游业的管理和服务水平。
software

专　　名

北戴河　　　　　Běidàihé　　　　　地名。
name of a place

报刊词语、句式示例

一、从国内旅游起步带动相关产业发展,是世界旅游大国的重要特点。一般来说,国内旅游收入占旅游总收入的90%左右,而我国国内旅游收入目前占60%左右。

"一般来说,……,而……":"一般来说"是"依据通常情况……"的意思,"而"是连词,表示转折,即通常情况之外的特别之处。例如:

1. 一般来说,目前中国人择偶时比较看重年龄、身高和婚姻状况,而许多国家的人择偶时则比较看重宗教、民族、感情。

2. 一般来说,城市居民的消费重点在购买家用电器,而农村居民的消费重点则在盖房子。

3. 一般来说,500公里之内的运输,选择公路较为合适,而1000公里左右的运输,铁路具有优势。

二、当然,我国仍处于发展中阶段,在一定时期内需要发展国际旅游,作为非贸易收入的重要来源。但是,国际旅游、国内旅游、出境旅游协调发展是一种大趋势。

"当然……,但是……":"当然"表示肯定,不容怀疑,语气比"固然"重;"但是"表示转折。例如:

1. 当然,有一个轻松舒适而且收入比较高的职业确实不错,但是长时间没有压力的生活也会使人消沉。

2. 当然,让轿车进入中国家庭不失为解决中国交通问题的一个办法,但是,发展公共交通事业似乎更有利一些。

3. 说到茶,当然中国人有理由自豪,因为茶的故乡是中国。但是今天,世界产茶第一的位子已经不属于中国,而是印度。在出口量方面,有时甚至赶不上斯里兰卡。

三、这固然由于微利使旅行社不愿问津,但更重要的是国内旅游的管理滞后。

"固然……,但……":"固然"表示对某种情况的肯定和承认,"但"表示转折。有时前后意思并不矛盾,表示确认前一情况的同时,也应承认后一情况。例如:

1. 下岗固然是一件坏事,但如果能把下岗作为一种动力,因此而奋发图强,说不定它也会变成一件好事。

2．家长给孩子买计算机固然是为了孩子的学习,但有些孩子却把计算机当游戏机玩,这就事与愿违了。

3．每个画家固然都有自己的艺术风格,但同一时代的作品总还会有某些共同的特点。

练　　习

一、解释句中划线的词语：

1．多数人预测:按正常的发展与增长,即使不再上新项目,全国涉外饭店<u>供过于求</u>的情况也将持续到本世纪末。

2．进入<u>旺季</u>时,各中心城市和旅游胜地房间紧张,旅客<u>爆满</u>。

3．旅游,作为永不衰退的<u>朝阳产业</u>,现在是全球仅次于石油的第二大产业,产值达3.4万亿美元。

4．旅游业近年来被称为"<u>火车头产业</u>",可以带动交通、通讯、建筑、轻工、餐饮等多种行业发展。

5．把旅游业作为国民经济的<u>支柱产业</u>,已经取得了全社会的共识。

6．旅游业在现代经济中是<u>超常</u>发展的,这需要人们有<u>超前</u>的认识。

7．我国仍处于发展中阶段,在一定时期内需要发展国际旅游,作为<u>非贸易外汇收入</u>的重要来源。

8．我国不应放松国际旅游,需要更多地招徕游客,更多地赚取外汇;进一步提高"<u>硬件</u>",充实"<u>软件</u>"。

二、根据语境选择一组最恰当的词语填空：

1．时光刚流逝四五年,事情便____了本质性的变化。进入____时,各中心城市和旅游胜地房间____,旅客____。

  A．发展　　　节日　　　迫切　　　盛行
  B．发生　　　旺季　　　紧张　　　爆满
  C．发现　　　假期　　　急剧　　　猛增
  D．发明　　　盛会　　　热烈　　　暴涨

2．在国际经济的兴衰起伏中,唯有旅游业____周期波动和产业结构____的影响最小。把旅游业____国民经济的支柱产业,已经取得了全社会的____。

  A．被　　　推进　　　当作　　　认可
  B．使　　　进化　　　看成　　　承诺
  C．对　　　改善　　　形成　　　赞同
  D．受　　　调整　　　作为　　　共识

3．各国经济____水平不同,但专家们注意到一个____:____收入在500—800美元阶段,是旅游____是国内旅游的迸发期。

  A．发展 现象 人均 尤其
  B．提高 状态 人次 特别
  C．上升 情况 人员 可能
  D．进步 形势 人口 也许

 4．在我国旅游业，有一个对比十分____的现象。____国际旅游方面，大部分游客是____旅行社中介入境的，散客很少，____香港、新加坡等地的入境旅客中，散客____达60%左右。
  A．典型 于 由于 可 比价
  B．特殊 就 依靠 但 比较
  C．鲜明 在 通过 而 比例
  D．确切 当 凭借 却 比重

 5．事情很____，在抓好国际旅游的同时，____把我国旅游业的工作____转移到国内旅游上来，这是时代提出的____。
  A．明白 慢慢 内容 任务
  B．明确 渐渐 核心 题目
  C．明显 逐步 重心 课题
  D．明朗 逐渐 重点 学科

三、用指定词语改写句子：
 1．1994年我国旅游创汇73.23亿美元，仅仅北京市就达20.09亿美元，相当于1990年全国的总额。 （约等于）
 2．旅游业近年来被称为"火车头产业"，它可以带动交通、通讯、建筑、轻工、餐饮等多种行业发展。 （有……之称）
 3．旅游业的发展有其特殊的规律，有待人们去认识、去探究。 （需要）
 4．我国1994年国内国际旅游产值1655亿元，占全部国内总产值的3.78%，这说明我国的旅游业总体上处于刚起步阶段。 （基本上）
 5．从国内旅游起步而带动相关产业发展，是世界旅游大国的重要特点。（以……为起点）

四、根据课文内容判断正误：
 1．"恍如隔世之感"指的是记者不了解中国旅游业过去的情况。（　　）
 2．1990年中国国际旅游创汇约20亿美元。（　　）
 3．改革开放使中国旅游业从"事业接待型"过渡到"产业创汇型"。（　　）
 4．1995年中国国际旅游产值高于国内旅游产值。（　　）
 5．一个国家经济状况的变化会在很大程度上影响旅游业的发展。（　　）
 6．西班牙、新加坡、香港等国家和地区旅游业产值在总产值中所占的比重超过了美国和法国。（　　）

7. 大部分北京人和上海人都在双休日去旅游。（　　）

8. 目前对于中国来说,国际旅游和国内旅游应同步发展。（　　）

9. 发展国际旅游应"进一步提高'硬件'、充实'软件'"的意思只是指要在旅游业中广泛应用计算机技术。（　　）

10. 在国内旅游实际上是"出门受罪"的原因主要是国内旅游的管理体制不完善。

（　　）

五、回答问题：

1. 美联社1995年9月发自北戴河的报道说明了什么？
2. 简述中国旅游业从1978年到1995年的发展状况。
3. 目前中国旅游业结构性、战略性的变化是什么？
4. 简述旅游业在国民经济中所占的地位。
5. 为什么说现在中国旅游业处于刚起步的阶段？
6. 一个国家旅游业急剧发展时期的标志是什么？举例说明。
7. 为什么目前中国在注重发展国内旅游的同时还必须同样注重发展国际旅游？
8. 为什么现在中国在国际旅游方面散客少,国内旅游方面散客多？
9. 简述目前中国国际旅游和国内旅游所处的不同阶段。
10. 谈谈你们国家旅游业的状况。

六、快速阅读：(限时3分钟)

香港单身贵族

吴 弢

近年来,香港出现了不少高收入而又独身的"大龄"男女,被称为"单身贵族"。

这些单身贵族一般都接受过大专以上文化教育,薪水较高,当中不乏港府要员、大律师、医生、大专讲师等。

根据香港1994年度人口普查结果显示,香港男性及女性首次结婚年龄正不断推迟。1980年时,男性及女性首次结婚年龄分别是27.1岁和23.7岁。到了1994年,则分别是28.9岁和26.3岁。在过去的十多年中,香港社会离婚率增长幅度惊人,1994年,离婚及分居的女性已达3万人,比1981年增加了150%,男性离婚率也增加了90%。

"单身贵族"之所以不结婚,原因是多方面的。他们当中不少人在经济条件许可下注重个人的发展,寻找自认为合适的生活方式。这些人因专注发展事业而错过"月老"的招手。而另外一些人则对婚姻意义及家庭观念的看法有所改变,不愿意受婚姻的"束缚"。

当然,"单身贵族"独自生活的背后,也有许多烦恼。一些曾因年轻时专注事业而错过婚姻、现已步入中年的人,看到自己身边一些好友温馨的家庭,"想结婚"的感觉一天比一天强烈。

香港"单身贵族"组织了不少俱乐部,现有成员500多名,以"广扩生活圈子,广交各行各业朋友"为宗旨,通过平日举办的周末茶会、郊游、舞会等,让来自不同行业的会员互相认识,发展友谊。

一些"曾经沧海"者也不是说对婚姻厌恶,而是另有一番体会。一位从事公关工作的32岁女士,3年前离婚,现虽然享受着"无拘无束的独身生活",但仍对婚姻充满信心,只不过是希望日后的对象能够了解她。

选自《中国青年报》1996年4月18日

问题:
　　香港单身贵族不结婚的原因是什么?

阅读(一)

北京向国际旅游名城迈进

具有3000多年文明史和800多年建都史的文化古都北京,"八五"期间旅游业发展迅猛,正大步朝现代化国际旅游名城迈进。

统计数字表明,5年间,全市接待海外游客约923万人次,创汇74亿美元,分别比"七五"期间增长31.9%和85%。预计今年来京的海外游客将超过210万人次。

"八五"期间,北京市平均每年投资上千万元用于旅游资源的开发和建设,在修复、完善一些名胜古迹的同时,新建成了世界公园、中华民族园等一大批人文景观;同时还开发了松山、云蒙山森林公园,上方山云水洞、石花洞等自然景区,使全市旅游景点增加到240处。

旅游业所需的交通、通讯等基础设施日臻完善。5年间累计投资480亿元,完成了二、三环路、首都机场高速公路、京津塘高速公路建设,目前全市高速公路已达100多公里。近5年间新增程控电话交换机170万门,累计逾600万门,市区电话普及率达34%;与此同时,与国内2000多个市县及世界200多个国家和地区建立了直拨电话业务。

目前,北京与国内各省会城市、主要沿海开放城市和旅游城市都已开通航线,同时还与25个国家和地区的32个城市通航;首都机场扩建工程已经开工;亚洲最大的火车站西站今年年底竣工;全市拥有的几万辆出租车和上千辆大客车等,使海外游客进出北京日益方便。

档次齐全、设备现代化的旅游饭店遍及北京城乡。"八五"期间,新建41家饭店,新增1.7万间客房,使全市拥有星级饭店188家,客房5.7万间,其中五星级饭店14家,

8400多个房间。

旅游设施的完善和各项旅游服务质量的提高，使北京市去年顺利地完成了第四次世界妇女大会等一系列大型国际会议的接待工作。

"八五"期间，在全市78家中外合资饭店中，先后引进喜来登、假日、全日空、半岛、香格里拉等20多家海外饭店管理集团，运用海外先进的管理经验管理饭店，提高了管理水平，使服务接待工作接近或达到国际先进水平。

"八五"期间，全市制定了几十项地方性旅游规章，对228家饭店、183家涉外餐馆、150家涉外商店进行定点管理，同时建立了北京市导游公司，对导游人员实行统一管理。今年以来还进一步加强旅游法规建设，成立了北京市旅行社质量监督管理所，以实施征收旅行社质量保证金和处理海外游客的投诉与理赔事务，使旅游业进一步走上了法制化管理的轨道。

此间旅游界专家认为，北京基本具备了现代国际旅游名城的条件。

据了解，按照跨度到2010年的"北京城市建设总体规划方案"，将把北京建设成全方位对外开放的现代化的国际城市。为此，在"九五"期间，北京将大力推进城市现代化建设。到2000年将初步形成与现代化国际大都市相适应的城市管理体系。

选自《人民日报》（海外版）1996年1月2日

生　　词

1.	修复	（动）	xiūfù	修理使恢复完整（多指建筑物）。 repair; renovate
2.	完善	（动）	wánshàn	使事物完美无缺。 perfect
3.	景观	（名）	jǐngguān	景物。 landscape
4.	景点	（名）	jǐngdiǎn	有名胜古迹或优美风景的地方。 scene
5.	日臻	（副）	rìzhēn	一天一天地达到。 increasingly; day by day
6.	累计	（动）	lěijì	加起来计算；总计。 add up
7.	程控	（形）	chéngkòng	程序控制。 programme control
8.	交换机	（名）	jiāohuànjī	设在各电话用户之间，能按通话人的要求来接通电话的机器。有人工和自动两大类。

9. 逾	（动）	yú	超过。
			switchboard; exchange exceed; surpass
10. 档次	（名）	dàngcì	按一定标准排列的等级次序。 grade
11. 刑警	（名）	xíngjǐng	刑事警察的简称。 criminal police
12. 征收	（动）	zhēngshōu	政府依法向人民或所属机构收取（公粮、税款等）。 levy; collect
13. 理赔	（动）	lǐpéi	受理赔偿案件。 settle a claim
14. 轨道	（名）	guǐdào	事物应遵循的规则或程序。 course; path
15. 跨度	（名）	kuàdù	此指时间的距离。 span

练 习

选择正确答案：

1. 北京作为首都的历史已有——
   A. 3000 多年
   B. 800 多年
   C. 85 年
   D. 40 多年

2. 与"七五"期间相比，"八五"期间北京市接待海外游客增加了——
   A. 923 万人次
   B. 210 万人次
   C. 31.9%
   D. 85%

3. 北京的世界公园属于——
   A. 名胜古迹
   B. 森林公园
   C. 自然景区
   D. 人文景观

4. 北京市"八五"期间投资 480 亿元,主要用于——
   A. 购买旅游设施
   B. 建设高速公路
   C. 增加程控电话交换机
   D. 以上三者的总合

5. 在国际上,北京已与多少个国家和地区直接通航?
   A.32 个
   B.25 个
   C.200 多个
   D.150 多个

6. 目前北京市星级饭店共有房间——
   A.1.7 万
   B.5.7 万
   C.8400
   D. 不详

7. 北京市制定旅游规章的目的是——
   A. 对涉外饭店、餐馆、商店进行定点管理
   B. 对导游人员进行统一管理
   C. 征收旅行社质量保证金
   D. 处理海外游客的投诉与理赔事务

8. 北京现代化城市管理体系初步形成的时间是——
   A. 现在
   B.2010 年
   C."九五"期间
   D.2000 年

阅读（二）

生态旅游好处多

陈 森

对发展中国家来说，生态旅游是一个支出少收益多的好项目。一方面是它可以获取外汇，另一方面发展原汁原味的生态旅游不需大量投资。

那么什么是生态旅游呢？比如隐蔽在卢旺达雾气蒙蒙的高原莽林中，偷偷观察在山脚边活动的大猩猩；或者在南极的雪地中跋涉，亲身体味原始的洪荒。这些异乎寻常的活动就是生态旅游。

近年来，生态旅游发展迅速，年增长率为15%，年产值超过2000亿美元，所以，生态旅游前景广阔。由于发展中国家大都有着丰富的自然资源和淳朴的文化，因而更具生态旅游的魅力。世界野生动植物基金会透露，1988年发展中国家旅游收入为550亿美元，其中生态旅游占120亿。比如在去哥斯达黎加的游客中，几乎有半数的人是去感受繁茂的热带雨林。在1990年去非洲的900万游客中，许多人就是生态游客。在南亚和东南亚也有着与非洲相同的发展趋势。

据有关方面统计，参加生态旅游的游客主要有三种：一是经济富裕而且身体健康的年龄在44—64岁的中老年人，这些人对传统的旅游已经厌倦，开始趋向于追寻原始、自然的旅游，他们是生态旅游者的主流。二是一些经受过80年代环保热潮的中产阶级中年人，有着较高的环保意识。三是发达国家的年轻人。此外，参加生态旅游的不仅仅局限于发达国家，随着发展中国家收入水平的提高，越来越多的发展中国家游客纷纷走入生态旅游的行列。

行家们一致看好生态旅游，其理由是，关心环境的绿色消费者越来越多，据美国一项调查，今天的游客准备额外多付8%的费用，用于优化旅游环境。在美国有4300万游客表示，今后的3年中他们将参加一次生态旅游。

在我国同样具有巨大的生态旅游资源优势和旅游产业发展优势。1982年9月，我国宣布建立第一个国家森林公园张家界森林公园。至去年底，经林业部批准的森林公园已达327处。从大兴安岭到天涯海角，从东海之滨到天山脚下，无论是森林草原，还是名山大川，都是中外游客向往的地方。我国生态旅游业，除了能为国家经济建设筹集资金外，还可加强自然环境保护，真是一举多得。

选自《中国青年报》1996年2月3日，有删改。

生 词

1. 原汁原味 （成） yuán zhī yuán wèi 此指大自然的原始风貌。
   original

2. 隐蔽 （动） yǐnbì 隐藏。
   conceal; take cover

3. 莽林 （名） mǎnglín 大森林。
   forest

4. 大猩猩 （名） dàxīngxing 最大的类人猿。
   gorilla

5. 跋涉 （动） báshè 爬山蹚水,形容旅途艰苦。
   trudge; trek

6. 体味 （动） tǐwèi 仔细体会。
   appreciate; savour

7. 原始 （形） yuánshǐ 最古老的;未开发的。
   original; primeval

8. 洪荒 （名） hónghuāng 混沌蒙昧的状态,借指太古时代。
   remote antiquity

9. 异乎寻常 （成） yìhū xúncháng 不平常,特殊。
   special; particular

10. 魅力 （名） mèilì 吸引力。
    glamour; charm

11. 透露 （动） tòulù 泄露或显露(消息或意思等)。
    leak; disclose

12. 繁茂 （形） fánmào （草木)茂盛而繁密。
    lush; luxuriant

13. 热带雨林 rèdài yǔlín 热带终年湿润地区的常绿森林。
    selva; tropical rainforest

14. 滨 （名） bīn 水边。
    bank; shore

15. 筹集 （动） chóují 筹措、积累。
    raise (money)

16. 一举多得 （成） yī jǔ duō dé 做一件事情能得到多种收获。
    achieve many things at one stroke; kill two birds with one stone

专　　名

1. 卢旺达　　　　　Lúwàngdá　　　　国名。
Rwanda, name of a country

2. 南极　　　　　　Nánjí　　　　　　地名。
the South Pole, name of a place

3. 哥斯达黎加　　　Gēsīdálíjiā　　　国名。
Costa Rica, name of a country

4. 天涯海角　　　　Tiānyáhǎijiǎo　　地名。
name of a place

练　　习

判断正误：
1. 发展生态旅游尤其适合于发展中国家的旅游业。（　）
2. "原汁原味的生态旅游"中"原汁原味"的意思是保持了大自然原有的风貌。（　）
3. 生态旅游就是在旅游过程中对大自然进行专门研究。（　）
4. 近年来生态旅游15％的年增长率说明生态旅游发展缓慢。（　）
5. 南亚和东南亚也将像非洲一样成为生态旅游的热点。（　）
6. 参加生态旅游的游客主要是发达国家的年轻人。（　）
7. 越来越多的人愿意参加生态旅游是因为他们关心环境保护。（　）
8. 中国于1982年9月建成了第一个国家森林公园。（　）
9. 中国的生态旅游资源主要是大森林。（　）
10. 生态旅游业的发展既可以促进国家经济建设，也可以加强自然环境保护。（　）

阅读（三）

小窗口联着大世界
——访罗马旅游问讯处

史克栋

不久前，记者从罗马所在的拉齐奥大区旅游局了解到，为了满足旅游者的需要，罗马市又新开了三个旅游问讯处。

记者慕名访问了设在罗马市中心民族大街上的一个旅游问讯处。问讯处是由一个旅行车改装的，从两个小小的窗口看去，里面的面积顶多只有6平方米，两名工作人员，一人一个窗口，他们身后的书架上陈列着向旅客提供的各种材料，桌子上有一台电脑，这就是问讯处的所有家当，因陋就简，显然，开设这样的问讯处不需要很大的投资。问讯处的小伙子告诉记者，旅游问讯处由罗马市旅游局、文化局和文物局合作主办，除这三处新开的之外，在机场、火车站也有，问讯处都有明显的标记，目的就是为来罗马的旅游者提供信息服务。

地处亚平宁半岛的意大利，风光秀丽，气候宜人，历史悠久，文物古迹保存数居世界前列，多少年来像一块磁铁一样吸引着来自世界各地的游人，被誉为旅游大国。去年由于里拉贬值，马克和美元坚挺，意大利的旅游业更具有竞争力。据有关部门统计，去年来意大利旅游的人次达2.06亿，其中外国游客比前年增长10%。

来意大利的旅游者有两大特点：一是随着现代化交通工具的发展，个体旅游者越来越多。据有关部门统计，大约70%的游客为个体旅游者，特别是欧洲国家距离较近，一家一户，小车一开，就出国了；二是现代旅游者时间概念强，都想在较少时间中参观更多的地方，可是以个体旅游者为主体的游客人生地不熟，往往不知道如何安排旅游路线，不知道如何有效地利用时间，这就需要有一个地方向他们提供信息。这正是罗马市增加旅游问讯处的原因。

问讯处小姐正在忙着接待客人，小伙子详细地给记者介绍了他们的工作。他们每天从上午10时工作到下午6时，最忙的季节是8月，前来问讯的人得排队等待，这小屋也热得像个小蒸笼，但能为旅游者提供咨询，他们乐此不疲。

问讯处提供的服务大体有以下几类：一是为初次到罗马来的游客免费提供有关罗马古迹的材料和地图，旅游图上都标明主要文物古迹的具体地址，有的还标明开放时间和门票价格，游客可按图索骥，前往参观；二是为那些除了参观文物古迹外，还想在罗马参加一些文化活动的游客，提供诸如电影、戏剧、音乐会等文化活动的节目单，这些节目单大部分都是用意、英、法、德四种语言编写而成，基本上可以满足不同国籍的游客的需要；三是向一些在参观之余还想采购一些意大利名产的游客提供信息,向他们提供有关商店的地址,而且还有图文并茂的小册子介绍在购物时如何享受免税,等等。

问讯处不仅为外国游客服务,也为意大利本国游客服务。一些初到罗马的外地人,除了语言能沟通外,对罗马的了解也不多,与外国人差不多,往往摸不着东南西北,服务人员对他们一视同仁,热情地接待。

问讯处除提供上述印制好的宣传材料外,还用四种语言通过电脑向游客提供当天的各种文化活动的具体消息。因为,有时因为天气等原因,有些活动会临时有变化,通过电脑在几秒钟之内就可查阅到当天准确的信息。

就在记者与小伙子谈话的工夫,身后站了几位显然是来自外国的游客,小伙子急忙接待他们去了。看着问讯处,我深有感触,这小窗口,使成千上万的游客摆脱语言障碍,消除陌生感,推动着罗马旅游业的发展;这小窗口联着大世界。

选自《人民日报》1996年3月11日

生　　词

1. 慕名		mù míng	仰慕名声。 out of admiration for a famous person
2. 改装	(动)	gǎizhuāng	改变原来的装置。 repackage; repack
3. 家当	(名)	jiādàng	家产,财产。 family belongings; property
4. 因陋就简	(成)	yīn lòu jiù jiǎn	就着原来简陋的基础办事情。 make do with whatever is available
5. 标记	(名)	biāojì	标志;记号。 sign; mark; symbol
6. 宜人	(形)	yírén	适合人的心意。 pleasant; delightful
7. 悠久	(形)	yōujiǔ	年代久远。 long; age-old
8. 磁铁	(名)	cítiě	吸铁石。 magnet
9. 贬值	(动)	biǎnzhí	货币购买力下降。 devalue; devaluate
10. 坚挺	(动)	jiāntǐng	行情价格上涨或稳定(多用于货币)。 strong
11. 蒸笼	(名)	zhēnglóng	蒸食物用的器具。

12. 咨询	（动）	zīxún	food steamer (usu. made of bamboo) 征求意见。
			seek advice from
13. 乐此不疲	（成）	lè cǐ bù pí	对某事特别爱好，因而沉浸其中，不觉疲倦。
			always enjoy it
14. 按图索骥	（成）	àn tú suǒ jì	按照图像寻找好马，比喻按照线索寻找某地。
			look for a steed with the aid of its picture — try to locate sth. by following up a clue
15. 采购	（动）	cǎigòu	购买。
			purchase
16. 图文并茂	（成）	tú wén bìng mào	图画与文字都很优美。
			(of a book, magazine, etc.) both pictures and texts are excellent
17. 免税		miǎn shuì	免缴税款。
			duty-free
18. 沟通	（动）	gōutōng	使双方能交流。
			link up
19. 一视同仁	（成）	yī shì tóng rén	同样看待，不分厚薄。
			treat equally without discrimination
20. 摆脱	（动）	bǎituō	脱离（束缚、障碍等）
			cast off
21. 陌生	（形）	mòshēng	不熟悉。
			strange; unfamiliar

练　　习

回答问题：
1. 简单介绍一下作者访问的罗马旅游问讯处的特点。
2. 为什么说意大利是旅游大国？
3. 罗马市为什么要增加旅游问讯处？
4. 罗马市的旅游问讯处主要提供什么样的服务？
5. 这些问讯处为什么还要为本国人服务？
6. 从问讯处的电脑里人们可以得到什么信息？

第19课

课　文

伟大的理论　宏大的实践　巨大的转变
——我国社会主义市场经济进程述评

焦　然　王言彬

党的十四大以来,中国建立社会主义市场经济体制的实践取得巨大成功,经济增长速度年平均为11.6%,年度经济增长的波动幅度只有一两个百分点,成为建国以来经济增长最快、波动幅度最小的时期。

五年来的改革和发展实践表明,邓小平关于建设有中国特色社会主义的理论使我们摆脱了许多思想上和体制上的禁锢,调动了各个方面的积极性,极大地解放了生产力。中国的经济和社会正在发生巨大的历史性转变。

社会主义市场经济理论的确立使我们党在计划与市场这个世界性难题方面实现了重大突破,这是改革开放实践创造出来的、决定中国前途命运的重要成果之一

半个多世纪以来,传统社会主义经济理论认定,社会主义同市场经济不相容,计划经济是社会主义的基本特征,市场经济为资本主义所专有。改革以前,我国社会主义经济体制就是按照这样的理论框架建立和运行的。

新中国成立以后的长期实践告诉人们,排斥商品货币关系、排斥市场经济,使社会主义经济缺乏生机和活力,不利于发展社会生产力,从而拉大了同经济发达国家在经济上和科技上的差距。这表明我们对社会主义本质和经济规律的认识不够科学、不全面。党的十四大确立建立社会主义市场经济体制,是对我国社会主义建设历史经验的科学总结,是改革开放实践发展的必然结果。

中外经济学者公认,邓小平提出社会主义可以有市场经济的思想,是我们党在计划与市场关系问题上的一次思想大解放,具有极为重要的创新意义,突破了传统的观念和多年的社会主义经济模式。这一思想的提出,有力地指导了我国改革开放和现代化建设事业的历史进程,为党的十四大提出建立社会主义市场经济体制的目标奠定了理论基础。

在过去五年间,社会主义市场经济理论是在实践中不断丰富和发展的,我们党在带领全国人民开拓前进的进程中进一步实践着这一前所未有的伟大理论。

以党的十四大为标志,我国经济建设进入了加快建立社会主义市场经济体制的新阶段,在保持稳定的基础上,党和政府抓住机遇全力以赴推动经济新体制建设

改革、开放、稳定、发展,这四个方面相互依存、彼此牵扯,似乎每个方面都到达转折阶段,所以经济专家认为,90年代中国经济是世界上最为多变、复杂、难解的经济。

正是在这样的背景下,以江泽民同志为核心的党中央第三代领导集体正确处理改革、发展和稳定的关系,提出"抓住机遇、深化改革、扩大开放、促进发展、保持稳定"的20字方针,带领全党和全国人民进行积极探索和实践,创造了开放促进发展,发展促进稳定,开放、发展与稳定三者共同催动改革的总体态势。

以党的十四大为标志,我国经济改革在确定建立社会主义市场经济体制目标之后,由80年代侧重突破旧体制转向侧重建立新体制,由注重单项改革转向整体推进与重点突破相结合,由依靠政策推动转向主要依靠法制推动。

首先,宏观经济管理体制改革多管齐下,进行了全方位的探索。

其次,以建立现代企业制度为核心,积极推动国有企业改革和城市综合配套改革,解决那些影响全局的深层次问题。

国有企业改革在过去五年间按照建立现代企业制度的总思路,从"产权清晰、权责明确、政企分开、管理科学"四个方面整体推进,取得了积极成效。

改革开放已使中国经济发展进入了以市场为导向、积极参与国际竞争的新运行轨道。实践证明:邓小平建设有中国特色社会主义理论极大地解放了社会生产力

社会主义市场经济体制最重要的内在要求,就是市场要在国家宏观调控下对资源配置起基础性作用。十几年来我国经济改革的一个重要的成果,就是市场机制的调节作用日益明显。

一是初步建立了市场形成价格的机制。如今,我国90%以上的生产资料价格和农产品价格,以及95%以上的工业品价格已由市场决定。有关资料表明,我国工业产品10年来价格水平的波动,与市场供求关系的变化高度一致,如能源、原材料价格的变动调节了资源配置,从而调整了工业经济结构,使过去制约经济发展的"瓶颈"得到了很大改善。

二是在市场机制的作用下,社会资源的配置不断得到优化。以企业改革为例,10年前我国开始探索城市经济体制改革时,股份制企业这种社会财产组织形式就已出现并显示了生机。这些改革通过资产重组和产权多元化的形式,优化了社会资源的配置,使企业充满了活力和生机。

三是以公司制为核心的现代企业制度改革使我国大部分国有企业成为自主经营、自负盈亏、自我发展、自我约束的法人实体和市场主体,构造了市场配置资源的微观基础。

四是一个统一开放、优胜劣汰、竞争有序的市场体系正在形成之中。在法制下的公平竞争、优胜劣汰是市场配置资源的重要手段。为此,八届全国人大提出要在任期内形成社会主义市场经济法律体系的框架。

1996年中国经济非常出色的表现在国际上引起了普遍的关注,认为中国成功地抑制住通货膨胀,实现了"软着陆"。从国际评价宏观经济的四项基本指标看:1996年中国经济增长速度为9.7%,这在世界上是名列前茅的;通货膨胀率从上年的14.8%降低为6.1%,而在1994年最高的通货膨胀率曾经达到21.7%,经济转轨国家中控制通货膨胀如此有效的国家十分罕见;失业率从总体上讲也并没有恶化,全社会的就业还在随着经济发展而扩大;国际收支状况良好,国家外汇储备超过1000亿美元,达历史最好水平。而今年上半年,中国经济继续保持健康快速发展的良好态势。

选自《北京日报》1997年8月7日

生　　词

1.	宏大	（形）	hóngdà	巨大;宏伟。 grand；great
2.	述评	（动）	shùpíng	叙述和评论。 review
3.	波动	（动）	bōdòng	起伏不定;不稳定。 undulate
4.	禁锢	（动）	jìngù	束缚;强力限制。 confine
5.	框架	（名）	kuàngjià	基本结构和范围。 frame
6.	确立	（动）	quèlì	稳固地建立或树立。 establish
7.	学者	（名）	xuézhě	指学术上有成就的人。 scholar
8.	前所未有	（成）	qián suǒ wèi yǒu	以前从来没有过。 unprecedented
9.	牵扯	（动）	qiānchě	牵连。 involve
10.	催动	（动）	cuīdòng	催促;促使。 impel
11.	多管齐下		duō guǎn qí xià	多方面同时进行。 paint a picture with many brushes at the same time — work along many lines
12.	产权	（名）	chǎnquán	财产所有权。 property right
13.	政企分开		zhèng qǐ fēn kāi	在体制上把行政和企业分离开。 separate government administration from enterprise management

14. 内在	（形）	nèizài	事物本身所固有的。
			internal
15. 约束	（动）	yuēshù	限制。
			restrain
16. 自负盈亏	（成）	zì fù yíng kuī	经营中盈利或亏损都由经营者自己负责。
			(of an enterprise) assume sole responsibility for its profits or losses
17. 软着陆	（动）	ruǎnzhuólù	人造卫星、宇宙飞船等航天器利用某种特殊装置和技术手段,使其不受损坏地降落到地面或其他星球上。比喻国民经济在运行的进程中逐步达到高速度增长、低通货膨胀的理想阶段。
			soft landing
18. 通货膨胀		tōnghuò péngzhàng	国家纸币的发行量超过流通中所需要的货币量,引起货币贬值,物价上涨的现象。
			(of money) inflation
19. 转轨		zhuǎn guǐ	转入另一个轨道,比喻改变旧的体制。
			change to another way

注　释

1. 党的十四大

中国共产党第十四次全国代表大会的简称。中共十四大于1992年10月在北京召开。

2. 党中央第三代领导集体

指1989年6月在中共十三届四中全会上选出的以江泽民为核心的中国共产党最高领导集体。此前,以毛泽东为核心的中国共产党最高领导集体为党中央第一代领导集体,以邓小平为核心的中国共产党最高领导集体为党中央的第二代领导集体。

3. 宏观经济管理体制

即国民经济管理体制。国家为了达到一定的经济社会发展目标,在对整个国民经济进行计划、组织、指导、协调、控制时所建立起来的组织机构。其主要任务包括经济社会发展战略的制定,宏观经济计划的编制和下达及对宏观生产力进行布局等。

4. 建立现代企业制度

江泽民在中共十五大(1997年9月在北京召开)的报告中说:"建立现代企业制度是国有企业改革的方向。"报告还重申要按照"产权清晰、权责明确、政企分开、管理科学"的要求,对国有大中型企业实行规范化的公司制改革,使企业成为适应市场的法人实体和竞争主体。

现代企业制度从财产组织形成和内部治理结构来说,就是公司制。公司制改革,就是将传统的国有企业按照《公司法》,规范地逐步改造为有限责任公司和股份有限公司。用公司这种财产组织形式,进一步明确出资人、企业法人、法人代表、管理层的权利和责任。国家作为出资人按投入企业的资本数量享有所有者权益,对企业的债务承担有限责任,企业依法自主经营,自负盈亏。政府不能直接干预企业经营活动,企业也不能不受所有者约束,损害所有者权益。

报刊词语、句式示例

一、传统的社会主义经济理论认定,社会主义同市场经济不相容,计划经济是社会主义的基本特征,市场经济为资本主义所专有。

"为……所……"中的"为"介绍出行为、动作的主体,"所"字后边连接动词。"所"字可以省略,但在单音节动词前则不能省略。例如:

1. 毛泽东说:我们的文学艺术都是为人民大众的,首先是为工农兵的,为工农兵而创作,为工农兵所利用的。

2. 现在,文学艺术已不再为少数人所专有,而已成为广大人民群众的共同事业。

3. 看了这本小说,我为这位残疾少年的远大志向和克服困难的勇气所感动。

4. 1948年,我们全家为生活所迫,离乡到上海谋生。

二、长期实践告诉人们,排斥商品货币关系,排斥市场经济,使社会主义经济缺乏生机和活力,不利于发展社会生产力,从而拉大了同经济发达国家在经济上和科技上的差距。

"……使……从而……"这一句式中,"使"有"促成"、"致使"的意思,表示一事物在另一事物的促使或影响下,产生了新的状态或新的事物;"从而"是连词,表示在此基础上进一步引出了新的结果。例如:

1. 据统计,近年来,反映中国城乡居民食品消费比重的"恩格尔系数"不断降低,使人们用于食品等基本生活费用的比例日渐降低,从而有了更多的余钱用于添置耐用消费品和改善文化生活。

2. 改革开放使中国的社会生产力获得了新的解放,国民经济持续、稳定、健康地向前发展,从而极大地改变了中国贫穷落后的面貌。

3. 这次参观活动,不仅使他了解了许多中国的情况,而且也使他的汉语水平有了新的提高,从而进一步增强了他完成学业的信心。

三、中国经济建设进入了加快建立社会主义市场经济体制的新阶段,在保持稳定的基础上,党和政府抓住机遇全力以赴推动经济新体制的建立。

"在……上"这一格式中间常常嵌入双音节抽象名词或名词性词组,表示条件或限定表述范围。例如:

1. 在建国以来革命和建设的基础上,我们党总结了历史经验和教训,成功地走出了一条建设有中国特色社会主义的新道路。

2. 党的十五大报告指出:要"在经济发展的基础上,使全国人民过上小康生活,并逐步向更高的水平前进。"

3. 由于政治经济制度不同,历史文化背景也不同,所以,双方在一些国际问题上、在人权问题上、在价值观问题上有不同的看法是很自然的。

4. 在重大的原则问题上,我们必须慎重对待,认真处理好。

四、从总体上来看,失业率也并没有恶化,全社会的就业率还在随着经济的发展而扩大。

"随着……而……"中的"随着",是"跟着"的意思,与后边的词语连接组成介词结构,表示一事物产生以后便成为另一事物产生的条件。"而"是连词,后边与其连接的词组表示在第一种事物的影响下产生的第二种事物。例如:

1. 近五年来,中国城乡居民的物质文化生活水平也随着生产的发展和社会财富的增加而迅速提高。

2. 物质的形态是随着温度和压力等条件的变化而改变的。

3. 语言是随着社会的产生而产生,随着社会的发展而发展的。

4. 这一地区随着水库的建成而改变了面貌。

练　　习

一、解释句中划线部分的词语:

1. 传统的社会主义经济理论认定,社会主义同市场经济不相容,计划经济是社会主义的基本特征,市场经济为<u>资本主义所专有</u>。

2. 改革以前,中国社会主义经济体制<u>就是按照这样的理论框架建立和运行的</u>。

3. <u>以党的十四大为标志</u>,中国经济改革在确定建立社会主义市场经济体制为目标之后,<u>由 80 年代侧重突破旧体制转向建立新体制</u>。

4. 中国宏观经济管理体制改革<u>多管齐下</u>,进行了全方位的探索。

5. 社会主义市场经济体制最重要的<u>内在要求</u>,就是市场要在国家宏观调控下对资源配置起基础作用。

6. 1996 年,国际上普遍认为中国经济成功地抑制了通货膨胀,<u>实现了"软着陆"</u>。

二、按正确顺序排列句子:

1. A. 极大地解放了生产力
   B. 邓小平的理论
   C. 五年来的改革和发展实践表明
   D. 使人们摆脱了许多思想上和体制上的禁锢
   　　(1)　　　(2)　　　(3)　　　(4)

2. A. 这四个方面相互依存、彼此牵扯

B. 所以经济专家们认为
C. 改革、开放、稳定、发展
D. 90年代中国经济是最复杂、难解的经济
　　　（1）　　　（2）　　　（3）　　　（4）

3. A. 社会主义市场经济理论的确立
　 B. 这是改革开放中创造出来的重要成果
　 C. 对中国的前途和命运具有决定性作用
　 D. 使中国政府在计划与市场这个世界性难题方面实现了重大突破
　　　（1）　　　（2）　　　（3）　　　（4）

4. A. 因为通过调整达到了高增长低通胀的目标
　 B. 国际上普遍认为
　 C. 1996年中国经济的表现非常出色
　 D. 实现了"软着陆"
　　　（1）　　　（2）　　　（3）　　　（4）

三、选择正确答案：

1. 中共十四大以来，中国建立社会主义市场经济体制的实践取得巨大成功的标志是————
　 A. 经济增长速度最快，波动幅度较大
　 B. 经济增长速度最快，波动幅度最小
　 C. 经济增长速度慢，波动幅度小
　 D. 经济增长速度慢，波动幅度较大

2. 邓小平建设有中国特色的社会主义的理论认为————
　 A. 社会主义同市场经济是不相容的
　 B. 计划经济是社会主义的基本特征
　 C. 社会主义可以有市场经济
　 D. 市场经济为资本主义所专有

3. 中国经济体制改革的目标是什么？
　 A. 抓住机遇、深化改革、扩大开放、促进发展、保持稳定
　 B. 建立传统的市场经济体制
　 C. 突破传统的社会主义计划经济体制
　 D. 建立社会主义市场经济体制

4. 1996年，中国经济表现非常出色，实现了"软着陆"的主要标志是什么？

A．实现了高增长、低通胀
　　B．就业率随着经济发展而扩大
　　C．国际收支状况良好，外汇储备超千亿美元
　　D．实现了低增长、高通胀

　5．中国建立社会主义市场经济体制的目标是什么时候确立的？
　　A．改革开放以后
　　B．中共十四大（1992年）
　　C．新中国成立以后
　　D．半个世纪以来

四、根据课文内容判断正误：
　1．中共十四大以来，中国年度经济增长的波动幅度很小，只有10%至20%。（　　）
　2．邓小平建设有中国特色的社会主义理论，使中国社会和经济正在发生巨大的历史性变化。（　　）
　3．中国的经济体制一直是按照传统的社会主义经济理论框架建立和运行的。（　　）
　4．实践证明，排斥商品货币关系和市场经济的社会主义经济缺乏生机和活力。（　　）
　5．中共十四大关于建立社会主义市场经济的目标是根据邓小平的理论提出来的。
　　　　　　　　　　　　　　　　　　　　　　　　　　　　　　　　　（　　）
　6．中国建立社会主义市场经济体制是从中共十四大以后才开始的。（　　）
　7．中国经济体制改革，在80年代主要是以建立社会主义市场经济为侧重点，中共十四大以后主要是以突破旧的计划经济体制为侧重点。（　　）
　8．现在，中国所有商品的价格都是由市场的供求关系决定的。（　　）
　9．文章对股份制在城市经济体制改革中的积极作用作了充分肯定。（　　）
　10．文章认为，中国还不可能在20世纪末形成社会主义市场经济体制的框架。（　　）
　11．文章说，中国在1996年和1997年两年中的经济发展都表现出良好的态势。（　　）
　12．中国建立社会主义市场经济体制的实践证明，邓小平关于社会主义可以有市场经济的思想是正确的。（　　）

五、简答问题：
　1．为什么说中共十四大以来，中国建立社会主义市场经济体制的实践取得了巨大成功？
　2．邓小平理论与传统的社会主义经济理论的根本不同点是什么？
　3．作者认为，邓小平关于社会主义可以有市场经济的理论有什么重要意义？
　4．中共十四大前后，中国经济体制改革的侧重点有什么不同？
　5．十几年来，中国市场机制的调节作用日益明显主要表现在哪几个方面？
　6．为什么说，1996年中国经济的表现非常出色？

六、根据课文内容填空：

本文主要从以下几个方面评述了中国社会主义市场经济的进程：

1. _____；
2. _____；
3. _____。

七、快速阅读：(限时4分钟)

改换门庭

辉子

吃完晚饭，父母在看电视，我蹭进客厅，递给父亲一份公司简介。"爸，您看看这个。"父亲看看简介，又看看我，不明所以。"我想……改换门庭了。""什么?!"父母一齐投来异样的目光。"我想换个单位。"咬咬牙，我终于说出了实话。

短暂的沉默之后，父母开始提问。每个问题都像是一发炮弹，呼啸着而来，伴随着浓烈的火药味。我努力保持自己的平静，仿佛是战场上无畏的战士。"你在那个公司做什么工作?""……工程师。""到底什么工程师?"我嗫嚅，心被揪住了。"……销售……工程师……""你干不了!"母亲不禁叫了出来。

一切都如我所料非我所愿。父母的态度明确，不同意，因为我现在的单位——一家国有单位，工作稳定，条件优越，收入中等偏上。他们不明白我怎么会想到离开它，而去那么一家工作飘浮不定、吃苦受累、又挣钱不多的小小的公司。

有些话连我自己也不相信。不合胃口是托辞。没有项目，上班时无事可做，便只有打坐。想利用这段时间加强一下自己，学一点东西，可注意力没法集中。常给自己列学习计划，却从未执行过一次。就这样，时光一天一天地流走，看日光投在地上的窗户的影子由长变短，又由短变长。空闲时，独自以音乐和象棋自娱。我有自知之明：本人才疏学浅，那么退而求其次，去外面跑腿打杂总还行吧？说不定能遇上几个朋友，还有我的红颜知己。于是就去偷偷地求职。

我也知道，前面困难重重，首先要过的就是父母这一关。从幼儿园到上大学，我一直是乖孩子、好学生。父母的头发都已花白，身体或多或少地存在着疾病。我无力去说服父母，他们无法理解我此刻的心情。反过来亦如是。在他们眼中，我永远是一个小孩子，只是不再听话。谈话一直到很晚，最终还是不了了之。躲在床上，直到半夜我才入睡。早上，我得知，父母为了这事，一夜未曾睡着。望着二老憔悴的面容，我不知道说什么好。

选自《北京青年报》1997年11月7日

问题：

1. "我"为什么要改换门庭？
2. 父母为什么不同意"我"改换工作单位？
3. 你对这件事有什么评论？

阅读（一）

看临颍怎样搞活国有企业

李 杰　刘海法

由于种种原因，1995年，河南省临颍县5个流通系统形成的经营性负债总额达3.14亿元，资产负债率109%；年均亏损1830万元；离退休人员717人，每4个在岗人员负担1个离退休人员。沉重的包袱使企业举步维艰。

为了救活这些企业，临颍县采取了多种改革措施，但最终都没有改变面貌。原因何在？县委、县政府认为，这些改革尽管取得了一定的成效，但未从整体上入手，更未动其筋骨。从1996年初，他们在全县5大流通系统全面进行了以产权为核心的改革，尝试资本运营。

"母子"分开　明晰产权

组建母子公司，实施资本运营。由单个搞活企业转到整体搞活，关键是体制创新。他们把原来的每个行业经济管理局改为受政府委托的具有法人地位的母公司——行业性资产经营公司。母公司行使国有出资人职能，对国有资本实行价值化、股权化管理，承担国有资产保值增值责任。子公司是把原来的行业经济管理局所属二级公司改为有限责任公司，依法拥有法人财产权，建立法人治理结构。把公司每个人的利益和公司效益紧密挂钩，建立起了"负亏"机制，有效防止了新的经营亏损。

通过产权制度的改革，多年困扰企业发展的政企分开、产权明晰、自主经营等要素，在临颍基本具备，并很快产生了良好效果。去年，临颍粮食系统在遏制年均亏损1100万元的前提下，商业经营获利202万元，政策性经营减亏300万元，国有资产持股520万元，分得红利110万元。医药、外贸两系统今年前4个月在遏制多年亏损前提下，实现利税15.1万元，并分别收回年度国有资产有偿使用费51万元、35万元。

现在，在临颍县国有资产保值增值已不再是一句空话。

化解债务　轻装上阵

"老子"背债，"儿子"发展，化解包袱。临颍县5大流通系统形成的历史包袱达3.14亿元，每年的利息就是几千万元，沉重的包袱几乎把所有流通企业压得喘不过气来，发展只是一种美好的梦想。

临颍县的决策者认为，化解历史包袱，现实的政策要求必须做到三点：一是包袱不能甩给社会，必须内部消化；二是保证债务不悬空；三是确保国有资产保值增值。在此前提下，他们让母公司承担历史包袱，子公司在"零负担"状态下轻装上阵，参与市场竞争。母公司通过收取子公司国有资本经营收益逐步消化历史包袱。

这是全新的经营思路，效果也由此而出现。

新的经营体制形成后，投资主体趋向多元化，通过职工筹股、社会融资、招商引资、兼并、联合，粮食、医药等三个系统共吸收国有股金520万元，职工募股803万元，社会融资1412万元，困扰企业发展的资金问题得到了缓解。

生产经营的正常运行，使3000名濒临下岗的在岗职工有了饭碗，1000多名下岗职工，已有412个重新上岗。过去长期拖欠的养老保险金、医药保险金全部补齐，正常的"两金"及时交纳，保持了社会稳定。

更重要的是流通企业重振了雄风。他们服务农业产业化、促进产品流通的能力大大增强。昔日朝不保夕的粮食系统积极开展业务，两年来新增仓储能力3000万公斤，开展代储业务1300万公斤。国有流通企业在农业产业化服务中初步找回了失去已久的"老大"的感觉。

把企业推向市场，政府职能也在悄悄发生着转变。

县委书记苏新华、县长王国桦告诉记者，临颍流通企业从化解历史包袱入手，组建母子公司新型体制，实行资本运营和自主经营，企业实现了由政府附属物到市场主体的转变；政府对企业实现了由行政管理为主向管理资本和使资本增值为主的转变。实践证明，以资本运营为核心的企业改革，是整体搞活国有企业的一个有效途径。

选自《经济日报》1997年7月19日

生　词

1. 举步维艰	（成）	jǔ bù wéi jiān		每走一步都十分艰难。it's very difficult to do sth.
2. 筋骨	（名）	jīngǔ		筋肉和骨头，比喻事物的根本。bones and muscles—basis
3. 委托	（动）	wěituō		请人代办。entrust
4. 有限责任公司		yǒuxiàn zérèn gōngsī		企业的一种组织形式，由两个以上股东组成，股东所负的责任以他认定的股本为限。limited company
5. 化解	（动）	huàjiě		消除；解除。eliminate; clear up
6. 悬空	（动）	xuánkōng		悬在空中；比喻不落实。hang in the air
7. 轻装上阵	（成）	qīng zhuāng shàng zhèn		原指古代战士不披铁甲，轻装作

			战。现一般比喻放下各种思想包袱去工作。 go into battle with a light pack
8. 融资		róng zī	通过借贷、租赁、集资等方式使资金融合并流通。 fund
9. 濒临	（动）	bīnlín	接近。 be close to
10. 仓储		cāng chǔ	用仓库储存。 keep grain, goods, etc. in a storehouse
11. 老大	（名）	lǎodà	排行第一的人。 number one (in order of seniority, i.e. the eldest son, daughter, brother, or sister)

练　习

回答问题：

1. 1996年以前,河南省临颍县5大流通系统中的国有企业的经营状况怎样？过去改革成效不大的原因是什么？

2. 临颍县5大流通系统国有企业组建母子公司的主要目的是什么？母公司和子公司各自具有什么样的职能？

3. 临颍县5大流通系统国有企业产权制度改革产生了什么效果？请举例说明。

4. 临颍县的决策者认为,国有企业改革中化解历史债务时必须实现哪些目标？他们的具体做法是什么？

5. 临颍县5大流通系统中国有企业实行新的经营体制后产生了哪些良好效果？

6. 本文的主要内容是什么？（请用一句话概括）

阅读（二）

看得见摸得着的变化

——我国人民生活质量五年明显提高

吴锦才

党的十四大以来，我国按照邓小平同志"三个有利于"的要求大力提高城乡人民生活水平，全国人民的物质、文化生活质量明显提高，江泽民总书记在十四大报告中提出的"人民生活要由温饱进入小康"的目标正在一步步成为现实。

五年来，随着我国生产发展和社会财富的增加，城乡居民的实际收入、消费水平和生活质量有了明显提高，衣食住行尤其是居住条件有了较多改善，文化生活更加丰富，体育、卫生事业进一步发展，人民健康水平继续提高。人们由此享受到的实惠就是，工业品在十四大以来的五年里彻底取消了凭票限量供应，市场上可谓应有尽有。十四大召开的时候，代表们还需要向大会交粮票；而在近几年里，我国所有的地区都继取消布票之后取消了粮票。这两项影响人民生活十分深广的票证的取消，实实在在地显示了十四大以来我国市场的繁荣和社会的进步。

居民实际收入的提高，是生活水平提高的重要基础。反映食品消费比重的"恩格尔系数"不断降低，使人们用于食品等基本生活费用的比例日渐降低，有了更多的余钱用于添置耐用消费品和改善文化生活。正是在十四大以后，我国城镇居民的"恩格尔系数"从50%以上降低到50%以内。这意味着人们终于有一半以上的钱可用于食品以外的消费。这是在中国人的消费史上特别具有意义的大事情。去年我国城镇居民人均生活费收入达到4300多元，实际增长3.3%。农村居民人均纯收入达到1900多元，实际增长9%，是近年来增幅最高的一年。从人们银行存款的情况看，到去年末城乡储蓄存款达38520.8亿元。

这些财富的积累，使人们提高物质文化生活水平有了基础。十几年前，许多中国人是通过美国人用一个月工资买一件家用电器的事情感受美国的富裕程度的。到如今，中国市场上许多家用电器的单台售价基本上相当于我国干部、工人一两个月的工资水平。这眼前的进步，是让老百姓奋发拼搏、努力创造新财富的最好动力：看见有人靠一月工资能买得起彩电，就会相信自己总有一天也有这个福分；看见今天能用一月薪水买上彩电，就会相信今后能用月薪买上电脑、用年薪买上汽车……实际上，中国人的家产也正是在最近五年进入了积累最快的时期。人们有更多的余钱用于建造和购买住房,去年全国城乡共新建住房11亿平方米,农村平均每人住房面积去年提高到21.7平方米,比1990年增加3.9平方米;城市平均每人住房面积提高到8.4平方米,比1990年增加1.7平方米。城镇居民家庭拥有的耐用消费品也年年有增加。

在农村,最令世界瞩目的是我国这五年来加快了以解决温饱问题为目标的扶贫步伐,仅1996年一年全国农村贫困人口就减少700万;使我国的农村贫困人口下降到5800万。现在,我国农村贫困人口占世界贫困人口的比例已下降到不足二十分之一。

据统计,城镇居民家庭平均每百户拥有的钢琴由1992年的0.5架增加到1996年的0.85架,照相机由1992年的24.32台增加到32.13台,农村居民家庭平均每百户拥有的电视机由1992年的11.74台增加到87.97台。1992年全国出版图书92148种、63.4亿册(张),到1996年增加到113482种、70.8亿册(张)。平均每一万人口中,1992年的大学生数量为18.6人,1996年增加到24.7人。

选自《北京日报》1997年8月9日

生　　词

1. 实惠	(名)	shíhuì	实际的好处。 material benefit
2. 应有尽有	(成)	yīng yǒu jìn yǒu	应该有的都有了,指什么东西都有了。 have everything that one expects to find
3. 粮票	(名)	liángpiào	购买粮食的票证(包括品种、数量)。 grain coupon
4. 布票	(名)	bùpiào	购买布匹及其制成品如服装等的票证。 cloth coupon
5. 步伐	(名)	bùfá	行走时脚步的大小快慢,喻指速度。 step; pace

注　　释

1. 三个有利于

邓小平在1992年春节前后视察南方的重要讲话中提出的观点之一,即发展经济判别是社会主义性质还是资本主义性质的三个标准是:(1)有利于发展社会主义社会的生产力;(2)

有利于增加社会主义国家的综合国力;(3)有利于提高人民的生活水平。凡是符合"三个有利于"的则不管采用何种方式、手段、措施去发展经济都是属于社会主义性质的,就应予提倡和保护。

2. 恩格尔系数

指饮食费用占家庭总开支的比例,收入低的家庭其比例愈高,反之则愈低。这是德国社会统计学家恩格尔(L.E.Englel,1821—1896)发现的一条统计规律。恩格尔系数常被用来描述和解释一国产业结构和需求结构的演变及其相互之间的关系。

练　习

判断正误:

1. 中共十四大以来,中国人民的物质文化生活水平明显提高。(　　)
2. 中共十四大报告中说,中国人民生活由温饱进入小康的目标已经成为现实。
(　　)
3. 五年来,人民物质生活中以居住条件的改善最为显著。(　　)
4. 作者认为,在商品彻底取消凭票供应方面,以取消布票、粮票的意义最为重大。
(　　)
5. 由于收入的增加,物质生活条件的改善,中国城乡居民饮食费用占家庭总支出的比例越来越高。(　　)
6. 去年,中国城镇居民的收入远远高于农村居民,增长幅度也是城镇居民比农村居民大。(　　)
7. 十几年前,美国人一个月的工资可以买一台家用电器,现在中国的干部、工人也可以用一两个月的工资买到一台家用电器。(　　)
8. 现在,一般的中国人还不能用月薪买上电脑,也不能用年薪买上汽车。(　　)
9. 中国还有700万人口没有解决温饱问题。(　　)
10. 到1996年,中国平均每一百户家庭中拥有钢琴0.85架。(　　)
11. 到1996年,中国87.97%的家庭拥有电视机。(　　)
12. 中国大学生人数在全国人口中所占的比重从1992年的18.6%增加到1996年的24.7%。(　　)

第 20 课

课　文

即将步出校门的大学毕业生如何正确择业，社会各界关注并期待着他们——

迈好走向社会第一步

孙秀艳　田利平

1月6日，全国第二届人才市场高校毕业生供需见面会在京举行，拉开了1996年全国高校毕业生就业工作的序幕。一时间，会场所在的首都体育馆人山人海。不少外地大学生冒着严寒千里迢迢来到了北京。大学毕业生都渴望找到一份理想的工作。

又有一批莘莘学子即将迈出校门，成为祖国的建设者，实在是一件令人振奋的事。然而，如何迈好走向社会的第一步，每一位毕业生心中都充满了矛盾与思考。

择业热点透视

以国家利益为重，注重发挥自己的专业优势，依旧是大学毕业生择业时最重要的依据。有相当一部分同学放弃了大城市优越的工作条件，准备背起行囊奔赴祖国最需要的地方。几乎所有毕业生都认为毕业后的第一次就业是人生大事。

随着传统计划分配体制的打破，"双向选择"兼国家指导性计划调控的就业制度给了大学毕业生很大的择业自由度，大学毕业生的自主择业意识已明显增强了。他们对用人单位的选择各有各的标准。绝大多数同学把学以致用，服务社会，实现自身价值摆在了重要位置，但择业过程中也出现了一些新的热点。

高薪热。在笔者走访的应届大学毕业生中，不少人谈到高薪对他们的诱惑力。"我们也想生活得舒适些。让家里供养这么多年，也该想想如何报答父母了。年轻的时候多挣些钱是当务之急。"一位毕业生这样说。如今的大学生已不再避讳对金钱的追求。经济利益的驱使甚至使一些同学放弃了原来的专业，不顾自己的长远发展。

虽然国家对大学毕业生直接进入"三资企业"作出了许多限制，但薪水较高的"三资企业"依旧得到了一些毕业生的青睐。耐人寻味的是，在"三资企业"成为择业热点的同时，也有相当一部分老毕业生退出"三资企业"。他们中甚至有人找到国家教委，要求再给他们一次重新选择的机会。

"学生注重经济利益可以理解，但是也存在很多问题，我们应该引导学生以事业为重，抛弃追求金钱的短期行为。"首都师范大学党委副书记赵会民这样说。

都市热。"要是留在这里，将来也许每天要挤两小时的公共汽车去上班，没准十年八年也不会有自己的房子。以我的学历、专业，在其他地方应该能生活得更好些。"北京某高校的一位双学士说得合情合理，然而她依旧难以放弃成为首都市民的机会。为了要一个都市户口，不少毕业生宁可委曲求全，在其他方面作出让步。良好的物质文化生活环境，确实有它的魅力，然而在都市之外的天地里，却有着大学毕业生大显身手的广阔空间。

公务员热。在开篇提到的见面会会场的中央大厅，国家各大部委招收公务员的展台被挤得水泄不通。虽然对毕业生条件要求较为苛刻，而且要经过笔试、面试、考核等重重关卡，但毕业生依旧趋之若鹜。青岛市政府招收公务员的展台，一上午接到符合条件的毕业生简历达193份之多。虽然公务员工作较为清贫，但稳定的工作环境，有法律保障的待遇都颇具吸引力。

与热点形成鲜明对照，艰苦地区艰苦行业虽有渐暖的趋势，但是比较之下依旧是"门庭冷落"。甘肃省人事厅整整一上午只收到五六十位毕业生的简历。尽管如此，依然有一批志存高远的优秀毕业生主动要求去艰苦地区艰苦行业干一番事业。中国新闻学院双学士杜亮本来有留在北京新闻单位的机会，但当了解到宁夏一家单位急需新闻专业毕业生时，他义无反顾地选择了宁夏。

择业不要太挑剔

1996年是历年来全国高校毕业生最多的一年。仅国家计划内统分毕业生就达86.6万人。而近几年来，一些企事业单位为提高效益、降低工资成本，不愿多进人，高校毕业生需求总量在连年下降。就北京地区而言，1993年毕业生供需比为1:3，1994年为1:2，而1995年为1:1.26。据国家教委有关同志介绍，今年的毕业生供需基本持平。然而，有一部分大学毕业生择业时不考虑自身能力，挑挑拣拣，常常高不成低不就。

当前大学毕业生就业工作的困难，在于毕业生想去的地方不要人，而急需人才的单位却又得不到毕业生。中国人民银行今年计划进人65名，而目前接到的求职简历已达1300份左右。而不少国家重点企业却鲜有人问津。"年轻人应该脚踏实地，不能把目光只盯在为数不多的'热门'单位上。其实基层单位虽然苦一点，却更能出成绩。"北京理工大学副校长李志祥这样告诫毕业生。北京高校毕业生就业指导中心负责人甘北林在接受本报记者采访时，曾一再请记者转告大学毕业生，选择单位不要太挑剔。

帮助迈好第一步

大学毕业生在择业时暴露出一些问题，在他们步出校门走向社会的过程中，需要更多的引导和帮助。

令人欣慰的是，上至国家教委下到毕业生所在学校，都很认真地对待毕业生的就业指导工作。全国高校毕业生指导中心已编好教材，要求每所高校开设选修课，指导毕业生树立正确的价值观和职业道德观，处理好个人志愿与国家需要的关系,事业发展与个人成长的关系。大学生择业心态中反映出来的问题,同毕业生就业市场仍未健全有关。为了促进我国高校毕业生就业市场的发育与完善,人事部与全国人才交流中心于1995年12月13日推出"全国大中专毕业生供需信息查询系统"。该系统收集了大量用人单位的需求信息。由于该系统有利于毕业生就业过程的透明化,因而它将增加和扩大96届大学毕业生双向选择的力度和范围,促进毕业生就业朝着"平等、公开、竞争、择优"的方向发展。

"我们愿意为毕业生提供更多的咨询和服务,帮助他们找到适合自己的单位。"国家教委学生司副司长王路江诚恳地说。

选自《人民日报》1996年11月15日

生　　词

1.	千里迢迢	(成)	qiānlǐ tiáotiáo	形容路途遥远。 remote
2.	莘莘学子	(成)	shēnshēn xuézǐ	很多学生。 a great number of disciples
3.	调控	(动)	tiáokòng	调节控制。 adjust and control
4.	学以致用	(成)	xué yǐ zhì yòng	所学的要能应用于实际。 study sth. in order to apply it
5.	应届	(形)	yīngjiè	本期(用于毕业生) this year's (graduates)
6.	避讳	(动)	bì huì	回避,不愿说出或听到某些字眼。 avoid a taboo (on the personal names of emperors, one's elders, etc.)
7.	寻味	(动)	xúnwèi	仔细体会。 think over
8.	委曲求全	(成)	wěiqū qiú quán	勉强迁就,以求保全,为顾全大局而暂时忍让。 make concessions to achieve one's aim
9.	苛刻	(形)	kēkè	(条件、要求)过高,过于严厉。 harsh
10.	趋之若鹜	(成)	qū zhī ruò wù	像鸭子一样,成群地跑过去。比喻许多人争着去追逐某一事物。 go after sth. like a flock of ducks
11.	挑剔	(动)	tiāoti	过分严格地在细节上指摘毛病。 nitpick

12. 持平　　　（动）　　　chípíng　　　与相比较的数字保持相等。
　　　　　　　　　　　　　　　　　　　balanced

<h2 style="text-align:center">专　名</h2>

国家教委　　　　　Guójiā Jiàowěi　　　国家教育委员会的简称。现改为
　　　　　　　　　　　　　　　　　　　教育部。
　　　　　　　　　　　　　　　　　　　short for "State Education Commission"

报刊词语、句式示例

一、虽然国家对大学毕业生直接进入三资企业作出了许多限制,但薪水较高的三资企业依旧得到了一些毕业生的青睐。

　　"虽然",连词。表示让步,承认前者为事实,但后者并不因此而不成立。可用在主语前后。后一小句中多用"但"、"却"、"可是"等呼应。例如:

　　1. 虽然大家都说这次考试很难,我却得了高分。

　　2. 高校毕业生供需见面会虽然成为大学生自主择业的一个重要渠道,可是由于举办时间不当,严重地影响了高校的教学秩序。

　　3. 虽然巴以双方早就达成了和平协议,但在中东地区真正实现全面、公正的和平,尚需时日。

二、公务员热。国家各大部委招收公务员的展台被挤得水泄不通。公务员对毕业生颇具吸引力。

　　形容词"热",加在名词、动词或词组后名词化,表示形成很多人追求的一种热潮。例如:

　　1. 随着我国足球运动的职业化改革,全国出现了空前的足球热。

　　2. 下岗职工转变了择业观念,为了取得再就业的一技之长,他们积极学电脑,学财会,学家政,形成了下岗职工学习热。

　　3. 1997年,前所未有的休闲旅游热席卷全国。

三、为了要一个都市户口,不少毕业生宁可委曲求全,在其他方面作出让步。

　　"宁可",连词。在比较两方面的利害得失后选取的一方面。有时与上一小句中的"与其"或下一小句中的"也不"、"也要"相呼应。例如:

　　1. 与其绕那么远的路,我们宁可走这条山间小道。

　　2. 在市场经济条件下,没有销路的产品宁可停产,也不让它长年积压在仓库里睡大觉。

　　3. 过惯了穷日子的张老汉对记者说,俺宁可不吃不喝,也要供儿子去省城念书上学。

四、由于人才供需查询系统有利于毕业生就业过程的透明化,因而它将增加和扩大毕业生双向选择的力度和范围,促进毕业生就业朝着"平等、公开、竞争、择优"的方向发展。

"由于",连词。在表示因果关系的复合句里表示原因,一般放在前小句说明原因,后小句常有"因而"、"所以"、"因此"等相呼应,表示结果。如把表示原因的句子放在后边,多用"是由于"。例如:

1. 由于医护人员精心护理,因而民工小杨住院不到一个星期就出院了。
2. 由于个别地方对毒品犯罪的严重性和危害性认识不足,因而对毒品犯罪打击不力,甚至仅仅停留在开开会,发发文件,布置一下而已。
3. 这个问题至今尚未处理,是由于有些具体情况还没有完全调查清楚。

练 习

一、选词填空:

  委曲求全 脚踏实地 耐人寻味 学以致用
  趋之若鹜 千里迢迢 当务之急 义无反顾

1. 大部分毕业生择业时把_____,服务社会,实现自身价值摆在了重要位置。
2. 一些学生不再回避对金钱的追求,认为年轻的时候多挣些钱是_____。
3. _____的是,在三资企业成为择业热点的时候,也有相当一部分老毕业生退出三资企业。
4. 为了取得一个大城市户口,不少毕业生_____,宁可在其他方面做出让步。
5. 公务员的条件较为苛刻,要经过笔试、口试、考核等重重关卡,但毕业生依旧_____。
6. 一位中国新闻学院的双学士本来有留在北京工作的机会,但当他了解到宁夏一单位急需新闻专业毕业生时,他_____地选择了那里。
7. 首都体育馆里人山人海,不少外地大学生冒着严寒_____来到北京,参加毕业生供需见面会。
8. 年轻人应该_____,不能把目光只盯在为数不多的热门单位上。

二、根据语境,选择一组最恰当的词语填空:

1. 以国家利益____重,注意____自己的专业优势,依旧是大学毕业生择业时最重要的____。
  A. 于 发扬 依靠
  B. 为 发挥 依据
  C. 当 发展 根本
  D. 作 发现 根据

2. 不少外地大学生____严寒来到北京。大学毕业生们都____找到一份____的工作。
  A. 顶着 愿望 思念
  B. 迎着 期望 想象
  C. 冒着 渴望 理想

  D. 对着 希望 满意

3. ____传统计划分配体制的____,"双向选择"促使大学毕业生的自主择业意识明显____。
  A. 迎着 突破 增进
  B. 凭着 破坏 增加
  C. 沿着 破除 增长
  D. 随着 打破 增强

4. 如今的大学生已不再避讳对金钱的____,经济利益的驱使甚至让一些同学____了原来的专业,而不顾自己的____发展。
  A. 追求 放弃 长远
  B. 追逐 放任 久远
  C. 追随 放松 长久
  D. 追赶 放开 远大

5. 全国高校要指导毕业生____正确的价值观和职业道德观,____好个人志愿与国家需要的____。
  A. 建立 安排 事务
  B. 确立 完成 任务
  C. 创立 解决 问题
  D. 树立 处理 关系

6. 国家教委的一位负责同志____地说,我们愿意为毕业生____更多的咨询和服务,帮助他们找到____自己的工作单位。
  A. 诚实 提倡 适当
  B. 诚心 提交 适应
  C. 诚恳 提供 适合
  D. 诚挚 提取 合适

三、用指定词语改写句子:
  1. 全国大中专毕业生供需信息查询系统之所以能增加和扩大双向选择的力度和范围,是由于该系统能促使毕业生就业过程透明化。 (由于……因而……)
  2. 尽管国家公务员工作较为清贫,可是稳定的工作环境和有法律保障的待遇都颇具有吸引力。 (虽然……但是……)
  3. 大城市的良好物质文化生活环境确实有它的魅力。但在都市之外的天地里,也有着学子们大显身手的广阔空间。 (然而)
  4. 为了一个大都市的户口,有的毕业生甚至可以委曲求全,在许多方面作出让步。

(宁可)

5. 近年来,高校毕业生的需求总量在下降,拿北京地区来说,1993年供需比为1∶3,而1994年是1∶2。　　（就……而言）

6. 有一部分大学毕业生择业时不考虑自身能力,挑挑拣拣,条件高的达不到,低的又不肯去,总也找不到工作。　　（高不成低不就）

四、选择正确答案:

1. 当前,中国实行的高校毕业生就业办法是——
   A. 高校毕业生选择单位,用人单位选择毕业生
   B. "双向选择"同国家指导性计划调控相结合
   C. 国家计划分配体制下进行双向选择
   D. 举办供需见面会,促使高校毕业生就业市场化

2. 文中提到工作环境稳定,待遇有法律保障,但较为清贫的工作人员是——
   A. 三资企业职员
   B. 艰苦行业的人员
   C. 政府公务人员
   D. 新闻工作者

3. 现在的高校毕业生在择业时,大多数人注重——
   A. 以国家利益为重,发挥自己专业优势,到祖国最需要的地方去
   B. 追求高薪,甚至放弃自己所学专业,直接进入三资企业
   C. 留恋大都市,在良好的物质文化生活环境里大显身手
   D. 学以致用,服务于社会,实现个人的自身价值

4. 北京地区高校毕业生供需比连年下降,1993年为1∶3,1994年为1∶2,1995年为1∶1.26。这说明——
   A. 用人单位对高校毕业生需求下降,招用人数一年比一年少
   B. 高校毕业生人数越来越多,超过了用人单位的需求
   C. 用人单位招聘人员余地扩大,国家重点企业很容易得到毕业生
   D. 高校毕业生择业余地变小,择业条件不宜太高

5. 对于高校毕业生如何正确择业,文章强调——
   A. 处理好个人志愿与国家需要的关系,事业发展与个人成长的关系
   B. 解决毕业生想去的地方不要人,要人的地方又得不到毕业生的问题
   C. 坚持毕业生就业"平等、公开、竞争、择优"的原则
   D. 建立人才信息查询系统,提供更多的咨询和服务

五、快速阅读：(限时 4 分钟)

电脑病毒

何斐文

未接触过电脑的人或刚入门者对电脑病毒感到很神秘，觉得不可思议。但如果弄清它的特征就知道电脑病毒是怎么回事了。

首先，这里所说的病毒是根本不具备生命的，只不过是一种破坏电脑系统正常运行的"破坏性程序"。80 年代中期起，电脑病毒如同一场瘟疫在世界各地迅速传播蔓延。据统计，目前形形色色的"进口"病毒加上"国产"病毒已多达几千种。二是电脑病毒虽然不具备生命，但其传播病毒的方式倒和有生命的东西的传播途径在某些方式上很相像。如医学上接触传染，对于电脑病毒来说，是指拷贝或网上传递，即软盘之间的互相拷贝，入网电脑之间的文件相互传送，都可能导致电脑病毒的侵入。这是电脑病毒到目前为止仅有的两种传染途径。因此，我们只要避免随便拷贝，或拷贝之前加以检测，就不会染上病毒。

电脑病毒虽然猖狂，但现在检测、预防、消除它们的方法几乎是同步的。当然对于一种新病毒的对付方法要稍为滞后一段时间，很多软件公司为了对付电脑病毒，纷纷出版自己的查毒程序和解毒程序，争取在病毒发作之前把它清除掉。

但是，并不是所有病毒都能被抗病毒软件消灭，总会有新发现的病毒无法识别和无法直接消灭，所以最保险的办法是看住自己的电脑，不让有病毒的磁盘进入电脑。

选自《北京青年报》1996 年 7 月 24 日

问题：
1. 什么是电脑病毒？
2. 怎样防止电脑病毒的传播？

阅读（一）

说"跳槽"

王健华　胡怀亭

"跳槽"是人才流动的一种不雅的说法。大概由于使用频繁，已没人考究它的出处与原意了。

从 1984 年 6 月北京第一个人才服务机构——北京人才交流服务中心正式成立，至今北京市各级各类人才服务机构已达 84 个，北京市人才市场初具规模。

人才流动使人才资源得到开发和合理配置，它把生产力要素中最活跃、最重要的因素——人的才能，一定程度地"解放"出来，释放出了令人惊喜的能量。

什么人最想"跳槽"？

在1995年北京市人才服务中心每周三举行的小型洽谈会上，北京市统计局曾对各类"跳槽"人员作过问卷调查，证明最想"跳槽"的一是文化程度高、专业技能强，二是年纪轻的"青春族"。

他们向570人发了调查问卷，收回答卷564份。其中大专以上学历的占86%，硕士生、博士生占10.5%。绝大多数人具有某种专业技能，有中级以上技术职称的占40%。被调查者的年龄集中在35岁以下，占89%。这部分人都已在工作岗位上锻炼了数年，积累了一定的专业经验，踌躇满志，成为人才市场上的"抢手货"。

最想跳到哪去？

跳到能发挥自己作用的最佳位置上去，这样回答的人占问卷调查人数的49%，位居榜首。人们不安心原单位工作，要求流动，首先不是因为收入太低，而是认为自己的才能在原单位得不到充分发挥。人们迫切希望自己在事业上取得成功、能力和价值得到实现。

某城建公司经济效益在国有企业中名列前茅，职工收入比较高。然而，在一位经理任职的两年时间里，用人方面有明显的不公正现象，一些很有才华的中青年管理、技术人才得不到施展才能的机会，这些人又不甘于混下去，于是便萌生"跳"心，寻求能体现自身价值、发挥专业特长的舞台。短短两年间，公司就有30多名管理、技术人才先后调、考国家机关和城建系统其他部门。据调查，在这30多名调走的人才中，现已在新岗位担任处级领导职务的就有8名，其他20多名也在不同岗位上成为骨干。

随着计划经济向市场经济的过渡，人们的择业观念正在发生变化，知识升值为科研人员提供了重新审视自己的机会，一些科研人员不愿一生固守在一个岗位上。王某今年50多岁，是一个享受政府特殊津贴的高级人才，60年代末毕业于北京理工大学，后分配到中科院从事科研工作，任助理研究员。按说，他的工作令人羡慕又有稳定收入，单位里又没人挤对他，应该满足了。可他仍要去寻找更加合适的位置。1985年他离开了中科院，到本市某进出口公司任副总经理，还是觉得不过瘾，1994年又将人事档案存放在市人才服务中心，到外企一家电脑公司任经理去了。

人各有志，也各有所图。

在人才流动中，追求高薪的人也不在少数，约占22%。据统计，被调查者目前在原单位的月人均收入为637元，而他们重新择业，期望月收入平均为2018元，高出原收入1381元。收入期望值为目前实际值的3.2倍。在期望收入中，文化程度则是收入高低的一个明显标志。这种高级人才追求高薪的现象，首先是知识升值的直接体现，同时也是一些欲"跳槽"者自信心增强的标志。在市场经济条件下，一些欲"跳槽"者看到了自身所掌握知识的价值。另外，有些招聘单位的养老、医疗等劳动保障制度不健全，应聘者期望用高收入来弥补此类不足。

当然，人才市场上也有一些自恃学识高，有一技之长而不顾实际情况"待价而沽"的人，他们往往碰钉子。碰得鼻青脸肿之后就会调整自己，不然就会成为哪也不要的"蠢材"了。

除了寻找能发挥自己才能的最佳位置和追求高薪外，人们的择业倾向按顺序排列为：社会地位高、专业对口、工作稳定、能改善住房条件……

哪儿最欢迎"跳槽"者？

北京人才市场上的招聘单位中，外商投资企业占44%，独占鳌头。北京有正式开业的三资企业三千多家，人才市场是这些企业招揽人才的主要渠道。集体、私企、股份制单位共占31%左右，占第二位。国有企事业单位占25%，占第三位。

三资企业物质待遇高，有激烈的竞争机制，工作环境有利于个人才能的发挥和施展，受到35岁以下应聘者的青睐。但三资企业由于缺乏健全的劳动保障制度等原因，每年人才流失率达30%以上。这使得三资企业总要不断地招聘"跳槽"者。为了吸引人才，留住人才，三资企业已越来越意识到劳动保障制度的重要性，有50%以上的三资企业已加入了市政府的养老统筹保险和医疗保险。

"跳槽"也有负效应

进入人才市场的应聘人员中64%来自全民所有制单位，其中从工业企业来的人员占27%，从文教、科研、商业来的人员占37%，这从一个侧面反映了这些行业和部门人才流失现象较为严重。

据一项国有大中型企业状况调查，发现在近两年内，业务骨干流走了三分之一还多。如北京市某总公司35岁以下的科技人员流失率已达76%。另一家国有大型企业1990年分配来的16名大学生中13名男生一个没剩，都"跳槽"到商海或外企去了，只剩下3名女生。某厂一名多次在京、津、沪青工技术比武中夺魁的尖子，被一民办公司以比原企业高出几倍的待遇挖走。不久，这名青工又将同组的几个哥们儿也拉走。技术骨干的集体出走，造成这个厂的关键工种两三年内处于半瘫痪状态。北京某大学，近十余年来，进校的青年教师累计流失达62%，流走的教师多数是短缺的人才。

对于企业来说，最怕商业失密和市场流失。许多企业的骨干力量去了别的单位以后，带去了原单位的技术经验和资料，成了原企业的竞争对手。他们凭借多年建立的营销关系将原有企业的市场抢走。

单位和流动者双方为流动而产生的争议、纠纷也日渐增多：用人单位为防止人才外流，采取收回住房、索要培训费、拒绝移交档案等方式进行阻止。而流动者又往往不服。截至目前，北京人才服务中心仲裁办公室已受理人才争议案691起，裁决400余起。

人才需要流动也需要稳定，"跳槽"有好处也有弊端，兴利除弊不断完善是人才市场的方向。

选自《北京日报》1996年2月2日

生　词

1. 跳槽	（动）	tiàocáo	比喻人离开原来的职业或单位到别的单位或改变职业。 job-hop; throw up one job and take on another
2. 踌躇满志	（成）	chóuchú mǎn zhì	对自己的现状或所取得的成就非常得意。 enormously proud of one's success

3. 抢手货	（名）	qiǎngshǒuhuò	很受欢迎,人们争先购买的货物。goods in great demand
4. 名列前茅	（成）	míng liè qián máo	名次排在前面。be among the best of the successful candidates
5. 津贴	（名）	jīntiē	工资以外的补助费。financial aid
6. 挤对	（动）	jǐduì	逼迫人使屈从。force into submission
7. 档案	（名）	dàng'àn	分类保存以备查考的文件和材料。files
8. 自恃	（动）	zìshì	依靠,仗恃。rely on
9. 待价而沽	（成）	dài jià ér gū	等待好价钱才卖。wait to sell at a good price
10. 鼻青脸肿	（成）	bí qīng liǎn zhǒng	比喻遭到打击、挫折的狼狈相。badly battered
11. 蠢材	（名）	chǔncái	笨家伙,愚笨的人。fool
12. 独占鳌头	（成）	dú zhàn áo tóu	比喻占首位或第一名。come out first
13. 失密		shī mì	泄露机密。divulge a secret

练 习

判断正误:

1. 文章认为,人才流动可以使人才资源得到开发,配置合理,是一件好事。（　）
2. 最想"跳槽"的人员是那些文化程度高、专业技能强的年轻人。（　）
3. 在人才市场上最受欢迎的是工作岗位上经过锻炼,积累了丰富经验的老专家。（　）
4. 要求调换工作的人首先是因为收入太低,自身价值没能实现。（　）
5. 文中某城建公司事例说明,用人不公是"跳槽"的原因之一。（　）
6. "跳槽"现象的出现与市场经济条件下人们择业观念的变化有密切关系。（　）
7. 要求"跳槽"者中有22％的人期望的月收入比目前实际收入高。（　）
8. 影响人们择业的前三位因素是:社会地位高,专业对口和工作稳定。（　）
9. 对北京的三资企业来说,人才市场是他们招揽人才的主要途径。（　）
10. 在人才市场上,年轻的应聘者最向往的是三资企业。（　）

11. 由于工作紧张，竞争激烈，三资企业每年人才流失率高达30%。（　）
12. 全民所有制单位人才流失较为严重，64%的职工离开了全民所有制单位。（　）
13. 人员流动给企业带来了负效应，他们最担心的是商业失密和市场流失。（　）
14. 因人才流动而引起的争议和纠纷日渐增多，用人单位采取了收回住房、索要培训费和拒绝移交档案等方法进行阻止。（　）
15. 文章认为，人才既需要流动，也需要稳定。（　）

阅读（二）

双向选择：有没有更好的方法

朱庆　陈琪宏

新年伊始，南京某高校张教授兴冲冲走进课堂，令他惊讶的是，教室里稀稀拉拉只有几个学生。人呢？有同学告诉他：又上"双选会"（双向选择）找工作去啦。张教授一脸无奈。

类似张教授遇到的这样课堂冷场，近来在南京的许多高校时有发生，以致有些教师表示"以后再也不给毕业班学生开课了"。南京农大的一位教授颇有怨言：现在的招聘会越开越提前，以致他的高年级研究生根本没办法把精力集中在毕业论文上，做实验再也不如以往那样认真了。据他比较，近两年毕业研究生的论文质量，明显不如前几届。其实，哪个老师不希望自己的学生能够找到称心如意的工作呢？但是，为找工作而不上课甚至影响学业，当老师的在心理上难以接受。

是不是人才市场的"双选会"对学校的教学秩序影响很大？带着这个问题，记者走访了南京的几所高校。在应届毕业生的宿舍里，"找工作"已经成为大家每天生活中的"热门话题"。

南京师大中文系的一位将要毕业的研究生告诉记者："开学初，大家还都忙着搞毕业论文，可前不久的一次毕业生'双选会'一开，大家的心一下子散了。许多同学论文刚写了一半就丢在一边，把大部分精力投入到找工作上去了。"

应该说，人才市场特别是"高校毕业生供需见面会"运作以来，已成为大学生们自主择业的一个重要渠道，颇受毕业生们的欢迎。南京大学社会学系的一位学生说，"'双选会'让供需双方直接见面、互相挑选，透明度高、选择面广，比起以往被动地等待分配，或靠拉关系、托人情找工作，是一种较好的择业渠道"。但他同时指出，"这种在理论上比较科学的机制，在实际操作过程中，往往被许多不科学、不规范行为扭曲了"。对此，不少已经在多次"双选会"上杀进杀出的大学生颇有同感。

首先是用人单位的用人计划和大学生毕业分配时间不合拍，导致许多大学生不得不提早介入人才市场，浪费了许多学习时间。据了解,用人单位一般在上一年底就制定了用人计划,并开始物色人选,而大学生毕业时间是次年的7月份。针对毕业生的人才市场一启动,许多大学生就不得不放弃手头的学业。某师范院校历史系的一位研究生直言相告:"三年的学习时间差不多有近一年的精力放在找工作上,专业不吃香再不早点动作,愈往后愈被动,越是选不中心里就越着急,情绪一紧张,哪里还有心思学习。"

其次,"双选会"上存在的用人单位条件苛刻和不公平竞争现象,使得一部分学生在屡屡受挫之后,自叹没有一个好爸爸。一些大家都看好的用人单位尽管也到招聘现场摆摊设点,但条件却苛刻得吓人。日前在南京举办的一次毕业生招聘会上,某新闻单位提出的条件是"本市户口,男性,身高1.70米以上,裸眼视力0.8以上。"不能不令许多学生望而却步。一家广告公司的前提条件是"广告专业的研究生"。而在场的一位学广告的专科生告诉记者"这个专业今年连本科毕业生也没有。"在一家金融部门的摊位前,大学生们趋之若鹜,工作人员无奈中只好直言相告"不要挤了,都不符合条件。"据一位知情人说,这家单位要人是真,但早已内定,来"双选会"只不过是履行一下合法手续。

再次,越开越多的"双选会"使许多毕业生产生了"好戏在后头"的心理,把成功的希望寄托在说不清的"下次"上,光门票钱就花了不少,但一个合适单位也没有。

当然,也有许多学生到"双选会"上去只是为了了解一些信息,感受一下气氛或者"演练"一下自己的应聘能力而已。"在'双选会'上拍板敲定单位的极少。真正的落实还是在会后双方进一步接触和了解之后。"河海大学一位研究生认为"与其这样一场接一场地搞'双选会',还不如印一本人才市场需求手册给我们,上面写清用人单位简介、用人要求、地址、电话等,我们可以根据自己的情况'对号入座',有可能再约时间作进一步沟通。"

毕业生与用人单位的"双向选择"有无更好的办法?南京市人事局一位负责人说,建立人才信息高速公路,将人才市场由集市型向常设型转换是解决问题的关键。但是由于现有条件的限制,类似集市型的"双选会"还将延续一段时期。他建议高校适当调整一下教学计划,以便让毕业生有足够的时间去找工作,同时也希望学校加强对毕业生的就业指导。面对许多专业供大于求的事实,他奉劝一些"高不成低不就"的同学,应尽早降低自己的择业标准。

选自《光明日报》1996年1月17日

生 词

| 1. 透明度 | (名) | tòumíngdù | 比喻事物公开化和被众人了解知情的程度。
transparency |
| 2. 物色 | (动) | wùsè | 寻找(需要的人才或东西)。
look for |

3. 启动	（动）	qǐdòng	开始工作。 start
4. 望而却步	（成）	wàng ér què bù	看到了危险或力不能及的事情而往后退缩。 shrink back at the sight of (sth. dangerous or difficult)
5. 手续	（名）	shǒuxù	办事的程序。 procedures
6. 拍板		pāi bǎn	比喻主事人作出决定。 have the final say
7. 敲定	（动）	qiāodìng	确定下来,决定。 decide

练 习

回答问题：

1. 人才市场的"双选会"给学校教学工作带来了哪些影响？
2. 双选会为什么受到大学生的欢迎？
3. 当前,双选会存在哪几方面的问题？
4. "双向选择"有没有更好的办法？

第21课

课　文

由于高新技术的综合应用，国际上高速铁路建设紧锣密鼓，日本与欧洲已捷足先登，中国人也热在心头：

我们何时坐上国产高速列车

周　泉

继去年10月我国沪宁线上列车提速试验达到每小时173.5公里之后，今年1月5日，由我国自行研制的试验列车在铁道部科学研究院环行铁道试验线上创下运行时速212.6公里的纪录。这些进展，使中国老百姓乘坐国产高速列车长途旅行，朝发京城夕到上海的企盼，离现实又近了一步。

世界上第一条高速铁路建成于1964年，地点在日本东海道。这条长为515公里的东海道高速电气化新干线时速高达210公里，通车后立即缓解了东海道交通运输日趋拥挤的局面。随后，在70年代，日本又建成新大阪到博多长度为553.7公里的山阳新干线，运行时速达到了270公里。在80年代，日本又分别开通了时速达到240公里的东北新干线和北越新干线。

从70年代开始，西方不少发达国家便将眼光纷纷投向这一领域，陆续建成运行时速越来越高的高速铁路。70年代末期，法国开始在拥有"运输走廊"之称的巴黎至里昂地段建设高速铁路，到80年代初期建好时，最高运行时速达到了270公里，运行后高速铁路在大通道中的运输市场占有率达到85%，着实尝到了高速铁路所带来的甜头；而在80年代末、90年代初相继通车的两条长度均在300公里以上的线路，其最高运行时速达到300公里左右，按建造计划，其中TGV—北方线最高时速可达350公里。90年代初，意大利、德国、西班牙等国家不甘落后，纷纷展开了建设攻势。意大利1990年开通了罗马到佛罗伦萨289公里长的高速铁路；1991、1992年两年间德国也开通了长度分别为105公里和327公里的高速铁路线，时速均达到250公里；而西班牙也于1992年开通了马德里至塞维利亚全长长达471公里、运行时速在300公里左右的线路。

据有关专家介绍，高速

铁路问世30年，若以效益、速度、能源消耗、安全性、环境污染等诸多因素作为综合考核的运输现代化标志，它有着众多的技术经济优势，具体表现在：运输能力大、速度快、安全可靠、能源消耗低、有利于环境保护、占地比较少、造价相对不贵、运行准时。

高速铁路的建设，在很多方面都需要先进的技术装备与之相配套。与建设普通铁路相比，在土木工程等基础设备方面，高速铁路从设计、施工到工程质量监测要求都比较高。同时，对桥梁、隧道等基础设施的质量要求比现行标准要高很多；而若想实现高速铁路的最佳运营状态，又必须有相应的高速列车。目前高速列车一般均采用电力牵引并取电动车组的型式，但在动力配置上又有所不同；高速列车对供电、通信、信号系统以及其他安全保障系统等方面都有很高的要求，因此，高速铁路及列车系统的设计、建设，集中体现了当代高新技术的综合应用，是高技术的结晶。

到目前为止，全世界行车速度达到200公里及以上的高速铁路总和已超过1万公里，预计到下个世纪初，全球高速铁路的兴建里程总长度将超过5万公里。而在我国国民经济迅速发展，运输能力严重不足的今天，伴随着航空、公路、水运等运输事业的发展，人们对兴建高速铁路的呼声也越来越高。我国旅客列车的运行时速长期徘徊在80—100公里之间。经过3年的努力，1994年，一条全长为147公里的广州至深圳的准高速铁路顺利建成，使人们看到了高速铁路建设的希望。但从真正意义上来说，准高速铁路还不能称之为高速铁路，运行时速达到200公里以上的高速铁路在中国还是个空白。

兴建高速铁路是一项关系到国计民生的重大决策，它不但投资巨大，而且牵涉到方方面面，对国家的发展会产生深远影响。因此，是否兴建，何时上马，如何建设，对此必须慎之又慎。记者从有关方面获悉，我国对兴建高速铁路已做了大量前期工作。早在1993年4月，国家科委、铁道部会同国家计委、国家经贸委、国家体改委组成了"京沪高速铁路重大技术经济问题前期研究"课题组，组织40多个单位的120多名专家围绕着京沪高速铁路建设的必要性、紧迫性、建设方案、资金筹措与经营机制、国际合作、经济社会效益评价等重大技术经济问题展开研究，并于1994年完成了这一研究课题，专家们对高速机车车辆、供电及运行自动控制系统等高速铁路中技术要求最高、难度最大的部分提出了攻关对策，建议力争尽快掌握设计主动权，逐步形成有中国特色的高速铁路技术体系，并预计在京沪高速客运专线全线贯通以后，与既有线客货分线运输，年客运能力可达1.2亿人次以上，比目前提高3倍；既有线在以货运为主的条件下，南下年货运能力可达1.2亿吨以上，比目前提高近1倍；京沪客运由目前直达特快17小时缩短至7小时以内。专家们认为，京沪高速铁路的建成将从根本上改变京沪大通道的"瓶颈"状况并为其他路段的建设积累经验。专家们还建议立即着手研制高速列车原型车，建设高速试验段，力争部分零部件国产化。

1995年10月，在拥有87年历史的沪宁线上，列车提速试验最高时速达到173.5公里，创下了沪宁线通车以来的最高纪录，同时也开创了中国铁路在既有线上提高列车运行速度的先河，为京沪高速铁路的正式建设作了可贵的探索。

尽管我国的高速铁路建设至今还未上马，但准备工作一直在进行着。我们有理由相信，中国离高速铁路时代不会太远了。

选自《经济日报》1997年3月23日

生　　词

1. 紧锣密鼓　　（成）　　jǐn luó mì gǔ　　锣鼓点敲得很密。比喻事前紧张的舆论准备工作。
wildly beating gongs and drums – intense publicity campaign in preparation for some sinister undertaking, etc.

2. 捷足先登　　（成）　　jié zú xiān dēng　　快步先得到所求的东西。
the swift-footed arrive first

3. 提速　　（动）　　tísù　　提高速度。
increase speed

4. 研制　　（动）　　yánzhì　　研究制造。
prepare; develop

5. 朝　　（名）　　zhāo　　早晨。
daybreak

6. 夕　　（名）　　xī　　傍晚。
sunset

7. 企盼　　（动）　　qǐpàn　　盼望。
look forward to

8. 着实　　（副）　　zhuóshí　　实实在在地。
indeed; really

9. 甜头　　（名）　　tiántou　　指好处。
benefit

10. 配套　　（动）　　pèitào　　把一些相关的事物组合成一整套。
form a complete set

11. 隧道　　（名）　　suìdào　　在山中或地下凿成的通路。
tunnel

12. 结晶　　（名）　　jiéjīng　　比喻珍贵的成果。
crystallization; fruit

13. 水运　　（名）　　shuǐyùn　　水上运输。
water transport

14. 徘徊　　（动）　　páihuái　　在一个地方来回地走。比喻事物在某个范围内浮动。
pace up and down

15. 准　　（形）　　zhǔn　　程度不够但可作为某种事物看待的。
quasi－; para－

16. 国计民生　　　　　　guójì mínshēng　　国家经济和人民生活。

			the national economy and the people's livelihood
17. 先河	（名）	xiānhé	古代帝王先祭祀黄河，后祭祀大海，以河为海的本源。后来称倡导在先的事物为先河。 anything that is advocated early
18. 上马		shàng mǎ	比喻开始较大的工作或工程。 start（a project，etc.）

专　　名

沪宁线	Hùníngxiàn	铁路线名。即上海至南京之间的铁路线。 name of a railway

报刊词语、句式示例

一、与建设普通铁路相比，在土木工程等基础设备方面，高速铁路从设计、施工到工程质量监测要求都比较高。

"与……相比"表示比较，以说明不同的人或事物之间的异同。例如：

1. 与大城市相比，小城市虽然没有那么多的现代化娱乐设施，但业余生活也同样是丰富多彩的。

2. 作为职业妇女，她在工作中也有许多事情要做，但与当总工程师的丈夫相比，她还是有较多的业余时间，所以她尽量把家务都承担下来，支持丈夫做好工作。

3. 据海关统计，一季度出口继续保持增长，但与去年同期出口增长25%相比，增长速度有所回落。

二、据有关专家介绍，高速铁路问世30年，若以效益、速度、能源消耗、安全性、环境污染等诸多因素作为综合考核的运输现代化标志，它有着众多的技术经济优势。

"有关"表示"有关系"或"涉及到"。报刊上常把"有关"置于名词前，修饰、限定其后的中心词。如：有关部门，有关单位，有关当局，有关人士等。例如：

1. 发展外向型经济不仅是外经外贸部门的大事，而且同全国上下，各地方、各企业都直接有关。

2. 到机场送行的还有上海市有关部门的负责人。

3. 商标局有关法律人士告诉记者，《商标法》属于特别法，有关商标专用权的纠纷应由商标评审委员会进行复审。

三、1995年10月，在拥有87年历史的沪宁线上，列车提速试验最高时速达到173.5公里，创下了沪宁线通车以来的最高纪录,同时也开创了中国铁路在既有线上提高列车运行速度的先河。

"开创……先河"指首创完成前所未有的事,也说"开……先河"。例如:

1. 古希腊的柏拉图和他的学生亚里士多德被认为是西方百科全书的始祖,他们通过讲学记述了当时已有的全面知识,开创了百科全书的先河。

2. 1961年4月12日,苏联航天飞机东方一号载着航天飞行员加加林首次进入空间轨道,开创了人类进入太空之先河。

3. 这位戏剧名人主演了西洋名剧《茶花女》,开国人演出话剧之先河。

练　　习

一、解释句中划线的词语:

1. 由于高新技术的综合应用,国际上高速铁路建设紧锣密鼓,日本与欧洲已捷足先登,中国人也热在心头。

2. 世界上第一条高速铁路建成于1964年,地点在日本东海道。这条长为515公里的东海道高速电气化新干线时速高达210公里。

3. 70年代末期,法国开始在拥有"运输走廊"之称的巴黎至里昂地段建设高速铁路,到80年代初期建好时,最高运行时速达到了270公里。

4. 运行后高速铁路在大通道中的运输市场占有率达到85%,着实尝到了高速铁路所带来的甜头。

5. 高速铁路问世30年,若以效益、速度、能源消耗、安全性、环境污染等诸多因素作为综合考核的运输现代化标志,它有着众多的技术经济优势。

6. 高速铁路的建设,在很多方面都需要先进的技术装备与之相配套。

7. 高速铁路及列车系统的设计、建设,集中体现了当代高新技术的综合应用,是高技术的结晶。

8. 在我国国民经济迅速发展,运输能力严重不足的今天,伴随着航空、公路、水运等运输事业的发展,人们对兴建高速铁路的呼声也越来越高。

9. 从真正意义上来说,准高速铁路还不能称之为高速铁路,运行时速达到200公里以上的高速铁路在中国还是个空白。

10. 尽管我国的高速铁路建设至今还未上马,但准备工作一直在进行着。我们有理由相信,中国离高速铁路时代不会太远了。

二、选词填空:

1. 今年1月5日,由我国自行____的试验列车在铁道部科学研究院环行铁道试验线上创下运行时速212.6公里的纪录。　（研讨　研制）

2. 这些进展,使中国老百姓乘坐国产高速列车长途旅行,朝发京城夕到上海的____,离现实又近了一步。　（企盼　企图）

3. 这条长为515公里的东海道高速电气化新干线时速高达210公里,通车后立即____

了东海道交通运输日趋拥挤的局面。　　（解决　缓解）

4. 从70年代开始,西方不少发达国家便将眼光纷纷投向这一____,陆续建成运行时速越来越高的高速铁路。　　（领域　范围）

5. 若想实现高速铁路的最佳运营状态,又必须有____的高速列车。　　（相对　相应）

6. 目前高速列车一般均采用电力牵引并取电动车组的型式,但在动力配置上又有所不同;高速列车对供电、通信、信号系统____其他安全保障系统等方面都有很高的要求。
（以及　以便）

7. 到目前为止,全世界行车速度达到200公里以上的高速铁路总和已超过1万公里,____到下个世纪初,全球高速铁路的兴建里程总长度将超过5万公里。　　（统计　预计）

8. 我国旅客列车的运行时速长期____在80—100公里之间。　　（徘徊　踌躇）

9. 兴建高速铁路是一项关系到国计民生的重大决策,它不但投资巨大,而且____到方方面面,对国家的发展会产生深远影响。　　（牵连　牵涉）

10. 1995年10月,在____87年历史的沪宁线上,列车提速试验最高时速达到173.5公里,创下了沪宁线通车以来的最高纪录。　　（拥有　享有）

三、按正确顺序排列句子:

1. A. 在铁道部科学研究院环行铁道试验线上创下运行时速212.6公里的纪录
   B. 今年1月5日
   C. 由我国自行研制的试验列车
   D. 继去年10月我国沪宁线上列车提速试验达到每小时173.5公里之后
   　　（1）　　（2）　　（3）　　（4）

2. A. 这条长为515公里的东海道高速电气化新干线时速高达210公里
   B. 世界上第一条高速铁路建成于1964年
   C. 地点在日本东海道
   D. 通车后立即缓解了东海道交通运输日趋拥挤的局面
   　　（1）　　（2）　　（3）　　（4）

3. A. 在土木工程等基础设备方面
   B. 与建设普通铁路相比
   C. 高速铁路的建设在很多方面都需要先进的技术装备与之相配套
   D. 高速铁路从设计、施工到工程质量监测要求都比较高
   　　（1）　　（2）　　（3）　　（4）

4. A. 到目前为止
   B. 预计到下个世纪初
   C. 全世界行车速度达到200公里及以上的高速铁路总和已超过1万公里
   D. 全球高速铁路的兴建里程总长度将超过5万公里

(1)　　(2)　　(3)　　(4)

5．A．使人们看到了高速铁路建设的希望
　　B．经过3年的努力
　　C．一条全长为147公里的广州至深圳的准高速铁路顺利建成
　　D．1994年
　　　　(1)　　(2)　　(3)　　(4)

6．A．兴建高速铁路是一项关系到国计民生的重大决策
　　B．而且牵涉到方方面面
　　C．对国家的发展会产生深远影响
　　D．它不但投资巨大
　　　　(1)　　(2)　　(3)　　(4)

7．A．立即着手研制高速列车原型车
　　B．专家们还建议
　　C．力争部分零部件国产化
　　D．建设高速试验段
　　　　(1)　　(2)　　(3)　　(4)

8．A．但准备工作一直在进行着
　　B．我们有理由相信
　　C．尽管我国的高速铁路建设至今还未上马
　　D．中国离高速铁路时代不会太远了
　　　　(1)　　(2)　　(3)　　(4)

四、概括段意：

1．世界上第一条高速铁路建成于1964年，地点在日本东海道。这条长为515公里的东海道高速电气化新干线时速高达210公里，通车后立即缓解了东海道交通运输日趋拥挤的局面。随后，在70年代，日本又建成新大阪到博多长度为553.7公里的山阳新干线，运行时速达到了270公里。在80年代，日本又分别开通了时速达到240公里的东北新干线和北越新干线。

2．据有关专家介绍，高速铁路问世30年，若以效益、速度、能源消耗、安全性、环境污染等诸多因素作为综合考核的运输现代化标志，它有着众多的技术经济优势，具体表现在：运输能力大、速度快、安全可靠、能源消耗低、有利于环境保护、占地比较少、造价相对不贵、运行准时。

3. 高速铁路的建设,在很多方面都需要先进的技术装备与之相配套。与建设普通铁路相比,在土木工程等基础设备方面,高速铁路从设计、施工到工程质量监测要求都比较高。同时,对桥梁、隧道等基础设施的质量要求比现行标准要高很多;而若想实现高速铁路的最佳运营状态,又必须有相应的高速列车。目前高速列车一般均采用电力牵引并取电动车组的型式,但在动力配置上又有所不同;高速列车对供电、通信、信号系统以及其他安全保障系统等方面都有很高的要求,因此,高速铁路及列车系统的设计、建设,集中体现了当代高新技术的综合应用,是高技术的结晶。

4. 在我国国民经济迅速发展,运输能力严重不足的今天,伴随着航空、公路、水运等运输事业的发展,人们对兴建高速铁路的呼声也越来越高。我国旅客列车的运行时速长期徘徊在80—100公里之间。经过3年的努力,1994年,一条全长为147公里的广州至深圳的准高速铁路顺利建成,使人们看到了高速铁路建设的希望。但从真正意义上来说,准高速铁路还不能称之为高速铁路,运行时速达到200公里以上的高速铁路在中国还是个空白。

五、回答问题:

1. 到目前为止,中国自行研制的试验列车最高运行时速是多少?
2. 世界上第一条高速铁路建在哪儿?长度是多少?
3. 欧洲哪些国家高速铁路建设发展得比较快?举例说明。
4. 哪个国家高速列车的运行时速最高?是多少?
5. 哪个国家高速铁路的长度最长?是多少?
6. 确定高速铁路是否达到运输现代化的标准是什么?
7. 高速铁路的技术经济优势表现在哪些方面?
8. 建设高速铁路需要哪些方面的先进技术装备与之相配套?
9. 下世纪初全世界行车速度达到200公里的高速铁路总和将是多少?
10. 目前中国旅客列车的运行时速一般是多少?
11. 中国第一条准高速铁路是什么时候建成的?地点在哪里?
12. 中国在高速铁路建设方面已做了什么前期工作?

六、快速阅读:(限时3分钟)

民族风情满乐园

丁 红

夏夜,闷热的天气里,星星和月亮都显得无精打采。但在周末,来到中华民族园纳凉游览的人们却能忘掉一周的辛劳。听欢乐的乐曲,看多姿的舞蹈,浓浓的民族情,让游客忘记了炎热,留住了一段难忘的记忆。

夜幕降临,在傣族的曼飞龙塔前的广场上,游人不仅可以欣赏到傣族的歌舞,还可以参加"火爆"的泼水节。在悠扬悦耳的歌声中,几位美丽的傣家姑娘和几位健壮的傣家小伙子轻踏着节拍走了出来。姑娘们边舞边轻挥着她们的手臂;小伙子们围着姑娘又跑又跳。他们一个刚一个柔,一个俊一个美,让游人在欣赏歌舞的同时,又领略了傣家的风情。傣家人常说:"泼透全身,幸福终生。"广场上的游人们向自己的亲朋好友和身边的人都洒上自己的祝福。在歌与笑声当中,飞舞的水花带着祝福降落在每个人的身上,让游人在闷热的夏季夜晚感到一丝清凉和一份的惬意。

如果还没有尽兴,可以到朝鲜族景区去看一看。这里不仅有秋千和跷跷板,还有让人流连忘返、垂涎欲滴的小吃。各式各样的朝鲜族风味小吃,大家所熟悉的朝鲜的泡菜和冷面都可以品尝到,而且是名副其实的正宗朝鲜风味。

《北京晚报》1997年8月15日

问题:

在夏日的夜晚,人们在中华民族园可以领略到什么样的傣族风情和朝鲜族风情?

阅 读(一)

把汽车住房"捆"起来

——从北京的"购车热"说开去

莫新元

岁末年初,北京市场上突然掀起了一股"购车热",尘封多时的小汽车被一抢而空。购车的人毕竟是少数,但是这"冬天里的一把火"却使不少人心里火烧火燎的。"购车热"引起了"议论热"。

议论最多的,自然是人们的消费水平不断提高的问题。记得五六年前,听经济界的一位长者说过,我国的经济像是黄河,水一少就见底,水一多就漫堤。东西多了,就形成积压,东西一少,就出现抢购。前些年确实是如此。我们曾经抢购过棉布,抢购过肥皂、卫生纸、粮食甚至食盐、猪肉。然而,这些年来抢购风在北京及许多大中城市久违了,什么道理呢?主要是广大群众的消费水平提高了。

消费水平越低,消费结构就越趋同。大家需要的,都是生活必需品,此外还有一些消费热点,像什么"老三大件"、"新三大件"等等,彼此相差不多。消费领域狭窄,恰如黄河低浅的河床,出现水一少就见底,水一多就漫堤的现象。这些年来,随着人们收入的不断增加,消费领域也逐渐拓宽,需求更加多样化了,没什么东西可"抢"。

然而,如今"抢购风"又起,而且抢的是六位数的大件。平静从此又打破了。

接着就有了下一个话题:汽车消费是否已经开始启动?

记者以为,从总体上看,现在说汽车消费已经启动为时过早。原因很简单——就社会而言,我们还不具备消费汽车的条件。正像一个家庭如果没有上下水管道,就无法使用洗衣机。就我们目前的社会条件而言,我们还没有为消费汽车装好"上下水"。城市道路拥挤,交通堵塞,已成为普遍现象。大量的个人购买的小汽车去挤占本来已经十分狭小的空间,势必造成城市交通困难。如果花六位数的钱买一辆汽车不能提供交通便捷,最终只是炫耀身份或提供消遣,这样的消费不能说是健康的。这同买来洗衣机盛米又有什么区别呢?

所以,北京的"购车热"与其说是一种消费行为的启动,不如说是一种消费欲望的冲动,这种冲动尽管还不很强劲,但也预示着我们现有的消费结构已经逐渐满足不了人们的需求了。

衣、食、住、行,这句老话,道出了我们消费的基本结构。其实中间还应该加上一个"用"字,主要指家用电器等,这就成了衣、食、用、住、行。不难看出,这种排列顺序是很科学的,随着经济的发展,我们正是依照这个顺序不断提高消费水平的。基本解决温饱以后,"用"在消费中的地位越来越重要了。各种各样的大家电、小家电层出不穷,电视机已从最初的9英寸黑白换成了大屏幕、多功能彩电;洗衣机也从单缸变为双缸,双缸又变为套筒。消费领域大大地拓展了,人们的生活变得更加丰富多彩。

然而,"用"毕竟是有限度的。我国大中城市居民的家电普及水平已经不下于发达国家了。我们不能终日换来换去地鼓捣彩电、冰箱、洗衣机。因此,在"用"这个阶段,不可滞留的时间过长,否则,我们虽然告别了"黄河"经济,则有可能迎来"鄱阳湖"经济。湖水虽然平静,但是却少有流动,缺乏滚滚向前的推力。

对于大部分城市居民来说,改善住房条件已成为目前提高生活质量的首要追求。而要满足住的需求,多多少少要借助行的力量。道理很简单,狭小的居住空间制约了消费的增长,而拥挤的城市空间又制约了住宅建设的发展。一年前,笔者到山东的一家企业采访。这家企业经济效益很好,愁的是职工宿舍难以解决。由于历史的原因,这家企业位于城市中心,要想在企业周围建宿舍,光搬迁费都花不起。我想起邻近这座城市郊区的海边有大片的荒地,就问,为什么不到那里去建宿舍,环境又好,造价又低?对方苦笑着说,那么远,谁去?我又问,如果每家都有车呢?车程不过半个小时,而且连建房带购车所花的钱肯定低于在市中心建房的花销。那位企业领导人的眼睛亮了。

当然,这只不过是一次没有结果的探讨,因为仍有许多实际问题无法解决。首先,买车的钱由谁出,怎样出?其次,没有社区依托,生了病怎么办?子女上学怎么办?

但是,不管怎么说,笔者以为,把住房与汽车捆在一起考虑,进一步拓宽我们的消费领域,是一条值得探索的路子。

事实上,发达国家的许多城市都曾经或正在走这条路:调整城市布局结构,将一部分或大部分住宅区向郊区或远郊区转移。当然,这种调整没有私人小汽车是不可能实现的。是汽车改变了人类支配环境的方式和能力。

我国仍是发展中国家,汽车进入家庭不可能在短期内实现。但是,我国已经制定了鼓励私人购买小汽车的产业政策,而且据有关部门分析,如果我们的汽车工业通过努力,把小汽车的价格降至4万元以内,小汽车有可能大量进入家庭。重要的是,我们不能让越来越多的私人小汽车去挤占本已拥挤的城市空间,而应该让小汽车去拓展人们的生存空间。最可取的选择,是把住和行的解决结合起来。

住、行的解决不仅仅是个人的行为,而要

更多地依靠社会,包括社会环境和政策环境。这是一个新的课题。如果能把广大人民群众的需求同振兴汽车工业、建筑业两大支柱产业紧密地结合起来,这两大支柱产业又分别能带动几十个行业的发展,那么我国的经济就会像浩浩荡荡的长江,一浪推一浪,滚滚向前。

选自《人民日报》1996年1月30日

生　　词

1. 尘封	（动）	chénfēng	形容存放的时间很长。 covered with dust; long
2. 久违	（动）	jiǔwéi	很长时间没有看见。 have not seen for ages
3. 老三大件		lǎo sān dà jiàn	指自行车、缝纫机、手表。 old three big items — intense pubbicycle, sewing machine and watch
4. 新三大件		xīn sān dà jiàn	指冰箱、彩电、洗衣机。 new three big items — intense pubrefrigerator, colour television set and washing machine
5. 炫耀	（动）	xuànyào	夸耀。 make a display of; show off
6. 消遣	（动）	xiāoqiǎn	消闲解闷。 divert oneself; while away the time
7. 层出不穷	（成）	céng chū bù qióng	接连不断地出现。 emerge in an endless stream
8. 鼓捣	（动）	gǔdao	弄、做。 make; do
9. 滞留	（动）	zhìliú	停留。 be detained; be held up
10. 依托	（动）	yītuō	依靠。 rely on; depend on
11. 浩浩荡荡	（形）	hàohàodàngdàng	水势大。泛指广阔或壮观。 vast and mighty

练 习

判断正误:

1. "冬天里的一把火"指的是"购车热"。(　　)
2. 五六年前中国经济像黄河的意思是中国经济一直在稳步发展。(　　)
3. 近年来中国大中城市没有出现抢购风。(　　)
4. 抢购风的出现说明人们的消费结构差异较大。(　　)
5. "六位数的大件"指的是汽车。(　　)
6. "为消费汽车装好'上下水'"的意思是改良汽车的某些零部件。(　　)
7. 北京"购车热"的出现说明人们已不满足于目前的消费热了。(　　)
8. 现代基本的消费结构包括衣、食、住、行四个方面。(　　)
9. 消费结构中"用"的内容层出不穷,所以是没有限度的。(　　)
10. 消费结构中"住"与"行"两方面是相辅相成的。(　　)
11. 在消费领域应该把住房与汽车"捆"在一起考虑。(　　)
12. 让汽车进入家庭是调整城市布局结构的先决条件。(　　)
13. 中国已经制定了鼓励私人购买小汽车的政策,所以汽车很快就会大量进入中国百姓的家庭。(　　)
14. "住"与"行"都是个人行为,要靠自己的力量来解决。(　　)

阅 读（二）

萨伯载我上蓝天

张祝基

　　我虽然多次坐过飞机,但坐萨伯飞机,这还是第一次,而且连萨伯的名字也是头一回听说。

　　萨伯飞机是瑞典产品,像波音或空中客车等飞机一样,它的"大号"也是来自生产厂家。瑞典萨伯集团是一家资产达700亿美元的高科技企业集团,这个集团的子公司——萨伯飞机公司本来专门设计制造军用飞机,后来又打入民航机市场,于1984年推出有30多个座位的萨伯340型支线客机。4年以后,有50多个座位的新一代萨伯2000型客机问世。为了在中国客机市场占据一席之地,一架萨伯2000型飞机专门到北京首都机场来进行"概念演示"飞行,并邀请一些中国记者参加。这样,我就坐了一回萨伯飞机。

发展支线航空客运事业,理想的飞机是既有大型喷气式客机的安全、快速和舒适性,又有螺旋桨飞机的灵活性和低营运成本的经济性。萨伯2000的设计者正是以上述原则为指导思想的。萨伯2000是一种螺旋桨飞机,它的飞行速度快,每小时达676公里,比其他螺旋桨飞机快30%;它的爬升速度快,每分钟可以爬升1800多米,可以在最短的时间里升入安全高度。

我们走向卧在停机坪上的萨伯2000。看起来它的个头确实不大,也并不起眼。但中国太大,固然需要干线上的大型和中型飞机,也需要支线飞机。20年以后,估计中国每年将有1亿人次乘坐支线飞机。萨伯2000显然是一种可供选择的机型。

走进机舱,但见舱内是一片干干净净的白色,座椅是藏蓝色真皮的,显得整齐利索。每排有3个座位,即通道左侧是单座,右侧是并列双座。空间紧凑,但坐下去并无局促之感。飞机的螺旋桨转动起来,并没有我原先担心的那种令人头疼的噪音。原来,它有一套噪音控制系统,用电脑控制传感器,制造等量反方向噪声波,来抵消飞机发动机的噪音。在螺旋桨飞机上安装这种反噪音系统,萨伯在世界上是头一个。萨伯2000的噪音只有77分贝,同波音737飞机一样。飞机在跑道上刚滑行了一会儿,我就有一种双脚离地打秋千时的感觉。从舷窗往外望,大地已经倾斜。据说,它在广州白云机场作"概念示范"飞行时,一位中国机长赞叹说,它的爬升速度似乎比波音737还快!

萨伯340飞机已经卖出480多架,遍布世界各大洲。新一代萨伯2000又接踵而来。据说它成功的经验是找市场空当。具体说,制造大中型客机已有波音—麦道和空中客车等公司,而且不仅涉及技术问题,还涉及资金等问题,所以萨伯公司就专攻轻量级客机。但它又最大限度地把大型喷气式飞机和小型螺旋桨飞机的优点结合起来,形成性能空当。这不正是人们在谈论开拓市场时常说的"人无我有,人有我优"吗?

选自《人民日报》1997年6月2日

生　　词

1. 大号	(名)	dàhào	此指名称。 name	
2. 支线	(名)	zhīxiàn	交通线路的分支。 branch line; feeder (line)	
3. 喷气式飞机		pēnqìshì fēijī	用喷气发动机做动力装置的飞机。 jet plane	
4. 螺旋桨飞机		luóxuánjiǎng fēijī	用螺旋桨做动力装置的飞机。 propeller aircraft	

5. 停机坪	（名）	tíngjīpíng	停放飞机的地方。 aircraft parking area; parking apron
6. 干线	（名）	gànxiàn	交通线路的主干。 main line; trunk line
7. 利索	（形）	lìsuo	灵活、敏捷。 agile; nimble
8. 紧凑	（形）	jǐncòu	紧密连接。 compact; well-knit
9. 局促	（形）	júcù	狭小。 narrow; cramped
10. 抵消	（动）	dǐxiāo	两种事物的作用因相反而互相消除。 offset; counteract
11. 空当	（名）	kòngdāng	空隙。 gap; break

练 习

选择正确答案：

1. 下列哪种飞机是瑞典生产的？
   A. 萨伯飞机
   B. 波音飞机
   C. 空中客车飞机
   D. 以上三者

2. 萨伯飞机公司1988年推出的新型客机能乘坐多少旅客？
   A. 30
   B. 50
   C. 340
   D. 200

3. 萨伯飞机来北京首都机场的目的是——
   A. 进行参观访问
   B. 进行观摩学习
   C. 进行示范飞行
   D. 进行军事表演

4. 设计萨伯飞机的指导思想是——
   A. 安全、快速和舒适

B. 灵活和运营成本低
C. 包括 A 和 B
D. A 和 B 都不是

5. 萨伯 2000 飞机是一种中国民航可以选择的机型,因为——
   A. 它爬升速度快
   B. 它不需要大型飞机场
   C. 它适合作干线飞机
   D. 它适合作支线飞机

6. 萨伯飞机在制造方面的创新是——
   A. 座椅使用真皮
   B. 内部空间紧凑
   C. 在螺旋桨飞机上安装反噪音系统
   D. 包括 A、B、C 三者

7. 萨伯飞机公司成功的经验是——
   A. 经常作"概念示范"飞行
   B. 产品更新换代迅速
   C. 学习大中型客机公司的经验
   D. 以"人无我有,人有我优"为经营思想

阅 读（三）

扶桑十日看交通

张奎福

现代交通问题被人们视作一种"城市病",困扰着世界上几乎所有的大城市。经济高度发达的日本是怎么解决这个难题的呢?今年2月,笔者借在东京、名古屋和京都逗留十日之机,了解了一些情况,深受启发。

日本人出门坐什么车

日本这个狭小的岛国,不足37.8万平方

公里,却居住 1.23 亿人,城市居民接近人口总数的 80%。日本目前汽车的拥有量已近 7000 万辆,每两人即拥有一辆轿车。于是,我们理所当然地推断日本人上下班一定都开自己的小轿车。但结果却恰恰相反。

陪同访问的鬼头博之先生说:他 10 年前就买了小轿车,但从不开车上班。在东京,一次与五位日本朋友共进晚餐时,我也向他们提出同一问题。回答是,都有车,但都不开车上班。他们只在假日出游或有急事时才开车。

有车不开,所为何来?他们的回答:1. 单位不提供停车场;2. 有时堵车,按时上班没保证;3. 发达的公共交通,方便、准时又便宜;4. 日本的汽油价比欧美贵几倍。

在东京,公共交通占居民出行比例高达 67%以上。市民对公共交通如此依赖和信任,不能不说是城市交通政策合理和基础设施建设成功的结果。

轿车王国的"公交优先"

名古屋市的公共交通体系由两大部分构成:一是由城市铁道、地铁和"基干公共汽车"组成的"基干线路",一是"一般公交线路"。基干公共汽车不但享用专用的车道,而且使用专用站台和接受特殊的交通信号。该计划始于 1980 年,在一系列优惠政策给予保证的前提下,目前已有 8 条线路由中心向外辐射,全长 81.4 公里。这种公共汽车由于速度快、舒适,且候车时间短(高峰时 1—2 分钟,中午 3 分钟),受到市民普遍欢迎。

在日本大城市中,最受欢迎、运量最大的交通工具是四通八达的地铁和轻轨交通。日本地铁始建于 1927 年,目前在 9 个城市中有 35 条线路,全长 550 公里,每日运送 1300 万人;而东京、大阪和名古屋三大城市除地铁外还有 3900 公里城市铁道,每天运送 4200 万人。假如没有这么多日本人每天钻到地下乘地铁或乘高架电气列车,不知他们的城市道路交通将要拥挤到什么程度。

现代化管理与高科技

在日本城市的马路上很少看到交通警,警视厅"运筹帷幄之中,用兵千里之外",他们的"兵"就是无数的标志牌、信号灯和监视器。在爱知县的名古屋地区有 5100 个监视器,70 个干道路口的 360 个监视器把图像直接送到爱知县警察本部交通控制中心。这个中心还直接控制着 10500 个信号灯中的 3500 个,一个近 30 平方米的巨型屏幕,三种颜色动态地显示出全地区的交通状况,6 个播音室随时用 6 个频道向全市的车载收音机播出最新交通信息。

在日本几大城市的马路上,我们从没见到过隔离墩或栅栏,所有人行横道都有信号灯控制。"基干公共汽车"站台都紧挨人行横道,并设有声光两用的安全警报装置。为了方便骑自行车的人换乘地铁,名古屋市投资 55.3 亿日元修建了 18 个自行车收费停车场,面积 14400 平米。

为了实现 21 世纪道路交通管理的高效率化,日本正在全力开发一个简称 ITS 的智能交通系统,其中的汽车导航和道路自动收费系统已进入商业化阶段。

"动态市容"与城市文明

交通状况从一个方面反映出城市的管理水平和精神风貌,把它称做"动态市容"也许并不为过。日本一些城市井然有序的交通比起它的繁华往往给人留下更深的印象。

便道上的行人来去匆匆甚至一溜小跑,仔细观察这些人并不是赶公共汽车,而是为了赶上各个路口的"绿波"——几乎所有路口都有人行横道和红绿灯,没见过有人闯红灯,即使是在深夜。

在名古屋,任何一个市民都可以走进爱

知县警察本部大楼,到二楼的电化教育室上一次免费的交通安全课。那些任人操作的电脑可以回答你的各种问题,实物和图片告诉你应如何爱惜自己的生命。我们曾经看到过一份日本幼儿园用的"交通安全教育单元一览表",其中从生命的宝贵开始到如何过马路、识别信号灯、乘公交车等共12节。市民良好的交通习惯无疑是搞好交通管理的坚实基础。

选自《光明日报》1997年4月22日

生　　词

1. 逗留	(动)	dòuliú	暂时停留。 stay; stop
2. 依赖	(动)	yīlài	依靠。 rely on; depend on
3. 运筹帷幄	(成)	yùnchóu wéiwò	指在后方决定作战策略。 devise strategies within a command tent
4. 动态	(名)	dòngtài	处在运动变化的状态。 dynamic state
5. 警报	(名)	jǐngbào	预告危险即将到来的通知或信号。 alarm; warning
6. 装置	(名)	zhuāngzhì	机器、仪器等设备中构造较复杂并具有某种独立功用的物件。 installation; unit
7. 导航	(动)	dǎoháng	利用航行标志、雷达、无线电装置等引导飞机或轮船等航行。 navigation
8. 识别	(动)	shíbié	辨别,辨认。 distinguish

专　　名

扶桑		Fúsāng	日本的别称。 another name for Japan

练 习

回答问题：
1. 现代交通问题为什么被人们视作一种"城市病"？
2. 简要介绍日本人口概况。
3. 为什么许多日本人上班不开自己的小汽车？
4. 简要介绍名古屋市的公共交通体系。
5. 简要介绍日本的地铁交通情况。
6. 日本的交通警是怎样工作的？
7. 为什么说交通状况是一个城市的"动态市容"？
8. 谈谈你们国家城市交通的情况和你对解决某些交通问题的看法。

第22课

课　文

个人所得税：是喜？是忧？

王悦欣

在我国林林总总的税目中,个人所得税只是个小税种。可今年初传来信息,这不起眼的小税种却所获颇丰:1995年我国个人所得税首次达到建国以来的最高水平131.39亿元。

131亿,是多是少？

个人所得税是对个人(自然人)取得的各项应税所得征收的一种税。它1799年在英国创立,目前已是世界各国普遍开征的一个税种,并成为一些国家最主要的税收来源。我国自1980年起开征个人所得税,但由于居民的纳税意识淡薄,加上征收面广、难度大、个人所得税的法制建设还不健全,多年来全国征收的个人所得税极其有限。

据统计,1980年全国征收的个人所得税仅16.2万元。1994年起,我国个人所得税出现了快速增长的好势头,这一年的征收额达到72.48亿元,比上年增长近55%,直至去年,个人所得税增势不减,一气跨过百亿元大关。在一些地方,个人所得税甚至成为地方税收的主要来源。如去年全国个人所得税收入前5名的省市都分别达到:广东22亿元,北京16.2亿元,上海15.1亿元,辽宁8.3亿元,福建7.5亿元。

从个人所得税增长的绝对量看,1995年的131.39亿无疑不少,而从个人所得税收入占国家总税收的份额看,这131亿又不能算多。

在过去的15年间,我国对个人所得累计征税368亿元,1994年的收入仅占全年工商税收收入总额的1.6%,即使是爆冷门的1995年也只占到了2.35%。而从国际的平均水平看,据国际货币基金组织的统计资料,1986年至1992年个人所得税收入占总税收收入的平均比例,日本为38.8%,英国为30.4%,澳大利亚为55.8%,美国为43.3%,我国的比例远远低于国际平均水平,当然原因很多,但它说明,个人所得税收入潜力巨大,我们还远远没有挖掘出来,131亿,也可能只是冰山一角。

个人纳税,谁该是主力?

据国家统计局个人所得税处的同志介绍,1995年的个人所得税收入中,职工工薪和个体工商户生产经营所得占了75%,是绝对的大头。承包、承租经营所得税占10%,财产租赁所得占2%,利息和股息分红所得占6%,劳务报酬所得占5%,其他所得占2%。在高收入相对集中的北京,个人所得税80%以上也来自工资薪金项目所得,工薪阶层成了个人所得税上缴的大户。

个人所得税被称为调节高收入与低收入差距的"调节器",多收入多缴税是个人所得税调节的准则,那么成为纳税主力的工薪阶层是不是社会的高收入者呢?并非如此。

据估计,我国拥有100万元以上资产的人口已超过100万人,1993年占全国人口2%的高收入者提供了约占全国30%的城乡居民个人储蓄额,在新增居民储蓄存款中有70%—80%是由10%的储户提供的。有调查表明,目前我国高收入的五种人分别是私营企业主和个体户;"走穴"演员和组织演出的"穴头";合资企业的中方负责人;乡镇企业的承包者;各类经纪人,而工薪阶层不在此列。

工薪阶层成为缴税大户说明了代扣代缴制度的成功,但也反映了对高收入者征管的不力,使薪外税的流失几乎成为一个无法估算的"黑洞"。湖北武汉,9位演员在一次晚会上载歌载舞之后共收入33万元,本应纳税11.1万元,可明星们分文未掏,一走了之;北京,一次个人所得税专项检查中,审核外籍人员430人,查出的匿报收入竟达414万元。

诸如此类偷税、漏税、瞒报、少报的现象屡见不鲜。有的甚至到了触目惊心的程度。据有关部门的保守估算,目前我国个人所得税流失至少在50%以上,而高收入层的税收流失到底有多少,更是一个难解的迷。

征管:在哪里突破?

征收个人所得税,人称税收第一难。它涉及面广、税源分散,要求有较高的征管水平。为了加强个人所得税的征收管理,防止和减少个人所得税的流失,我国相继出台了一系列的法律法规。

继1980年我国公布了《中华人民共和国个人所得税法》后,1993年八届人大又对税法进行了修改,与此同时,国家税务总局先后出台了《个人所得税代扣代缴暂行办法》,《个人所得税自行申报纳税暂行办法》。特别是针对近几年演出市场和出租汽车行业收入较为混乱的状况,去年国家税务总局又及时出台了《演出市场个人所得税征收管理办法》和《机动出租车驾驶员个人所得税征收管理暂行办法》,赢得社会上一片叫好声,从今年起实施的个人所得税扣缴义务人申报支付个人收入明细表制度,为控制税源提供了可靠保障。

但是在个人所得税征管中也存在着执法不严、有法不依、处罚从轻的问题。如何标本兼治解决个人所得税征管问题,有关部门认为可从几方面入手:

加强金融机构对个人主要收支的监控。首先,对个人和单位开户应尽快实行实名制的开户制度;第二,在国家首批试点的省市,实行金融机构之间的网络化。同时,加快推广使用信用卡和个人支票制度。通过修改现金管理办法,加强对现金支付的监控管理。

加强对高收入者的重点监控和税收征管。与有关部门密切配合,采取蹲点调查,跟踪审核,解剖典型等形式,重点突破,核实高收入者的收入,据以计算征税。

设立税务法庭,建立税务警察队伍,加强税收执法力度。

此外,我国还应尽快建立一个能覆盖全部个人收入的、自行申报纳税的综合所得税制,改变目前分类所得税制不好操作,不够科学的弊端,使我国的个人所得税征收管理尽快走上法制化、科学化的轨道。

个人所得税收入增长表明了居民个人收入的增加,而个人所得税征管,还是一道有待破解的难题。

选自《半月谈》1996 年第 7 期

选自《中国青年报》1998 年 2 月 20 日

生　　词

1. 所得税	（名）	suǒdéshuì	国家对个人和企业按一定比率从各种收入中征收的税。 income tax
2. 势头	（名）	shìtóu	情势,事物发展的状况。 tendency
3. 挖掘	（动）	wājué	挖,发掘。 excavate
4. 工薪阶层		gōngxīn jiēcéng	依靠工资收入维持生活的社会层次。 salariat; people receiving wages

5. 大头	（名）	dàtóu	主要的部分。 main part
6. 承包	（动）	chéngbāo	接受工程、订货或其他生产经营活动并负责完成。 contract
7. 分红		fēn hóng	企业分配盈余或利润。 draw dividends
8. 走穴	（动）	zǒuxué	指演员为捞取外快而私自外出演出。 (esp. of a performer) moonlight
9. 经纪人	（名）	jīngjìrén	为买卖双方撮合从中取得佣金的人。 broker
10. 缴	（动）	jiǎo	履行义务而交纳。 hand in; pay
11. 黑洞	（名）	hēidòng	比喻未知数,还不知道的事情。 black hole; collapsar
12. 匿报	（动）	nìbào	隐藏不报告。 fail to report what one knows of a case
13. 诸如此类	（成）	zhū rú cǐ lèi	与此相类似的种种事物。 things of that sort
14. 偷税		tōu shuì	有意不缴纳或少缴纳应缴的税款。 evade taxes
15. 漏税		lòu shuì	由于疏忽大意或不了解税收法令而没有缴纳应缴的税款,也指有意违反税收法令逃避应缴纳的税款。 evade payment of a tax
16. 触目惊心	（成）	chù mù jīng xīn	看到某种严重的情况而引起内心的震动。 shocking
17. 出台		chū tái	公布或予以实施。 make a public appearance
18. 明细表	（名）	míngxìbiǎo	明确而详细的报表。 subsidiary ledger
19. 标本兼治		biāo běn jiān zhì	同时治理解决枝节的和根本的问题。 treat a disease by looking into both its root cause and symptoms
20. 信用卡	（名）	xìnyòngkǎ	银行发给储户的一种代替现款的消费凭证卡。 credit card

21. 支票	（名）	zhīpiào	向银行支取或划拨存款的票据。cheque
22. 蹲点		dūn diǎn	到某个基层单位参加实际工作,进行调查研究。a cadre going to a grass – roots unit to participate in actual labor or conduct investigative studies
23. 解剖	（动）	jiěpōu	比喻分析。dissect
24. 操作	（动）	cāozuò	按照一定的程序和技术要求进行活动。operate

报刊词语、句式示例

一、去年,个人所得税增势不减,一气跨过了百亿元大关。

"跨过……大关"也说"突破……大关",比喻事物发展到了某一重要转折点,达到了一个新阶段。"大关"在量化时,一般为一个大的整数。例如:

1. 中国的钢铁工业传来喜讯,1996年全国钢产量跨过一亿吨大关。

2. 据中国人民银行有关人士透露,早在两年前,全国居民储蓄余额就突破了三万亿元大关。

3. 1996年上海市商业消费品销售总额实现1163.3亿元,成为全国首次突破千亿元大关的城市。

4. 今天,纽约股市继续全面上扬。当道琼斯指数突破7000点大关时,交易大厅里掌声和欢呼声四起,以示庆贺。

二、1993年新增居民储蓄存款中,有70%至80%是由10%的储户提供的。

介词"由"有多种语法功能,常与动词搭配,引出施动者,即动作的主体。例如:

1. 很难想像,个人所得税的主要部分并不是社会高收入层缴纳的,而是由工薪阶层提供的。

2. 在这次规模空前的香港邮展上,由大陆集邮协会和个人提供的珍贵邮品引起了参观者的极大兴趣。

3. 由国际红十字会提供的人道主义救援物资,一周内就运到了地震灾区。

三、继1980年我国公布了《中华人民共和国个人所得税法》后,1993年八届人大又对税法进行了修改。

"继……后,……又……"这种句式的叙述与时间有关,表示两件事情依时间先后相继发生。例如:

1. 继中国农村实行家庭联产承包责任制后,在城市又迈出了经济体制改革的步伐。
2. 继高烧后,病人又出现了昏迷现象。
3. 1997年12月8日下午3时16分,我国自行研制的"长二丙"改进型运载火箭发射升空。这是继10月17日"长三乙"火箭发射后,又一次成功地将通讯卫星送入预定轨道。

四、我国应尽快建立一个能覆盖全部个人收入的、自行申报纳税的综合所得税制,使我国的个人所得税征收管理尽快走上法制化、科学化的轨道。

"走上……轨道"也说"纳入……轨道",表示事物、行为依照应遵循的规则、程序或范围而进行。例如:
1. 开学一周了,学校的各项工作已经纳入正常轨道。
2. 中国的经济改革虽然已有十九个春秋,然而国营企业的经营管理还没有完全走上市场经济的轨道。
3. 在交通运输业的激烈竞争中,中国铁路放下了"铁老大"的架子,在安全、便捷、优质的指导思想下,大刀阔斧改革,走上了现代铁路快速发展的轨道。

练 习

一、解释句中划线的词语:
1. 今年初传来信息,这<u>不起眼</u>的小税种却<u>所获颇丰</u>。
2. 直到去年,个人所得税增势不减,<u>一气跨过百亿元大关</u>。
3. 我国对个人所得征税,1994年的收入占全年工商税收总额的1.6%,即使是<u>爆冷门</u>的1995年也只占到了2.35%。
4. 个人所得税收入潜力巨大,我们还远远没有挖掘出来,131亿也可能只是<u>冰山一角</u>。
5. 有调查表明,目前我国高收入的五种人中有"<u>走穴</u>"演员和组织演出的"<u>穴头</u>"。
6. 对高收入者征管不力,使<u>薪外税</u>的流失几乎成为一个无法估算的"<u>黑洞</u>"。
7. 一次演出,本应纳税11.1万元,可明星们<u>分文未掏</u>,<u>一走了之</u>。
8. 在个人所得税征管中也存在着<u>执法不严</u>、<u>有法不依</u>、<u>处罚从轻</u>的问题。
9. 采取<u>蹲点</u>调查,跟踪审核,<u>解剖典型</u>等形式,<u>重点突破</u>,核实高收入者的收入,据以计算征税。
10. 个人所得税收入增加表明了居民个人收入的增加,而个人所得税的征管,还是<u>一道有待破解的难题</u>。

二、根据语境,选择一组最恰当的词语填空:
1. 个人所得税1799年在英国____,目前已是世界各国____开征的一个税种,并成为一些国家最主要的税收____。
    A. 建立   普及   发源
    B. 创立   普遍   来源
    C. 成立   广泛   根源

D. 设立　　　普通　　　起源

2. 我国个人所得税收入占总税收收入的____远远低于国际平均水平，它说明，个人所得税收入____巨大，我们还远远没有____出来。
   A. 比较　　　潜能　　　开发
   B. 比值　　　储量　　　发掘
   C. 比重　　　潜藏　　　开掘
   D. 比例　　　潜力　　　挖掘

3. ____偷税、漏税、瞒报、少报的现象____，有的甚至到了____的程度。
   A. 例如此类　　屡禁不止　　触目伤心
   B. 犹如此类　　屡教不改　　触目警心
   C. 诸如此类　　屡见不鲜　　触目惊心
   D. 比如此类　　屡试不爽　　触目恸心

4. 去年，____出租汽车行业收入较为混乱的____，国家税务总局及时____了《机动出租车驾驶员个人所得税征收管理暂行办法》。
   A. 针对　　　状况　　　出台
   B. 根据　　　情况　　　出场
   C. 相对　　　境况　　　出现
   D. 依据　　　概况　　　出动

三、概括段意：

1. 个人所得税是对个人（自然人）取得的各项应税所得征收的一种税。它1799年在英国创立，目前已是世界各国普遍开征的一个税种，并成为一些国家最主要的税收来源。

2. 据国家统计局个人所得税处的同志介绍，去年的个人所得税收入中，工薪和生产经营所得占了75%，是绝对的大头，承包、承租、经营所得税占10%，财产租赁所得占2%，利息和股息分红所得占6%，劳务报酬所得占5%，其他所得占2%。

3. 有调查表明，目前我国高收入的五种人分别是私营企业主和个体户；"走穴"演员和组织演出的"穴头"；合资企业的中方负责人；乡镇企业的承包者；各类经纪人，而工薪阶层不在此列。

4. 加强金融机构对个人主要收支的监控。首先，对个人和单位开户应尽快实行实名制的开户制度；第二，在国家首批试点的省市，实行金融机构之间的网络化。同时，加快推广使用信用卡和个人支票制度。通过修改现金管理办法，加强对现金支付的监控管理。

四、选择正确答案：

1. 中国开始征收个人所得税的时间是——
   A.1799 年
   B.1980 年
   C.1987 年
   D.1995 年

2. 中国个人所得税收入占总税收收入的比例——
   A. 相当于国际平均水平
   B. 高于国际平均水平
   C. 低于国际平均水平
   D. 接近于国际平均水平

3. 1995 年,北京个人所得税的收入主要来自——
   A. 工薪阶层
   B. 私营业主
   C. 合资企业的中方负责人
   D. 演员和演出的组织者

4. 文章认为,中国在征收个人所得税中当前存在的最大问题是——
   A. 缺少相关的一系列法律法规
   B. 执法不严、有法不依、处罚从轻
   C. 税收尚未走上科学化的轨道
   D. 高收入层的薪外税收流失严重

五、根据课文内容填空：

1. 课文标题"个人所得税:是喜？是忧？"
   "喜"的原因是:_____。
   "忧"的原因是:_____。

2. 文章认为应从四个方面解决个人所得税征管问题。它们是：
   (1)_____；
   (2)_____；
   (3)_____；
   (4)_____。

六、快速阅读:(限时 7 分钟)

莫变美容为毁容

荣 跃

北京的一位刘小姐,割了双眼皮之后,居然睡觉时闭不上眼了。这倒不是因为她添了特异功能,而是美容手术失败造成的恶果。在两次修补眼睑无效后,经市、区消费者协会多次调解,近日她获得了4000元的赔偿金。

据专家介绍,近年来国内由于重睑、隆鼻、隆乳等美容手术失败,而不得不再次(甚至三次、四次)进行手术的事例为数不少。更令人震惊的是,一位想靠腹壁脂肪抽吸术减肥的人,却因手术医生操作失误,穿透腹壁引起肠穿孔而死亡。

北京医科大学第三医院是我国最早开展美容手术的一家医院,该院成形外科资深医生孔繁祜教授指出,我国美容外科自80年代以来获得迅速发展,受到社会各界的欢迎,但也出现了不少问题。其中最主要的问题是,许多根本不具备开展美容外科手术的美容院和医院,为追求经济效益,跨越学科界限,擅自开展美容手术,从纹眉、重睑到隆鼻、隆乳、脂肪抽吸术,什么都敢上,给不少手术失败者的精神与肉体都带来了伤害。

许多人不理解,美容院不就是搞美容的吗,为什么不能做美容手术呢?

孔繁祜教授的解释是,美容可分为生活美容和医疗美容两大部分。生活美容,俗称化妆,也就是使用护肤化妆品、按摩、美容器械等进行无创伤的皮肤护理。当然,从广义上讲,生活美容还可包括发式美、体形美、服饰美。至于医疗美容在卫生部颁布的《医疗机构管理条例实施细则》中已有明确界定,它是利用药物、手术以及物理或其他侵入、损伤人体手段进行美容,以造成人体局部组织、器官的形态改变。由此可见,生活美容和医疗美容是完全不同的两个概念。

美容院只能搞生活美容,因为他们不具备从事美容手术的基本条件。比如,他们没有经过严格无菌消毒的手术室,无法确保在手术过程中不发生感染。

当然,即使是那些仅具备了一般手术条件的医院,也不能随意开展美容手术。美容手术与一般手术不同,美容手术的受术者并非患者,手术目的是改善外观而非治疗疾病。妆化坏了还可以重化,双眼皮割坏了是不能复原的。美容手术一旦失败就意味着不同程度的毁容甚至更严重的后果。

据悉,卫生部将着手起草有关医疗美容行业管理的具体规定。人大常委会可望于今年审议通过《医师法》。但愿那些意欲美容者,不再成为"非法行医"者的牺牲品。

节选自《中国青年报》1996年1月10日

问题:

什么是生活美容?什么是医疗美容?

阅读（一）

第一代"地税人"
——沈阳市地税局局长李天心抓队伍建设纪实

段心强

民意是国家机关工作质量的"分数表"。沈阳市每年向社会发放15万张评议卡，让群众评议全市36个窗口行业的服务质量。前几年税务系统都排在最后边，这两年地税局好像得了孙悟空的真传，由"排尾"一跃而成为"排头"。去年被评为第二名，今年又上升为第一名。去年收税20.5亿元，比计划增长32.85%；今年1月至9月收税15.94亿元，比去年同期增长6.59%。大家都说："这是局长李天心狠抓精神文明建设、塑造第一代'地税人'形象的结果。"

实施"一把手工程"

1994年，税务局一分为二，沈阳市税务局副局长李天心被任命为市地税局局长。他作为第一任局长，深感责任重大：第一代"地税人"意味着创业，塑造出良好的形象至关重要，而领导干部的形象又是关键。他把自己置于众人"手电筒"的聚光点上，提出一个大胆的口号："向我看齐！"设计并实施了"一把手工程"。

李天心把"一把手工程"概括成"三先"：执行各项制度时先管好自己，过民主生活时先检查自己，强化监督机制时先约束自己；"三实"：思想上唯实，作风上求实，工作上务实；"四不"：公款请客不到，送礼行贿不要，以权谋私不办，公家便宜不占。地税局刚成立时，八个分局和半数以上的税务所没有办公室，没有食堂，没开水喝。李天心亲自出面，为各单位租借办公室，和大家一起到街上买盒饭，买电炉子烧开水。市地税局机关建成食堂后，他在餐厅选一个最显著的地方，天天坐在这个位置上就餐，就是到基层去也要回来吃饭。在他的影响下，全局2000多人，全部在食堂就餐，刹住了吃请的不正之风。人们称这食堂为"廉政灶"。

把传统的"错劲"扭过来

李天心回顾多年的工作实践，看清一个"痼疾沉疴"："为基层服务"的口号虽然喊得震天响，但一干起来总是下级围着上级转，不能把主要精力用在抓基础工作上，结果至少造成两个弊端：一是工作华而不实，二是弄虚作假应付上级。因此，他当一把手后，把扭这个"错劲"当成精神文明建设的重要内容来抓。

李天心和领导班子商定,聘任干部改"领导识马"为"现场赛马",是不是"千里马",就看你政策执行得好不好,队伍建设得怎么样,该收的税收没收上来。从此,各级地税干部往上跑得少了,抓基层多了。大家纷纷到基层调查研究,发现问题,采取措施,防止偷税漏税。国税、地税分家后,有部分企业只在国税局登记,没到地税局挂号,少缴了税金,针对这种情况,他们一户户登记,新增加纳税户2100家,多收税1000多万元;出租车像雨后春笋似的出了一地,但大多没有缴税,他们和交通、工商配合,一辆车一辆车登记,增收税金500多万元;他们还帮助企业搞好管理,培养税源,使30多家工厂扭亏为盈。

　　李局长追根溯源,发现一些干部所以整天围着领导机关转,原因还在于评比检查太频繁,使基层穷于应付很难扎扎实实工作。针对这种情况,李天心和大家商量,取消繁琐的评比检查,对各分局只提三条要求:班子团结有战斗力、完成税收指标、全员违纪率不得超过5‰。

<h3 style="text-align:center">在"热点"问题上下功夫</h3>

　　"门难进、脸难看、话难听、事难办"——这原是纳税人对税务人员的共同评价。李天心下决心解决这一难题。他带领各级税务干部统一认识,使大家牢记:党和政府把自己安排到税务部门工作,是给予的责任,不是特权;税务人员的权力是人民给的,不允许任何人对人民无理;人民能给你这个权力,也能收回这个权力。得到共识后,各分局一方面开展"文明服务活动",同时严查服务中不文明的行为,使税务工作上了一个台阶。比如制定了窗口工作人员文明用语、服务忌语、服务公约,还实行了限时服务、承诺服务、特殊服务、一条龙服务,使文明服务规范化、标准化、制度化,工作面貌焕然一新,深受纳税人的欢迎,税收总量迅速增加。

　　过去办理纳税手续要跑好几个部门,每个部门都要人托人,走后门,否则个把月都办不完。针对这种弊端,各个分局都设立了办税大厅,纳税人集中在办税大厅办理一切纳税手续,多则几十分钟,少则几分钟即可办完,既堵死了后门,又方便了纳税人。

选自《人民日报》1996年10月24日

生　　词

1. 窗口行业		chuāngkǒu hángyè	比喻直接为群众生活服务,能反映和展示物质状况和精神风貌的行业。model service industry
2. 塑造	(动)	sùzào	用语言文字或其他手段表现人物形象。model
3. 一把手	(名)	yībǎshǒu	第一把手,领导班子中居于首位的

				负责人。 first in command
4.	行贿	（动）	xínghuì	进行贿赂，用财物买通别人。 bribe
5.	以权谋私		yǐ quán móu sī	利用手中的权力谋取私利。 abuse power for personal gains
6.	刹	（动）	shā	止住，制止。 check；stop
7.	不正之风		bù zhèng zhī fēng	不良的风气，坏作风。 unhealthy tendency
8.	痼疾沉疴	（成）	gùjí chénkē	经久难治愈的疾病。 chronic and stubborn disease
9.	华而不实	（成）	huá ér bù shí	只开花不结果，比喻外表好看，内容空虚。 flashy and without substance
10.	弄虚作假	（成）	nòng xū zuò jiǎ	耍花招，欺骗人。 practise fraud
11.	应付	（动）	yìngfù	指敷衍了事。 deal with
12.	雨后春笋	（成）	yǔ hòu chūn sǔn	春天下雨后竹笋长得很多很快，比喻新事物大量出现。 (spring up like) bamboo shoots after a spring rain
13.	扭亏为盈		niǔ kuī wéi yíng	改变亏损成为盈利。 make up deficits and increase surpluses
14.	追根溯源	（成）	zhuī gēn sù yuán	追究根由，寻找发源的地方。 get to the bottom of sth.
15.	频繁	（形）	pínfán	次数多。 frequent
16.	扎实	（形）	zhāshi	实在，不马虎。 sturdy
17.	忌语	（名）	jìyǔ	因不文明、不适宜而避免使用的话。 taboo
18.	一条龙	（名）	yītiáolóng	比喻生产程序或工作环节上的紧密联系和配合。 a coordinated process
19.	焕然一新	（成）	huànrán yī xīn	形容出现了崭新的面貌。 take on an entirely new look

20. 走后门	zǒu hòumén	比喻用托人情、行贿等不正当的手段,通过内部关系达到某种目的。secure advantages through pull or influence

专　　名

1. 地税局	Dìshuìjú	地方税务局的简称。short for "local tax bureau"

练　　习

选择正确答案:

1. "他把自己置于众人'手电筒'的聚光点上",这句话的意思是——
   A. 他把自己置于众人之上
   B. 他把自己置于众人注意中心
   C. 他把自己置于众人监督之下
   D. 他把群众团结在自己的周围

2. "聘任干部改领导识马为现场赛马",这句话的意思是在聘任干部的时候,应强调——
   A. 领导干部的评价决定干部的聘任
   B. 干部在实际工作中的表现
   C. 干部在体育比赛中的成绩
   D. 领导班子的重要作用

3. 针对"基层穷于应付很难扎扎实实工作",他们采取的措施是——
   A. 整天围着领导机关转
   B. 加强各方面的评比检查
   C. 取消繁琐的评比检查
   D. 保证领导班子团结有力

4. "各分局都设立了办税大厅",目的是——
   A. 实现文明服务规范化、标准化
   B. 使工作环境焕然一新
   C. 维护纳税秩序,堵死了后门
   D. 实行一条龙服务,方便纳税人

5. 这篇文章主要介绍了——
   A. 沈阳市地税局长的工作情况
   B. 沈阳市地税局的工作情况
   C. 各地税分局改进服务的情况
   D. 地税干部的工作和生活情况

阅读（二）

遗产税向我们走来

刘 佐

一个古老的税种在经过漫漫历史长河后，正向我们走来。

这就是遗产税。

据说，早在古埃及和古罗马时代，遗产税就已有之。近代遗产税1598年起源于荷兰，英国于1694年开征，美国于1916年开征，日本于1905年开征。据统计，目前世界上有100多个国家和地区征收遗产税。1915年，中国第一次拟定了遗产税条例草案，但是没有通过施行。1940年，中国第一次开征了遗产税，并于1946年制定了中国历史上的第一部遗产税法。但是，由于当时的中国经济落后，政治黑暗，穷人没有纳税能力，而富人却可以逃避纳税，遗产税形同虚设。

中华人民共和国成立以后，1950年1月，中央人民政府政务院通过并公布了《全国税政实施要则》，规定全国设立14种税收，其中就有遗产税，但是没有开征。在后来的历次税制改革中，遗产税都没有列入计划。在我国1994年实行的税制改革和分税制财政体制改革中，重新设立了遗产税，并规定其收入为地方财政的固定收入。

从我国经济发展的现实情况看，在我国开征遗产税具有以下作用：有利于调节社会财富的分配，缓解贫富悬殊的矛盾。可以为政府增加一定数量的财政收入，并鼓励人们向社会公益事业（如科学、教育、文化、卫生、民政等）捐赠，等等。

在对外交往中，有利于维护我国政府和我国公民的权益。目前一些国家对我国公民在其境内的遗产和本国公民在我国境内的遗产征收遗产税，而我国没有相应的遗产税，这种不平等的状况应改变。

但是，在我国开征遗产税绝不是一件轻而易举的事情。我们面临的主要问题和困难是：

我国是一个发展中国家，人们的收入水平普遍不高，可以征税的遗产是十分有限的。我国现有1.5亿工薪收入者和广大农民，他们中的绝大部分人不可能也不应当成为遗产税的纳税人。此外，虽然我国已经出现了一批拥有大量财产的人，但是这些人和他们的财产很分散，许多财产

79

是很隐蔽的(特别是金融财产)。许多公民依法纳税的意识还不强,加之我国长期未曾对遗产征税,遗产税在开征之初可能会遇到一些阻力。由于目前我国没有全面的财产登记制度等与征收遗产税密切相关的制度,税务机关对遗产税税源的控制能力是十分有限的。

根据社会政治、经济发展和税制建设的需要,我国应当积极借鉴国外先进经验,尽快建立起一套既符合国际惯例、又适合我国国情的遗产税制度。

遗产税以调节社会分配为征税的主要目的,以少数人的巨额遗产为征税的主要对象。因此,征税面宜窄不宜宽,起征点和扣除额的确定要适当。

为了达到必要的调节力度,税基要宽,要尽可能地包括被继承人的各项可以征税的遗产,实行超额累进税率,最高税率可以考虑定为60%,甚至更高一些。

为了便于征收管理,税制应当从简,有利于加强源泉控制。因此,可以考虑实行总遗产税制(即按照被继承人的全部遗产征税,而不是按照每个继承人分得的遗产征税),并将赠与税与遗产税合为一体,以防止偷漏税和税负失衡。

考虑到我国各地区之间经济发展不平衡,开征遗产税的工作可以逐步推进。例如,先在大城市开征,后在中小城市、县城、农村开征,先在富裕地区开征,后在一般地区开征。

选自《经济日报》1996年10月11日

生　　词

1. 遗产	(名)	yíchǎn	死者留下来的财产,包括财物、债权等。 heritage	
2. 形同虚设	(成)	xíng tóng xū shè	形式上虽然存在,但实际上不起作用。有和没有一样。 perform practically no function	
3. 捐赠	(动)	juānzèng	赠送。 donate	
4. 惯例	(名)	guànlì	一向的做法,常规。司法上指法律上没有明文规定,但过去曾施行、可依照办理的做法或事实。 convention	
5. 扣除	(动)	kòuchú	从总额中减去。 deduct	
6. 累进税率		lěijìn shuìlǜ	按收入(或财产价值)的多少,分为若	

			干等级,逐级增加征税比例的税率。
			progressive taxrate
7. 失衡	(动)	shīhéng	失去平衡,不平衡。
			lose balance

练　　习

判断正误:

1. 在社会发展中,1598年出现了遗产税,它起源于荷兰。(　　)
2. 中国历史上曾征收过遗产税,但实际收效并不大。(　　)
3. 新中国成立以来,虽然设立了遗产税种,但迄今尚未开征过。(　　)
4. 征收遗产税,可以调节社会财富的分配,消除贫富矛盾。(　　)
5. 中国开征遗产税的主要问题在于税源有限,而拥有大量财产的人其财产又十分隐蔽。(　　)
6. 当前,中国还没有建立与征收遗产税相关的全面的财产登记制度。(　　)
7. 征收遗产税的征税面要宽,尽可能地包括被继承人的各项可以征税的遗产。(　　)
8. 遗产税率起点要高,可以考虑定为50%,甚至更高一些。(　　)
9. 建议实行总遗产税制,即对每个继承人分得的遗产都要征税。(　　)
10. 在中国开征遗产税的工作可采取先城市、后农村,先富裕地区、后一般地区,逐步推行的办法。(　　)

第23课

课　文

潜入网络的罪恶

何　刚

刚刚过去的1995年,被人们称之为"互联网络年"。诞生于1969年的互联网络,在最近几年得到异常迅速的发展,到1995年底,全球总共有近4000万人使用互联网络。互联网络的飞速发展,使信息时代的观念更加深入人心,并给人们工作、生活和交流带来极大便利。然而,互联网络无所不及的"电子触角"也为不法分子的罪恶举动提供了可能。

江河滚涌,泥沙俱下。在世界各国政府和人民积极投入网络热潮的时候,互联网络"病毒"也在迅速蔓延,电子黄毒、反动逆流和罪犯黑手同时涌向了网络。

黄潮泛滥

与互联网络的迅速扩展一起进行的,首先是网络上的黄潮泛滥:通过网络来闲聊色情话题、色情故事,交换裸体照片,甚至XXXX级的影像剪辑镜头。据统计,互联网络上的非学术性信息中有47%与色情有关。据美国《时代》杂志报道,互联网络上电子公告栏储存的图像,83%含有淫秽内容。互联网络出现"红灯区"!

一大批利欲熏心者,昧着良心,制造色情产品,传入互联网络,为害四方,他们是网络黄潮日益泛滥的始作俑者。这些不法之徒将"黄品"大量入网,使大批上网的青少年沉迷其中不能自拔,一些人还患上了"互联网络瘾",仿佛吸毒上瘾,一天不到网络上吸食"黄毒",就浑身不舒服。英国著名的牛津大学最近响起"黄色警报",一部分学生通过互联网络观看黄色影视的时间竟比用网络进行学术交流的时间还多!

然而,从目前的技术手段来看,要彻底消除网络上的黄毒非常困难,即使要对网络上的资料进行检查、分级也有难度。根据互联网络的技术特性,网络在运行时能自行修复被删除的信息,同一件色情资料,在这个国家的网络上被删去了,又会在另一个国家被修复并再通过网络传送回来。

扫除网络黄毒,需要各国政府积极采取措施,并进行有效的国际合作。一些有识之士提出建立相关国际公约,并将各国国内立法与国际法规相结合,对内"坚壁清野",对外联合防击,给电脑黄毒的制造者、贩卖者和传播者罩上恢恢法网,让他们无处可逃。

扫除网络黄毒,更呼唤着人们的道德良知和自我行为约束。电脑网络黄毒虽已成"过街老鼠",但要彻底加以扫除,仍将相当艰难。

逆流汹涌

再说网络上的"逆流"。这主要是指一些极端组织和别有用心的个人,利用互联网络进行国际恐怖说教,散布反动言论资料,并有意篡改历史,混淆视听。

去年,当全球同庆世界反法西斯战争胜利50周年时,在德国,就有人设计了一种游戏软件,模拟用毒气比赛"屠杀"犹太人,这个游戏被载入互联网络后,到处流传,影响极为恶劣。还有人设计了一种游戏,情节是希特勒如何发家、夺权、侵略,最终"打败"英法美等大国,"称霸全球"的过程,由于其制作精良,仿佛历史重现,在互联网络上也是颇为流行。这种利用网络和电脑游戏赤裸裸地为法西斯翻案的举动,也出现在日本。去年,有人以美日太平洋战争为背景,设计了日军如何"成功"轰炸珍珠港、打败美军,并最终"统一"东南亚、建立"共荣圈"、"攻入"美国本土的游戏,显然这也是在别有用心地篡改历史。

更有一些反动组织,利用互联网络大肆进行反动宣传,传播反动纲领、散发反动资料,并通过网络对别国进行反政府宣传和煽动。互联网络在日益扩大,网络上不断增多的反动逆流对社会的安定及人们的精神意识也危害日深,这恐怕更应当引起对信息时代前景过分乐观的人们的警觉。

黑客猖獗

如果说"黄潮"、"逆流"更多地是腐蚀人的精神和心灵,那么,伸向互联网络的"黑手",则直接损害着人们的利益,这"黑手"就是近年来日益猖獗,并具有巨大破坏性的电脑犯罪。

电脑犯罪几乎是电脑网络发展的伴生物,犯罪分子不仅通过网络窃取情报,甚至还故意制造、散播电脑病毒,毁坏数据和信息。早在80年代,美国就出现过几起轰动的电脑泄密案,作案的竟多是精通电脑的青少年,这就是人们通常所称的电脑网络"黑客"(英文"HACKET"的音译)。一些"黑客"通过电脑网络,破解密码,甚至能轻易地从防范森严的美国五角大楼的电脑里窃取到军事机密。案发后,令美军方震惊万分。

这样的案例当然不多,因为"黑客"通常最易得手的猎取对象是金融行业及经济情报。1988年,一名犯罪分子通过电脑网络侵入美国芝加哥第一国民银行,涂改账目,转款国外提走,造成该行损失7000万美元。更多的不法分子则通过电脑网络侵入私人和公司的电脑资料库,随便窃取、涂改并毁坏电脑里的经贸资料、电子邮件、商业情报及合同文件等,给被侵害者造成极大的破坏。据英国保险公司协会今年初透露,仅电脑网络犯罪每年给英国工商企业造成的损失就高达10亿英镑!

"黑客"利用网络犯罪,是信息时代出现的一种高智能犯罪活动,要破案并抓住案犯,无疑相当不易。比如香港地区,利用电脑网络窃取经济情报、进行金融诈骗的案件时有发生,但破案的却极少,1993年仅破一起,1994年破案5起,去年仅破案3起。打击"黑客",同样是正义力量与非正义力量之间一场惊心动魄的"技术战争"。

难怪许多国家面对电脑技术和全球互联网络的发展,一直怀着喜忧参半的心情。诚如核技术的突破在核电应用上造福人类的同时,也给全人类笼罩上死亡的阴影一样,如果各国政府和人民没有共同的良知、责任感和警觉,不及早对黄潮、逆流、"黑客"等网络"病毒"进行有效防范和打击,未来信息技术的发展,是否也将在便利人类、发展社会的同时,成为高悬于人类头上的又一柄达摩克利斯之剑呢?

节选自《人民日报》1996年1月30日

生　　词

1. 网络	(名)	wǎngluò	指计算机的互联网络,通过联网实现信息资源共享。 network	
2. 信息	(名)	xìnxī	消息,信息论中指用符号传送的报道,其内容是接收者预先不知道的。 information	
3. 病毒	(名)	bìngdú	比病菌更小的病原体,比喻有毒害的事物。 virus	
4. 逆流	(名)	nìliú	同主流方向相反的潮流。 adverse current	
5. 淫秽	(形)	yínhuì	淫乱、下流。 obscene	
6. 利欲熏心	(成)	lìyù xūn xīn	贪财图利的欲望迷住了心窍。 be blinded by greed	
7. 始作俑者		shǐ zuò yǒng zhě	开始用俑殉葬的人,比喻第一个做某种坏事的人。 the man who first made tomb figures – the creator of a bad precedent	
8. 不法之徒		bùfǎ zhī tú	从事违法犯罪活动的人。 a lawless person	
9. 上瘾		shàng yǐn	爱好某事物而成为癖好。 be addicted (to sth.)	
10. 删除	(动)	shānchú	去掉。 delete	
11. 坚壁清野	(成)	jiān bì qīng yě	原指一种对敌斗争策略,此处引申为彻底清除黄毒存在的条件。 strengthen the defences and clear the fields	
12. 恢恢	(形)	huīhuī	广大。 vast	

13. 别有用心	（成）	bié yǒu yòng xīn	言论或行动中另有不可告人的企图。 have ulterior motives
14. 恐怖	（形）	kǒngbù	由于生命受到威胁而引起惧怕。 terror
15. 说教	（动）	shuōjiào	宣传教义，生硬地空谈理论。 preach
16. 篡改	（动）	cuàngǎi	用作伪的手段改动或曲解。 distort
17. 混淆	（动）	hùnxiáo	混杂，使界限模糊不清。 mix up; confuse
18. 模拟	（动）	mónǐ	模仿，按某种样子学着做。 imitate
19. 赤裸裸	（形）	chìluǒluǒ	比喻毫无遮盖掩饰。 undisguised
20. 翻案		fān àn	推翻原来的判决或评价。 reverse a (correct) verdict
21. 煽动	（动）	shāndòng	鼓动（别人去做坏事）。 stir up
22. 腐蚀	（动）	fǔshí	使人在坏的思想行为、环境影响下逐渐变质。 corrode
23. 猖獗	（形）	chāngjué	凶猛而放肆。 be rampant
24. 泄秘		xiè mì	泄露机密。 divulge a secret
25. 喜忧参半	（成）	xǐ yōu cān bàn	高兴和忧虑各占一半。 be both delighted and worried

专　　名

五角大楼		Wǔjiǎo Dàlóu	美国国防部的办公大楼。 the Pentagon

注　　释

达摩克利斯剑

　　源于希腊神话。达摩克利斯是叙拉古暴君迪奥尼修斯的宠信,他常说帝王多福,于是帝王请他赴宴,让他坐在自己的宝座上,并用一根马鬃将一把利剑悬在他的头上,使他知道帝王的忧患。"达摩克利斯剑"后来喻指临头大祸。

报刊词语、句式示例

一、据统计,互联网络上的非学术性信息中有47%与色情有关。

　　介词"据"表示"按照"、"根据",后接动词、名词或小句,表示所述事实的来源。例如:

　　1. 据美国《时代》杂志报道,互联网络上电子公告栏储存的图像,83%含有淫秽内容。

　　2. 据英国保险公司协会今年初透露,仅电脑网络犯罪每年给英国工商企业造成的损失就高达10亿英镑!

　　3. 据估计,到本世纪末,世界人口将达到62亿。

　　4. 据石油勘探的资料,这个盆地的油气蕴藏量十分丰富。

　　5. 据中国海关总署调查局日前宣布,1995年中国市场销售的电脑中有40余万台是从海外走私进来的。

二、要彻底消除网络上的黄毒非常困难,即使要对网络上的资料进行检查、分级也有难度。

　　"即使……也……"表示假设与让步。前后两部分同指一件事时,后一部分表示退一步的估计。前后指有关的两件事时,前面表示一种假设情况,而后面表示的结果不受前面的影响。例如:

　　1. 到本世纪末,我国国民生产总值即使翻两番,按人口平均也只有800美元。

　　2. 即使条件好的地方,乡镇企业在与城市工业企业同类产品的竞争中也处于劣势。

　　3. 计算机即使发展到人工智能阶段,电脑也不可能完全代替人脑。

三、再说网络上的"逆流"。这主要是指一些极端组织和别有用心的人,利用互联网络进行国际恐怖说教,散布反动言论资料,并有意篡改历史,混淆视听。

　　"这主要是指"用于句与句之间。"这"指代上句所述;"指"表示"意思是",解释上述所说的意思。例如:

　　1. 依据刑法规定,已满14周岁不满16周岁的人犯有严重罪行时应负刑事责任。这主要是指犯故意杀人罪,犯故意伤害致人重伤或死亡、强奸、抢劫、贩毒、放火、爆炸、投毒罪,应负刑事责任。

　　2. 所谓人口老龄化问题,这是指老年人口在总人口中的比例日益上升的现象。

　　3. 中国城镇就业压力很大。这主要是指目前城镇下岗职工已超过1000万,失业人口达550多万,今后每年还要新增劳动力1000多万,再加上1.3亿农村剩余劳动力需要城市消化,就业问题十分严峻。

四、互联网络在日益扩大,网络上不断增多的反动逆流对社会的安定及人们的精神意识也危害日深。

　　句中"日益"、"日深"的"日"表示"每天"、"一天一天地"意思,起副词作用。类似的还有"日趋"、"日渐"、"日臻"等。例如:

1. 改革给人民带来实惠,生活条件日益改善,市场日趋繁荣,人民生活水平不断提高。
2. 躺在床上的艾滋病病人日渐消瘦,护理人员仍在耐心地安慰他。
3. 涉外经济法规日臻完善,为外商创造了良好的投资软环境。

练　　习

一、根据语境,选择一组最恰当的词语填空:

1. ＿＿＿互联网络的技术特性,网络在＿＿＿时能自行修复被＿＿＿的信息。
　　A. 依照　　　运动　　　减少
　　B. 根据　　　运行　　　删除
　　C. 按照　　　行动　　　删改
　　D. 依据　　　进行　　　扫除

2. 一些极端组织和＿＿＿的个人,利用互联网络进行国际恐怖说教,散布反动言论资料,并有意＿＿＿历史,混淆＿＿＿。
　　A. 利欲熏心　　改革　　　是非
　　B. 无所用心　　修改　　　黑白
　　C. 力不从心　　改变　　　事实
　　D. 别有用心　　篡改　　　视听

3. 利用电脑网络＿＿＿经济情报、进行金融诈骗的案件时有＿＿＿,打击"黑客"同样是正义力量与＿＿＿力量之间一场惊心动魄的"技术战争"。
　　A. 猎取　　　存在　　　反正义
　　B. 争取　　　产生　　　无正义
　　C. 窃取　　　发生　　　非正义
　　D. 夺取　　　发展　　　不正义

4. 80年代中期开始,电脑病毒如同瘟疫在世界各地迅速＿＿＿,其传播＿＿＿如医学上的接触传染,即软盘之间的互相＿＿＿和入网电脑之间的文件相互传送。
　　A. 蔓延　　　途径　　　复制
　　B. 绵延　　　方式　　　交换
　　C. 拖延　　　渠道　　　利用
　　D. 推延　　　道路　　　联系

5. 家庭购买电脑主要目的有三个:一是在家里利用与办公室＿＿＿的电脑查看自己的电子邮件;二是通过互联网络＿＿＿各种资料和信息,学习新知识;三是多媒体娱乐＿＿＿的推出,成为青少年和成年人热衷的娱乐方式。
　　A. 联系　　　了解　　　唱片

87

B. 联络　　咨询　　硬件
C. 联网　　查询　　软件
D. 联合　　了解　　磁盘

二、选择正确答案：

1. 文中"江河滚涌,泥沙俱下",指的是什么？
   A. 江河流水冲刷了泥沙
   B. 由于经济发展破坏了环境
   C. 事物发展中也带来了问题
   D. 事物发展迅速而形成热潮

2. 文中提到"互联网络出现'红灯区'!"是什么意思？
   A. 互联网络发生了事故
   B. 电脑屏幕上显示了红灯图像
   C. 互联网络传有色情淫秽图文
   D. 互联网络发出暂停操作的警告

3. 文中的"过街老鼠"喻指什么？
   A. 敢于公开
   B. 遭人痛恨
   C. 难得一见
   D. 微不足道

4. 文中说的"黑客"是什么人？
   A. 进行电脑犯罪的人
   B. 夜间偷东西的人
   C. 收集情报的人
   D. 秘密杀手

5. 全文的主要内容是什么？
   A. 介绍电脑技术和互联网络的发展情况
   B. 提出消除互联网络"病毒"的种种办法
   C. 阐述各国有关电脑犯罪的法律政策
   D. 揭露潜入互联网络的种种罪恶活动

三、按照正确顺序排列句子：
1. A. 互联网络的飞速发展使信息时代的观念深入人心
   B. 刚刚过去的1995年被人们称之为"互联网络年"

C. 诞生于1969年的互联网络得到异常迅速的发展
   D. 并给人们工作、生活和交流带来极大便利
      (1)   (2)   (3)   (4)

 2. A. 一些人还患上了"互联网络瘾"
    B. 使大批上网的青少年沉迷其中不能自拔
    C. 一天不到网络上吸食"黄毒",就浑身不舒服
    D. 不法之徒将"黄品"大量入网
       (1)   (2)   (3)   (4)

 3. A. 这黑手就是近年来日益猖獗的电脑犯罪
    B. 则直接损害着人们的利益
    C. 那么伸向互联网络的黑手
    D. 如果说"黄潮"、"逆流"是腐蚀人的精神和心灵
       (1)   (2)   (3)   (4)

 4. A. 电脑是高科技产品
    B. 能提供软硬件技术上的保障和良好的售后服务
    C. 名牌电脑厂商拥有大批高层次的技术人才和科研力量
    D. 只有先进的技术才能有电脑的完善组合
       (1)   (2)   (3)   (4)

四、根据课文判断正误:
 1. 早在60年代末,人类就开通了电子计算机的互联网络。(   )
 2. 随着互联网络的发展,也出现了电脑犯罪。(   )
 3. 文中提到,英国牛津大学的学生通过网络观看黄色影视的时间比进行学术交流的时间还要多。(   )
 4. 通过国际合作,给电脑黄毒制造者罩上恢恢法网,彻底扫除网络黄毒将不难实现。
                                                        (   )
 5. 据统计,互联网络上的许多信息与色情有关,其比例达到47%。(   )
 6. 在德国和日本有人设计游戏软件,篡改历史,为法西斯翻案。(   )
 7. 作者认为,一些极端组织利用互联网络大肆进行反动宣传,这是一股逆流。(   )
 8. 有人甚至利用电脑网络窃取到美国国防部的军事机密。(   )
 9. 1994年,仅在香港就发生了5起利用网络进行金融诈骗的案件。(   )
 10. 对于防范和打击电脑犯罪,作者充满信心,持乐观态度。(   )

五、根据课文内容填空:
 1.《潜入网络的罪恶》主要反映在三个方面。

它们是：

(1)＿＿＿＿＿＿＿＿＿＿＿＿＿＿＿＿；
(2)＿＿＿＿＿＿＿＿＿＿＿＿＿＿＿＿；
(3)＿＿＿＿＿＿＿＿＿＿＿＿＿＿＿＿。

2．请分析从"黑客猖獗"到文章结束各段的意思和作用：

(1)＿＿＿＿＿＿＿＿＿＿＿＿＿＿＿＿；
(2)＿＿＿＿＿＿＿＿＿＿＿＿＿＿＿＿；
(3)＿＿＿＿＿＿＿＿＿＿＿＿＿＿＿＿；
(4)＿＿＿＿＿＿＿＿＿＿＿＿＿＿＿＿；
(5)＿＿＿＿＿＿＿＿＿＿＿＿＿＿＿＿。

六、快速阅读：(限时3分钟)

不 想 被 怜 悯

毛 妮

女人心曲 用平常心去想，也许会有"做女人真好"的感觉。因为，女人有宠爱自己的丈夫，孝敬自己的儿女，有专门保护自己的法律，以及上至联合国、下至街道的妇女组织呵护。另外，还有"三八"节、母亲节两个专门节日。做女人好，有那么多的商人为女人提供时尚服装、饰品和化妆品。做女人好，因为从社会舆论上讲，女人不必一定有成功的事业。女人若天生丽质，便可嫁个如意郎君，小鸟依人般地在男人的呵护下做一辈子温室花朵。即使女人不美丽，还可以学会知书达理，温顺体贴，做个贤妻良母。如果丈夫发达了，可以借光闪光，既有面子，也省去风吹雨打。

心中数尽做女人的种种好处之后，却也生出丝丝凉意。因为女人所可以拥有的这一切，实际上均出自一个前提：女子天生不如男。不然，为什么我们女人需要那么多的特别呵护。面对来自社会的这么多特别"照顾"，既让我们不平静，又激发我们去努力。女人也是一个独立的个体，和男人一样，需要爱情、友谊，渴望成功。也许只有我们把自己的事情做好了，再接受起特别照顾来，就不会有被怜悯的感觉了。

选自《人民日报》1996年3月8日

问题：

作者要说的意思是什么？

阅读（一）

电子计算机走过 50 年

姜 岩

50年前的2月14日，世界第一台电子计算机在美国费城开始运行，尽管它每秒只能进行5000次加法运算，远不如今天的一些高级袖珍计算器，但它的诞生为人类开辟了一个崭新的信息时代，使得人类社会发生了巨大的变化。

第二次世界大战后期，为了解决计算大量军用数据的难题，美国国防部成立了由宾夕法尼亚大学的莫奇利和埃克脱领导的研究小组，开始研制世界上第一台电子计算机。造成并可运行的这台计算机名为"电子数字积分计算机"，它由17468个电子管、7万个电阻器、1万个电容器和6000个开关组成，重达30吨，占地150多平方米，耗电174千瓦。

第一台电子计算机诞生12年后，科学家利用晶体管代替电子管，制成了世界上第一块集成电路。微电子技术的问世使得计算机技术开始飞速发展，计算机处理器和存贮器上的元件越做越小，数量越来越多，使得计算机的运算速度和存贮容量迅速增加。1994年底，美国数字设备公司研制成世界上最快的微处理器"阿尔法AXP"，它每秒可执行指令10亿条以上。

真正走进千家万户的是被人们亲切地称为个人电脑的微型计算机。70年代末80年代初，个人电脑像丑小鸭一样诞生了。短短十余载，个人电脑从单板机发展到286、386和486，1994年夏天，586电脑问世，而686电脑也即将全面推出。各种各样的应用软件使得计算机不再神秘，1995年8月美国微软公司推出的"视窗95"操作系统简单到用户只需按动鼠标器就可操作的程度。功能越来越强，价格越来越低，使得人们将个人电脑作为未来家电的主流。集计算机、电视、电话、传真机、音响等于一体的多媒体计算机纷纷问世。有的专家甚至断言，未来的家电除去冰箱、洗衣机等无法替代外，一台多媒体计算机足矣。

近年来计算机网络的崛起引起了人们的广泛关注。网络可传输声像图文并茂的多媒体信息，使得计算机用户坐在家中就可调阅世界各地的信息，并可向世界各地的网络用户发送电子邮件，而成本十分低廉。互联网络目前已有用户4000万，遍及150多个国家和地区，已开始成为一些人不可缺少的工作、学习手段。

网络的传输速度还不尽人意，无法既快又好地传输多媒体信息。为了解决这一问题，自1993年初美国总统克林顿提出兴建信息高速公路以来,全世界掀起一次兴建信息高速公路的浪潮,被视为计算机诞生以来的第二次信息革命。

当人们对第二次信息革命津津乐道时,一些有识之士开始关注第三次信息革命。第三次信息革命的突破口被认为是人工智能,目前已被美国、日本和欧洲等列为科研计划的重中之重。专家认为,一个以人工智能为龙头、以各种高新技术产业为主体的"智能时代"将彻底改变人类社会。

尽管第一台电子计算机诞生时很多人包括一些著名科学家都把它当成一个没有太大用途的怪物,但自它诞生以来,计算机便以其强劲的势头成为当今最活跃的科技领域之一,成为现代社会的一个重要支柱。短短的50年,计算机技术给我们带来了一个绚丽多彩的新世界,而未来计算机技术的突飞猛进,特别是信息高速公路和人工智能技术的突破将给我们带来一个更加美好的明天。

选自《北京青年报》1996年3月6日

生　　词

1. 数据　　　（名）　　shùjù　　　进行统计、计算、科研或设计等所依据的数字。
data

2. 电子管　　（名）　　diànzǐguǎn　无线电技术上的器件,通过真空容器内电极放射电子工作。
electron tube

3. 晶体管　　（名）　　jīngtǐguǎn　用具有单向导电特性的锗、硅等晶体制成的电子管。
transistor

4. 集成电路　　　　　jíchéng diànlù　在同一硅片上制作许多晶体管和电阻,并联成具有一定功能的电路。
integrated circuit

5. 存贮器　　（名）　　cúnzhùqì　计算机中用来存储程序、数据等信息的装置,也叫存储器。
memory（of a computer）

6. 指令　　　（名、动）　zhǐlìng　下达的命令。
instruction

7. 鼠标器　　（名）　　shǔbiāoqì　小型手控的输入装置,通过移动荧屏上显示的游标执行所选定的命令。
mouse

8. 传真机	（名）	chuánzhēnjī	可把照片、图表、书信、文件等真迹传送到远方的电信机器。
			fax machine
9. 多媒体	（名）	duōméitǐ	利用计算机及其他电子手段传递、接收文本、图形、声音、动画和视频信息等多种传媒的组合。
			multimedia
10. 信息高速公路		xìnxī gāosù gōnglù	也称全球高速数据交换网络,指以多种不同网络技术互联为基础的高速传播信息的综合体系。
			information highway
11. 津津乐道	（成）	jīnjīn lè dào	很有兴趣地谈论。
			take delight in talking about
12. 突破口	（名）	tūpòkǒu	进攻的军队在敌方防线上打开的缺口,比喻由此可以推动解决全局问题的关键。
			breach; gap
13. 人工智能		réngōng zhìnéng	机器模拟人的智能。通过计算机编制程序,使其执行需要人的智能才能完成的任务。
			artificial intelligence

专　名

1. 费城		Fèichéng	城市名。
			name of a city

练　习

判断正误：
1. 世界上第一台电子计算机诞生于1946年2月14日,是由美国研制的。（　）
2. 早期的电子计算机是由很多晶体管、电阻器、电容器组成的,体积大,耗电多。
（　）
3. 集成电路的制成使得计算机元件越来越小,计算机技术飞速发展。（　）
4. 个人电脑是走进家庭的微型计算机。（　）
5. 专家断言,未来的多媒体计算机可以取代所有的家用电器。（　）
6. 计算机互联网络可向世界各地家庭发送电子邮件。（　）
7. 为加快电子信息传输速度,美国提出大力修建高速公路。（　）

8. 如果说电子计算机的出现是一次信息革命,那么信息高速公路的兴建,可以视为第二次信息革命。(　　)

9. 人工智能的研究也是当今世界最活跃的科技领域之一,是许多国家科研计划的重中之重。(　　)

10. 计算机诞生50年来,人类已经完成了三次信息革命。(　　)

阅读（二）

　　计算机的普及运用方兴未艾之时,信息时代的脚步已接踵而至。现今的人们有多少没有听说过信息高速公路呢！面对多变的世界,有的人显得无可奈何,慨叹自己连计算机都不会用或者用得不好,更甭说信息高速公路了。实际上这是一种认识的误区。信息高速公路的妙处就在于它对使用者没有任何的专业知识背景的要求,它离我们很近,因为它并不神秘。

　　严格地说,信息高速公路还没有完全形成,我们常常谈到的国际互联网络只是它的雏形。但这个雏形为信息高速公路奠定了良好的基础。

信息高速公路并不神秘
——浅谈国际互联网络的通讯协议
廖天亮

　　计算机的文字处理,辅助设计和游戏等功能已为大家所熟悉。但是当一台计算机单独运行时,它是孤立的,它只能执行和显示计算机里已储存的或使用者直接输入的指令和信息。目前我国大多数计算机都是这种命运,进入家庭的计算机更是如此;网络技术的出现,使数台计算机能够连接在一起,实现网络内的信息资源共享。但是在国际互联网络出现之前,任何的网络都是局部的,有限的。由于所使用标准的差异和网络技术的复杂性,使不同网络之间的连接与沟通十分困难。然而,国际互联网络给世界带来了福音。

　　人与人之间的交往,有一个交往的礼节。对于诸如竖起大拇指,微笑,握手等等动作,只要文化背景相同,大家的理解是一样的。计算机之间的信息交换同样需要一种"礼节",用行话说,就是通讯协议。国际互联网络之所以得到迅速发展,并成为未来信息高速公路的基础,就因为它在计算机通讯协议上找到了突破口。这个通讯协议撇开了计算机通信技术的复杂性,避开了不同计算机系统、不同网络之间的不兼容性,为计算机的应用带来了一场根本性的革命。不管用户使用的是什么档次、什么品牌的计算机,不管用户使用的是什么操作系统,也不管用户有没有计算机专业背景知识,都可以在这个通讯协议之上进行快捷的通讯,漫游国际互联网络的信息海洋,便利地获取自己所需的信息资源,而所有这一切对用户的要求仅只是按动鼠标而已。

目前,国际互联网络的用户已超过5000万,而且正以几何级数的增长速度迅猛发展。在发达国家,国际互联网络已不同程度地成为人们生活的组成部分。

中国于1995年5月开通了国家公用通信网,中国人的信息梦不再遥远,如果我们能够打破信息高速公路的神秘感,命运便掌握在了我们自己的手中。

选自《人民日报》1996年7月31日

生　词

1. 方兴未艾	(成)	fāng xīng wèi ài	正在发展,一时不会终止。 be just unfolding
2. 无可奈何	(成)	wú kě nài hé	没有办法,无法可想。 have no way out
3. 误区	(名)	wùqū	错误的认识和做法。 error; faulty area
4. 雏形	(名)	chúxíng	未定型前的最初的形式。 embryonic form
5. 兼容	(动)	jiānróng	把各种事物同时容纳进去。 compatible
6. 几何级数		jǐhé jíshù	数学中从第二项起任一项与前一项的比是恒等的级数,也叫"等比级数"。如:(4+8+16+32+…) geometric progression

练　习

问题:

1. 计算机国际互联网络的主要功能是什么?
2. 国际互联网络的"通讯协议"指的是什么?
3. 据文章介绍,你所理解的"信息高速公路"是什么?

第 24 课

课　文

走向现代化的必由之路

——评述我国小城镇发展趋势

许宝健

小城镇、大问题,日益成为专家学者和决策者的共识。

10月初,国务院11个部委,全国20个省、自治区、直辖市的有关负责人及专家学者400余人聚会江南小城昆山,讨论进一步全面展开小城镇综合改革试点工作。

时隔仅一个月,国家体改委又联合建设部、世界银行、瑞士政府等在京召开中国小城镇发展高级国际研讨会。

小城镇何以成了大问题?

改革开放以来,我国农村经济大致经历了3个发展阶段,一是家庭联产承包责任制调动了亿万农民的生产积极性;二是80年代迅速发展的乡镇企业吸纳了大批农村剩余劳动力;三是乡镇企业走向集中连片发展,一批小城镇迅速崛起,农村工业化推动农村向城镇化和城市化迅速发展。

目前,全国正在兴起一股建设小城镇的热潮。小城镇已达5万多个,其中4万个是近几年发展起来的,建制镇已从1979年的2600个发展到去年底的16433个,15年增长了36.3倍。小城镇人口已占到全国农村人口的15%左右。

小城镇的发展最大最直接的成效是吸收和消化了大批农村剩余劳动力。我国农村目前有1.2亿剩余劳动力,到本世纪末将超过2亿,如此大规模的剩余劳动力如果没有一个合理的"蓄水池"和"分水岭",将给农村和城市带来严重的社会问题。近几年,小城镇总共吸收3000多万人,占农村剩余劳动力转移总量的30%以上。这一方面说明小城镇已成为吸收农村剩余劳动力的最大"蓄水池",另一方面也说明,农村剩余劳动力转移形势依然严峻,需要进一步挖掘现有小城镇的就业潜力和发展新的小城镇,以加快吸收剩余劳动力的速度。

尽管乡镇企业的发展已使一亿多农民成为农民工人,但这种由第一产业向第二产业的产业上的转移并不能代替空间上的转移,因而城镇化与城市化水平大大落后于工业化水平是我国发展中的一个突出问题。这一问题的产生源于乡镇企业的分散布局，而乡镇企业的分散布局又源于传统的"村落经济"模式。

从城镇化和城市化的高度来看，当前乡镇企业发展中出现了引人注目的变化，这就是吸收农村剩余劳动力的能力在减弱。1984—1988年间，乡镇企业共新增吸收了6309万人就业，平均每年新增吸收超过1262万人。而1989年至1994年，共新增吸收2472万人，平均每年只新增吸收412万人。

分析这一变化的原因，大致有两方面：一是由于市场竞争的加剧，乡镇企业为了生存和发展，必须不断进行技术改造和更新设备，进而需要不断增加投资，于是，在一些发达地区乡镇企业中，资本密集型和技术密集型发展模式表现了强大的冲动，这就导致乡镇企业的规模和产值虽然不断扩大，但吸收劳动者的速度必然会下降。

二是由于乡镇企业在布局上高度分散化，阻碍了第三产业的发展，进而降低了工业化对剩余劳动力的吸纳能力，减弱了第二产业发展对第三产业的联动效应。

因此，在今后乡镇企业的发展中，一方面继续鼓励其多吸收剩余劳动力就业，另一方面要采取各种措施，促进乡镇企业连片集中发展，以增强小城镇吸纳新增就业者的能力和形成新的小城镇。

引导乡镇企业向小城镇集中，使乡镇企业发展与小城镇建设结合起来，也就是把农村工业化与城镇化进程结合起来。通过发展小城镇，使分散的乡镇企业向小城镇集中，就可以带动小城镇中第三产业的发展，从而使农村剩余劳动力就近向二、三产业转移，这是农业和农村现代化的必由之路。

选自《经济日报》1995年12月27日

生　　词

1.	必由之路	（成）	bì yóu zhī lù	必定要经过的道路。 the only way
2.	试点	（名）	shìdiǎn	试验的地方。 a place where an experiment is made
3.	何以	（副）	héyǐ	因为什么，为什么。 why
4.	吸纳	（动）	xīnà	吸收。 absorb
5.	兴起	（动）	xīngqǐ	开始出现并发展起来。 rise
6.	热潮	（名）	rècháo	形容蓬勃发展、热火朝天的形势。 upsurge
7.	建制镇	（名）	jiànzhìzhèn	按行政区划编制而设立的镇。 organic town

8. 剩余	（动）	shèngyú	多余,余下。
			surplus
9. 蓄水池	（名）	xùshuǐchí	储存水的池子,指能吸纳剩余劳动力的地方。
			cistern
10. 分水岭	（名）	fēnshuǐlǐng	原指两个流域分界的地方,这里指对剩余劳动力能起调节和分流作用的地方和单位。
			watershed
11. 严峻	（形）	yánjùn	严厉,严肃。
			stern; severe
12. 潜力	（名）	qiánlì	潜在的力量,没有发挥出来的能力。
			potentiality
13. 村落	（名）	cūnluò	村庄。
			village
14. 密集	（形）	mìjí	数量很多地聚集在一起。
			concentrated
15. 冲动	（名）	chōngdòng	感情特别强烈,理性难以控制。特指对做某事的积极性。
			impulse
16. 效应	（名）	xiàoyìng	效果、作用。
			effect

专　　名

1. 昆山		Kūnshān	城市名。
			name of a city
2. 体改委		Tǐgǎiwěi	经济体制改革委员会的简称。
			short for "Commission for Restructuring the Economy"

注　　释

1. 家庭联产承包责任制

1978年以后在中国农村兴起的一种农业生产责任制。其特点是:在基本生产资料公有制不变的情况下,把土地和其他生产项目承包给农户或生产小组经营;在集体经济的前提下,承包者有较大的经营自主权。生产的产品除按照合同完成交售任务和留够公共积累后,余下的归承包者所有。

2. 中国80年代乡镇企业的崛起

乡镇企业是指改革开放后,中国农村在原人民公社、生产大队、生产队兴办的社队企业的基础上迅速发展起来的农村企业,包括乡、村、镇兴办和经营的集体所有制企业、农民联合兴办的合作企业和个体企业。至1989年末,乡镇企业占全国社会总产值的比重已由10年前的7%上升到25%。1989年乡镇工业总产值占全国工业总产值接近1/3。乡镇企业拥有的固定资产和流动资金10年间增长了11倍,上缴国家税金增长了13倍,吸纳农村剩余劳动力近1亿。乡镇企业在中国的政治、经济、社会生活中发挥着越来越重要的作用。(参见第8课阅读一)

报刊词语、句式示例

一、目前,全国正在兴起建设小城镇的热潮。

"兴起……热潮"也说"掀起……高潮",形容开始出现并发展了某种大好形势。例如:

1. 随着改革开放的深入发展和国际交流的不断增加,在中国青年学生中兴起了学习外语的热潮。

2. 改革开放后,中国兴起了现代化建设的热潮。

3. 80年代的中国农村掀起了发展乡镇企业的高潮。

二、现在需要进一步挖掘现有小城镇的潜力和发展新的小城镇,以加快吸收农村剩余劳动力的速度。

"以",连词。相当于介词"为了",但必须用在后一个分句的前面。与"以便"的用法相同。例如:

1. 我们要采取各种措施,促进乡镇企业连片集中发展,以增强小城镇吸纳新增就业者的能力和形成新的小城镇。

2. 医生应该有高度的人道主义精神,不断提高医术,以解除病人的痛苦。

3. 我们要大力发展体育运动,以便进一步增强人民体质。

三、从城镇化和城市化的高度来看,当前乡镇企业中出现了引人注目的变化,这就是吸收农村剩余劳动力的能力在减弱。

"从……来看",表示论述的角度或根据,相当于"根据……"、"从……方面看",进而说出某种结论。例如:

1. 从测试的成绩来看,这个班的汉语水平不算低。

2. 从人均水平来看,中国与世界比较,耕地占1/4,草原占1/3,淡水占1/4,森林占1/9,对中国12亿人口来说,生态环境并不优越。

3. 从中国的持续发展战略来看,控制人口和保护生态环境是两个极其重要的问题。

练 习

一、选择恰当的字填空：

1. 1997年7月1日香港回归以前,中国全国划分为省、县、乡____三级,其中,省一级包括23个省、5个自治区和3个直____市。

2. 我们要鼓励乡镇企业进一步挖掘现有的____力,以便能更多地吸纳剩____劳动力。

3. 农村人口向城镇转____是中国农村走向现代化的____由之路。

4. 近几年来,中国乡镇企业的规____和产值虽然不____扩大,但吸收新劳动力的能力却在减弱。

二、选择正确答案：

1. 10月初,国务院11个部委、全国20个省、市、自治区的负责人及专家学者400余人在昆山召开了重要会议。这里"11个部委"是什么意思？
   A. 11个部的委员会
   B. 11个部的委员
   C. 11个部或11个委员会
   D. 11个部和委员会

2. 有关负责人和专家学者400多人聚会江南小城昆山,讨论进一步全面展开小城镇综合改革试点工作。这里"试点"是什么意思？
   A. 考试
   B. 试验
   C. 试验的时间
   D. 试验的地点

3. 作者认为,中国农村经济现在正处在什么发展阶段？
   A. 家庭联产承包责任制阶段。
   B. 乡镇企业大发展阶段。
   C. 小城镇大发展阶段
   D. 城乡一体化和区域现代化阶段

4. 到目前为止,中国的小城镇数量共有多少个？
   A. 5万多个
   B. 4万多个
   C. 1.6万多个
   D. 9万多个

5. 近几年,乡镇企业吸纳农村剩余劳动力的能力减弱有哪两个原因?
   A. 布局分散,技术设备落后
   B. 布局分散,技术设备不断改进
   C. 布局分散,第三产业发展过快
   D. 布局逐步集中,技术设备不断更新

6. 在现阶段,中国农村走向现代化的必由之路是什么?
   A. 发展乡镇企业
   B. 发展第三产业
   C. 人口向大中城市转移
   D. 发展小城镇

三、根据课文判断正误:
   1. 10月初,在昆山参加讨论会的有关负责人及专家学者一致认为,小城镇建设是当前中国面临的一个极其重要的问题。(　　)
   2. 10月初,在昆山参加讨论会的400多位有关负责人和专家学者来自全国20个省、自治区和直辖市。(　　)
   3. 改革开放以来,中国农村经济已大致经历了三个发展阶段。(　　)
   4. 1995年底,中国居住在小城镇的人口已占到全国人口的15%。(　　)
   5. 中国农村的劳动力1995年约有1.2亿,2000年约2亿。(　　)
   6. 乡镇企业的发展虽然已使一亿多农民不再从事农业劳动,但并没有使这些农民从农村转移到城市。(　　)
   7. 中国正在兴起一股建设小城镇的热潮,因而使得当前农村工业化水平大大落后于城市化水平。(　　)
   8. 中国乡镇企业布局分散的原因是由于没有摆脱传统"村落经济"模式。(　　)
   9. 乡镇企业的高度分散性既阻碍了第三产业的发展,也制约了乡镇企业本身的发展。(　　)
   10. 发展小城镇是中国农业和农村走向现代化的必由之路。(　　)

四、按照正确顺序排列句子:
   1. A. 并具备城镇水平
      B. 但已经是小集镇规模
      C. 发达地区很多农村虽然还叫做"村"
      D. 如山东龙口市宋家村就是一例
      　(1)　　(2)　　(3)　　(4)

   2. A. 而且有利于第三产业的发展
      B. 因此,乡镇企业连片集中起来之后

C. 乡镇企业不集中起来第三产业就不会发展
D. 不但对乡镇企业发展有利
   (1) (2) (3) (4)

3. A. 农村城市化的战略重点应放在县城上
 B. 一些经济学家数年以前曾经提出
 C. 以加速农村人口向城市转移
 D. 把县城建成小城市或中等城市
   (1) (2) (3) (4)

4. A. 而忽视了它与大中小城市的联系
 B. 最近十多年以来,小城镇建设只是从农村自己发展出发
 C. 但并没有因此带动第三产业的发展
 D. 所以一些农村地区虽然建了一些小城镇
   (1) (2) (3) (4)

五、快速阅读:(限时3分钟)

救人时伤人不负责任

于杰　于海

  一天,养羊专业户刘洋赶着羊群行至铁路道口时,发现一个小孩趴在轨道上玩,此时一辆火车由东向西驶来,尽管火车司机不断鸣笛,趴在道轨上的小孩仍在玩耍。在这种危急情况下,刘洋不顾一切地冲上去,把小孩推出轨道。由于刘洋用力过猛,小孩被推出轨道后头部碰在路基碎石上,造成脑震荡,住院治疗花了1万余元。事后,小孩的父母诉至法院,要求追究刘洋的刑事责任,并承担医药费。法院经审理判决:被告人刘洋的行为系紧急避险,不负任何责任,驳回原告人的诉讼请求。

  刑法第18条规定:"为了使公共利益、本人或者他人的人身和其他权利免受正在发生的危险,不得已采取的紧急避险行为,不负刑事责任。"刘洋的举动正是为了小孩免遭被火车轧死的危险而采取的紧急避险行为,故不负刑事责任。同时按照民法通则的有关规定,紧急避险行为不承担民事赔偿责任。因此,刘洋对小孩造成的脑震荡不负任何法律责任。

选自《人民日报》1996年9月20日

问题:
  1. 养羊专业户刘洋在铁路道口看到一个小孩有被火车撞倒的危险时他是怎么做的?结果如何?
  2. 小孩的父母向法院提出诉讼的目的是什么?法院为什么要驳回原告人的诉讼请求?
  3. 你对这件事有什么看法?

阅 读（一）

> 全国小城镇已达五万多个，它们今天的经济状况如何呢？国家体改委、国家统计局等11个部委共同组织的一次抽样调查表明——

小城镇风华正茂

隋明梅

我国目前共有5万多个小城镇。其中建制镇近1.8万个。为了摸清小城镇发展的基本现状，为国家今后加强小城镇的宏观管理和规划以及制定政策提供决策依据，国家体改委和国家统计局以及建设部等11个部委共同组织了建国以来第一次全国小城镇抽样调查。抽取的1035个建制镇包括县城城关镇，分属于18个省市区，代表着不同地区、不同经济社会水平。综合所有调查数据，小城镇的特点大致如下：

城小人少就业高

随机抽取的1035个建制镇，建成区平均面积为176公顷，平均人均占用土地面积为108平方米，与中等城市人均占地水平持平。平均镇区人口1.63万，其中非农业人口只有1万人。人口在5—10万的县城城关镇有32%。非城关镇，规模在1万人以下的占到66%。

然而，这些小城镇的就业率却高出城市23个百分点，平均每个镇镇区就业人口达1.15万人，为镇区总人口的72%。就业人口中只有22%在国有企业从业，而在非城关镇这个比例只有16%；在三个产业中，第二产业吸纳的劳动力占45%。

我国小城镇目前的平均占地水平正好与中等城市占地水平持平。也就是说，目前占地较多的小城镇，实际上主要是那些人口规模只以千计的小镇、集镇。所以，仅是从节约土地的角度，小城镇建设也应以人口的"数以万计"为目标，否则即使建设得再美的小镇，也是不符合人多地少这一基本国情的。

由于小城镇里的国有企业很少，所以小城镇有这样高的就业率，其主要载体是非国有企业，即集体、个体企业。显然，鼓励集体和个体经济的发展，是保持小城镇这种高就业率的最现实的选择。而且，发展小城镇，鼓励的重点应放在第二产业上，只有第二产业得到充分发展，服务和信息业才有坚实的基础。

基础设施欠均衡

调查表明，小城镇的社会性基础设施建设蓬勃发展。住宅及商业服务业建设处于城市建设的领先水平。成人学校、职业技工学校特别是中小学教育已得到普及,全部在校生数占全镇总人口的10%。各类文化设施、医疗卫生事业、社会福利事业也基本满足了居民多样性的社会需求。

然而,能源、交通、水电、环保等技术性设施建设,虽也具有一定规模,但相对于社会性基础设施建设,发展速度和水平则较为滞后。如自来水,大中城市普及率为95%,小城镇只有68%,非城关镇则只有63%。而47%的生活用气普及率更是大大低于大中城市水平。特别是对废水和垃圾,包括城关镇在内,处理率只有27%和47%。

基础设施是小城镇赖以维持生存和健康发展的条件。而社会性基础设施和技术性基础设施,就像一个人的两条腿,互为支撑又合力支撑着整个的身体。发展不均衡,势必影响城市的正常发展。当然,基础设施发展不均衡,在一些城市建设的初期常有发生,但如果所有小城镇在建设发展中,都染上这种不均衡病,问题就不那么简单了。在非城关镇的小城镇,废水和垃圾处理标准大大低于城市甚至城关镇水平,如果按照国际通用的处理标准,这里的废水处理率和垃圾处理率几乎接近于零。

工商业充满生机

调查显示:平均每个小城镇经营总收入6.5亿元,其中工业企业收入3.4亿元,占镇区总收入的52%,第三产业占31%,每个镇仅集贸市场年商品成交额就有1.9亿元;居民人均纯收入比全国农村人均纯收入高出近1倍。

透过这一连串数字,我们可以看到小城镇的勃勃生机和广阔前景。在几乎没有国有企业、大专院校、科研机构,极少银行大规模投资的情况下,小城镇建成了自己的工业体系——尽管它目前还和它的城市一样小而弱,产值从几千万元到几个亿甚至几十亿,工业成为小城镇获得持久发展的最大经济动力。

工业的发展为第三产业开拓出广阔的发展空间。集贸市场是小城镇商品、工农商品交换的主要阵地,在生产增长的同时,小城镇集贸市场获得了同步发展。随着小城镇经济和社会的发展,第三产业在小城镇经济中的质量和数量都将与城市同步成长。

调查也提示了小城镇发展中的种种问题。如建设上的盲目性,规划中缺乏科学性,管理上的政府功能不完善及财政体制不健全,以及资金、人才、技术的匮乏,等等。但是,小城镇,却以其高速度、高就业等显耀数字展示着强大的成长魅力和灿烂前景。

选自《经济日报》1997年7月26日

生　　词

1. 风华正茂	fēnghuá zhèng mào	原指风采、才华最好的时期,比喻事物开始兴旺发达。 in one's prime

2. 随机抽样		suí jī chōu yàng	按随机原则,从总体单位中抽取部分单位进行调查,取得资料,并以此推断总体的有关指标。 random sampling
3. 功能	(名)	gōngnéng	事物或方法所发挥的好的作用。 function
4. 显耀	(形)	xiǎnyào	充分地显示。 show off

练 习

请根据课文判断正误:
1. 最近,国家11个部委对中国所有的小城镇的经济状况进行了一次调查。(　)
2. 调查的目的是为国家加强对小城镇的宏观管理、规划和制定政策提供依据。(　)
3. 调查结果表明,全国小城镇的人口和就业率都高于其他城市。(　)
4. 从占地面积看,小城镇的平均水平相当于中等城市水平,这不符合中国的国情。
(　)
5. 社会性的基础设施和技术性的基础设施是小城镇赖以生存和发展的支柱。(　)
6. 调查数字显示,现在小城镇中的社会性设施建设滞后于技术性的基础设施。(　)
7. 文章认为,如果按国际标准来衡量,小城镇中的废水和垃圾处理设施几乎等于零。
(　)
8. 目前,中国小城镇中的商业发展快于工业发展。(　)
9. 小城镇发展虽然十分迅速,但一般还没有大学和科学研究机关。(　)
10. 小城镇建设虽然还存在着种种问题,但具有强大的生命力。(　)

阅 读（二）

在山东半岛的村庄兼并

刘广军　董学清　李承祖

72岁的谭纪顺老人随全村成建制地迁来山东省淄博市博山区山头镇河北北村已近一年,成为河北北村村民后,老人按规定办了退休,逐月领取生活补助。老人过去生活在距河北北村40公里远的东白石村。过去，全村人均收入不足700元，现在人均收入增长了4倍。

地处偏僻山区、生活生产条件十分恶劣的东白石村，一年前就从中国的版图上消失了。有着250多年历史的东白石村，只是留在了谭纪顺老人的记忆深处。

在山东半岛，穷村被富村或企业集团兼并而消失，已成为一个引人注目的新趋势。据有关部门估算，自1987年以来，山东半岛至少有200多个贫困村被富村或强企兼并而消失。

支点：市场机制
优化配置资源

村庄兼并现象的出现，决非空穴来风。博山区山头镇河北北村党支部书记张曰竹说："我们村经过十几年的发展，已有以生产出口陶瓷为主的村办企业12个，这些企业需要2000多名职工，而我们原村的村民只有800多人，就大量招收外地民工。可这些人流动性大，不稳定，企业生产深受影响。而东白石村只搞单纯的农业种植，全村90多口人时常无事干。他有情，我有意，在区政府协调下，两个村就合为一体了。"他说，两村合并后，东白石村的人、土地等资源全归河北北村所有，各种债务也由河北北村负担。兼并后，原东白石村的农业生产成为河北北村的一个农业车间。

博山区是山东省的24个纯山区县之一。去年以来，全区已有边远山区生产生活条件恶劣、脱贫无望的24个弱村、小村，与城区近郊经济实力雄厚、有吸纳能力的富村、强村合并。

地处山东半岛最东端的荣成市，素有"江北第一虎"之誉。是中国农业第一大县。村庄大兼并的燎原之火，就是从这里最早点燃的。

荣成之富远近闻名，但也不是所有的荣成人都过上了富裕生活。由于历史、地理和自然资源分布差异等原因，这里逐渐形成了近海富、近山穷，打渔富、种田穷的状况。尤其是近几年随着市场经济的发展，贫富差距越拉越大，有的已由"小康"向富裕型过渡，而有的却刚刚填饱肚子。这种状况使贫富双方经济的长远发展都受到制约。荣成市主管农业的副书记宋厚宝介绍说，一些沿海的渔业生产单位虽然积累了雄厚的资金，但地盘小，劳力缺，发展规模经济受阻；而势单力薄的贫困村，虽渴望致富，但苦于无资金、少技术，集体经济得不到发展。我们通过调查研究认识到，只有把双方捆在一起，使双方资金与劳力、劳力与技术等优势互为补充，才能使贫困村尽快脱贫致富，使兼并单位扩大规模，赢得发展，从而收到一举两得的效果。

自1987年龙须岛镇西霞口渔业公司与西霞口村率先合并后，在当地政府引导下，荣成市已有37个村被兼并。

据了解，山东半岛农村兼并目前有两种模式：一是强村兼并弱村，一是强企兼并弱村。

荣成市成山卫镇马山渔业公司出于其自我发展的需要，先后"吃掉"了周边6个穷村。其具体运作方式是：撤消各村党政机构，在原来的村设立居民委员会，有劳动能力的村民一律作为渔业公司的正式职工，由公司统一安排工作。成立马山渔业公司农业车间，从原村党支部和村委会负责人中选举产生车间党支部书记和车间主任，负责抓农业生产。

龙口市前宋家村是该市经济实力最强的村之一，该村组建的南山集团跨入全国500家最大村办企业行列，拥有固定资产6亿多元。去年，前宋家村对毗邻的西马自然村实行了兼并。西马村的村民、土地全部划归前宋家村，撤消西马村村民委员会，其党支部受前宋家村党委领导，村干部由前宋家村统一任免,劳力统一安排,各种集资、债务由前宋家村统一承担,村民户口逐步迁至前宋家村,享受前宋家村待遇。

效果:弱变强,强更强

村庄兼并最明显的效果莫过于被兼并村的老百姓脱贫致富。

据了解,被兼并村的村庄消失后,成为新村村民的农民,其人均收入增长幅度一般为4到6倍。博山区的搬迁农民欣喜地称之为"一个月脱贫,一年致富"。

对贫困村而言,村庄合并最深远的变化还是那些需要阳光雨露滋润的后生们,终于永远拥有了一个明朗的天。

据中共博山区委书记贺连春介绍,博山区的一些偏僻山村,因为太穷,外面的姑娘不愿嫁过来,于是就出现了村内小范围结婚,新生儿的素质普遍降低。区内一个50户人家的村,有51名残疾儿童,平均一家一个还多。不仅如此,这些本来就先天发育不良的儿童,教育质量也很难保证。一名教师在一间小屋里教分为好几个年级的十来个学生,是普遍现象。村庄被兼并后,这些孩子和富裕村的孩子们一起接受正常的教育,综合素质不断提高。

由于村庄兼并的原动力是出于资源优化配置的内在需要,兼并了穷村的富村或企业,也普遍从中受益非浅。

荣成市寻山渔业公司过去发展势头强劲,可苦于地盘受限,征地困难,还时常与附近村民发生纠纷。该公司兼并了周围的两个村后,地盘扩大,发展步伐明显加快。海带年产量由以前的2000吨猛增到8000吨,年产值翻了一番多。马山渔业公司利用兼并的2100多亩土地、870名劳力,分别建起了占地200亩的海珍品养殖加工厂和占地100亩、年出栏上万头的大型养猪场。去年,马山渔业公司完成产值2.3亿元,实现利润1500万元,出口创汇1500万美元,均比兼并前增3倍多。

影响:传统的农村社会结构裂变

山东半岛这一农村兼并新现象,引起了各界人士的关注。

烟台市委研究室的同志说,改革开放以来,山东半岛乡镇企业获得了飞速发展,大批村庄和企业在工业化进程中,实现了集团化、国际化,他们迫切要求打破地域、行业、所有制的界限,对自然资源、固定资产、劳动力、人才等生产要素进行重新组合。于是,城市改革中的企业兼并等做法便被自然地移植到农村经济发展中来。可以说,村庄兼并是城市改革在农村的延伸,它把市场经济优胜劣汰的丰富内涵带到农村,将对农村市场竞争机制的形成产生重大影响。

荣成市委副书记宋厚宝对记者说,村庄兼并是发展小城镇的一条好路子,它把经济落后村的剩余劳动力,有序地转移到了小城镇。全市近几年通过村庄兼并转移了两万多剩余劳动力。基于这一考虑,荣成市提出了村企一体化发展战略,鼓励渔业公司兼并周边村庄,发展居民小区。目前市里已经制定了在全市农村发展100个居民小区的计划,其中不少可以建成小城镇,从而形成城乡一体化的经济格局。

博山区委书记贺连春认为,村庄兼并是运用市场经济手段缩小贫富差别,解决农村一些难题和矛盾的有效形式。博山区城郊与边远山区发展不平衡的问题非常突出,农民人均收入相差3到4倍。为使山区农民早日脱贫,近年来全区通过各种形式,向山区"输血"8000万元,但效果很不理想。根本原因在于这些地方自然条件差,资源配置不合理。去年,区委、区政府从山区挑选了24个穷村就被城郊的强村自愿兼并了。现在看,绝大多数迁移户实现了当月脱贫、一年致富。他说,社会主义市场经济的本质特征之一是要实现共同富裕,从这一点来看,村庄兼并不但具有现实意义,而且具有深远的历史意义。

山东大学社会学教授徐经泽认为,从村落结构看,村庄兼并是中国农村有史以来发生的最重大变化之一,是市场经济条件下中国农村按市场机制优化配置生产要素的一大进步。徐教授说,历史上中国农村的村庄结构基本上没有大的变化,村庄之间的联系是以血缘为主的联系,村庄兼并使得乡村之间的经济联系取代了传统的血缘联系,通过市场机制实现了生产要素的优化组合。这一现象的进一步发展,将导致中国农村向城市化、工业化的平稳过渡。

选自《瞭望》新闻周刊 1995 年第 44 期

生　词

1.	兼并	（动）	jiānbìng	把别国的领土并入自己的版图或把别人的产业合并成为自己的产业。 annex（territory, property, etc.）
2.	偏僻	（形）	piānpì	离城市或中心区远,交通不便。 remote
3.	支点	（名）	zhīdiǎn	杠杆发生作用时起支撑作用而固定不动的点。 fulcrum
4.	空穴来风	（成）	kōng xué lái fēng	比喻流言乘隙而入,或消息、传闻不是完全没有原因的,现多用来比喻消息和传说毫无根据。 An empty hole invites the wind — weakness lends wings to rumors. It is now used as a metaphor for groundless information or rumors.
5.	陶瓷	（名）	táocí	陶器和瓷器。 pottery and porcelain
6.	燎原		liáo yuán	（大火）延烧原野。 set the prairie ablaze
7.	赢得	（动）	yíngdé	取得。 win; gain
8.	撤消	（动）	chèxiāo	取消。 cancel

9. 毗邻	（动）	pílín	连接(地方)。
			be adjacent to
10. 莫过于	（动）	mòguòyú	没有什么能超过。
			nothing is more... than
11. 滋润	（动、形）	zīrùn	增添水分,使不干枯;舒服。
			moist
12. 优胜劣汰	（成）	yōu shèng liè tài	在竞争中好的胜利,保存下来得以发展,差的失败而被淘汰。
			leave the superior and rid the inferior
13. 输血		shū xuè	把健康人的血液输送到病人的体内。
			blood transfusion
14. 血缘	（名）	xuèyuán	血统。
			ties of blood

专　　名

| 淄博市 | | Zībó Shì | 城市名。 |
| | | | name of a city |

练　习

一、回答问题：
  1. 在山东半岛出现的村庄兼并有哪几种模式？出现这种现象的主要原因是什么？
  2. 村庄兼并的结果怎样？为什么会有这样的结果？
  3. 村庄兼并的结果将使传统的中国农村社会发生什么样的变化？

二、根据课文内容填空：
  本文是从三个方面来评述山东半岛的村庄兼并的。它们是：
    1. _____；
    2. _____；
    3. _____。

第25课

课　文

"请客吃饭"也要更新观念

杨敏之

（一）

我国的饮食文化中有许多精华，这是国际公认的。"食不厌精，脍不厌细"，圣人之言，明载典籍。数千年来，饮食文化一直是中华礼仪之邦的一个重要特征。但是，我国的饮食文化中也的确存在着许多与现代文明格格不入的糟粕。请客吃饭中的种种不廉洁、不文明的东西与这些糟粕是直接关联着的。分而析之，这些糟粕主要是：

一是"口福"观念。我们中国人很看重吃，并把"吃"跟"福"联系在一起。"想吃什么就吃什么"，是一种令人钦羡的"口福"，是人们乐意追求的一种理想境界。在这种观念之下，一些人把吃摆到了人生享受的重要位置。近些年，宾馆、酒家常常有人山吃海喝，弥漫着一种享乐主义的气氛。

二是身份的标志。吃得好、吃得高级，还是一种特权和身份的标志。封建皇帝是各种特权的总代表。御厨、御膳、御酒等，标示的就是他登峰造极的特权。豪门望族、富商巨贾不能享受皇帝那种特权，但他们也热衷于在吃喝上极尽渲染、铺陈之能事来炫耀自己的高贵和富有。眼下时有所闻一桌酒菜花上几万、十几万的畸形消费，就是这种遗毒的沉渣泛起。

三是"面子"的载体。一些人把请客吃饭的排场看成一种"面子"，热衷于用排场来表现一种"大家气魄"，生怕被人说成是"小家子气"。只要有可能，即使花成倍的代价，也要"风光"一下。

四是冗繁的礼仪。请客吃饭讲究礼仪是理所当然的。但是，这方面的礼仪经过长期的发展，陈陈相因，已经十分驳杂冗繁。请客吃饭的名目之多，礼节之繁，已经有违礼仪的本义了。餐桌上的上下尊卑、落座的座次、盘盏的数字、上菜的顺序，以至于劝酒敬酒的内容都是有讲究的。稍有不慎，就有失礼仪。如此冗繁的礼仪，使请客吃饭成了一桩"沉重的工作"。

五是庸俗的宴请。突出的表现是餐桌上劝酒和敬酒庸俗不堪。主客双方的敬与回敬，开始还彬彬有礼，但很快就进入一种竞争状态。大伙儿甜言蜜语、豪言壮语，旁若无人地高声喧哗，"单打"以后又来"双打"，甜言蜜语不行就动手动脚，甚至搬出

"三陪小姐"来跟客人喝"交杯酒"。这样的宴请,实在俗不可耐。

六是虚伪和欺诈。我国旧的官场和商场上,与请客吃饭有关的有两个说法,一个叫"礼多必有诈";一个叫"酒里乾坤大,壶中日月长"。前一句讲的是虚伪,后一句讲的是欺诈。在市场经济条件下,有些人把请客吃饭当成一种不健康的"公关"手段,其中往往就包含着这种欺诈。如果吃请的人对此不保持警惕,就很容易落入请吃者的圈套,陷入虚伪和欺诈的泥沼。

以上种种糟粕,就是近些年请客吃饭中不廉洁、不文明现象得以广泛存在而且久治不愈的文化背景。目前,这些糟粕并没有得到有效的清除,它们还在那里"发酵",影响着人民群众建设现代化的积极性和创造性,戕害着国家公职人员的智慧和素质。对此,我们当然不能等闲视之。

(二)

更新请客吃饭观念,既可解决不廉洁的问题,又可解决不文明的问题。

第一,请客吃饭要贯穿一种理性精神。应当说,请客吃饭在原本意义上不失为一种联络和交流感情的方式。但一些人的请客吃饭,感性的比重太大,理性的精神太少。比方说,在请客吃饭中,过分重视口腹之欲,似乎不是山珍海味、水陆杂陈,就不足以表达盛情,这是有违理性的。在请客吃饭中,竞奢比富,暴殄天物,更是一种反理性的行为。

人是理性的动物。饮食习惯是人类对饮食本能的一种高度理性的发展,是人类在饮食上的智慧与创造,它所展示的是人类文明进步的进程。因此,我们请客吃饭理应贯穿一种理性精神,追求一种理性境界,不能让感情冲击理性,更不能让感情淹没理性。

第二,请客吃饭要体现一种科学态度。人类在长期的进化过程中,饮食经历了自然饮食和调制饮食两大阶段。不论处在哪个阶段,饮食都是一种生理需要。因此,讲科学是第一位的,其他一切都应该建立在科学的基础之上。

在请客吃饭中如何体现科学态度?从观念上讲,一要摒弃"口福"观念,确立营养不足是营养不良,营养过剩、营养失衡也是营养不良的观念。不讲科学的大吃大喝,不仅庸俗、粗鲁,而且是一种近乎自我虐待的行为。二要摒弃酒菜名贵就是高营养的观念,树立科学配餐的观念。一般来讲,酒菜的名贵、味美与营养价值有一定的联系,但不能画等号。即使名贵的菜肴有很高的营养价值,但人的吸收也是有限的。吃多了,不是浪费就是积存在体内危害健康。

第三,请客吃饭要坚持节俭的原则。节俭,本是我们民族的传统美德。"谁知盘中餐,粒粒皆辛苦","一粥一饭,当思来之不易",在我国几乎是家喻户晓,深入人心。但是,在请客吃饭中,这种美德则被一些人弃之如敝屣,以致出现大宴大浪费、中宴中浪费、小宴小浪费情况,这实在令人痛心。因此,在请客吃饭中坚持节俭的原则,首先就要树立一种节俭光荣、浪费可耻的观念。其次,严格规章制度,坚决制止利用公款吃喝玩乐的歪风。领导干部要率先垂范,廉洁自律。必要的应酬接待,也要尽可能降低请客吃饭的标准和频率,压缩请客吃饭的规模,减少陪客人数,这样,奢靡之风就会逐步缩小阵地,节俭就会逐步蔚成风气。

我国饮食文化中有许多精华,像精湛的烹调技术、名酒大菜、宫廷菜谱,像"满汉全席"的加工制作等,都可以视为我们的国粹。对于这些精华,我们理应发掘、整理并加以传承,但不能用来普及。比方说,故宫是我们的国粹,中外人士都一睹为快,但如果把它拿来普及,把各级政府机关的办公楼甚至民宅都盖成故宫,岂不荒谬绝伦?

选自《人民日报》1995年12月9日

劝酒者最大的乐趣是把所有人都灌醉。

作者 张滨

选自《光明日报》1997年12月20日

生　　词

1. 食不厌精, 脍不厌细	（成）	shí bù yàn jīng, kuài bù yàn xì	厌,满足;脍,切细的鱼和肉。粮食加工得越精越好,鱼肉切得越细越好。原是孔子的话,见《论语·乡党》。后成为成语。 eat no rice but is of the finest quality, nor meat but is finely minced — be very particular about one's food
2. 圣人	（名）	shèngrén	指品格最高尚、智慧最高超的人。此指孔子。 sage
3. 载	（动）	zài	记载。 record
4. 典籍	（名）	diǎnjí	记载古代法制的书籍;也指古代图书。 ancient codes and records
5. 礼仪之邦		lǐ yí zhī bāng	崇尚礼节的国家。 land of ceremony and propriety
6. 格格不入	（成）	gégé bù rù	格格,阻遏。指互相抵触,不能互相

融合。
incompatible

7. 口福	（名）	kǒufú	嘴能吃到好东西的福气。 gourmet's luck
8. 钦羡	（动）	qīnxiàn	钦佩羡慕。 admire
9. 山吃海喝	（成）	shān chī hǎi hē	山、海是大的意思。大吃大喝。 eat and drink extravagantly
10. 弥漫	（动）	mímàn	（烟、气、气氛等）充满；布满。 fill the air
11. 御	（形）	yù	与皇帝有关的。 of an emperor; imporial
12. 登峰造极	（成）	dēng fēng zào jí	造，到；极，极点。比喻达到了最高峰和极点。 reach the peak of perfection
13. 豪门望族		háomén wàngzú	指有钱有势有名望的家庭、家族。 rich and powerful family
14. 富商巨贾		fù shāng jù gǔ	特别有钱的大商人。 rich businessman
15. 沉渣	（名）	chénzhā	已经沉底的渣滓，比喻绝迹的丑恶现象。 sediment; dregs
16. 陈陈相因	（成）	chén chén xiāng yīn	不断沿用旧套，没有创造和革新。 follow a set routine
17. 驳杂冗繁		bózá rǒngfán	混乱繁杂。 many and diverse
18. 彬彬有礼	（成）	bīnbīn yǒu lǐ	形容人文雅而有礼貌。彬彬，文雅有礼貌的样子。 refined and courteous
19. 若	（动）	ruò	好像。 seem; be like
20. 喧哗	（动）	xuānhuá	喧嚷。 make a lot of noise
21. 交杯酒	（名）	jiāobēijiǔ	举行婚礼时新婚夫妇饮的酒。一般把两个酒杯用红丝线系在一起，新婚夫妇交换着喝杯里的酒。 drink the nuptial cup (part of an old-fashioned marriage ceremony, in which

the bride and the bridegroom drink out of goblets tied together by red thread, exchanging cups and drinking again)

22. 俗不可耐	（成）	sú bù kě nài	庸俗得无法忍受。 unbearably vulgar
23. 诈	（动）	zhà	欺骗；假装。 deceive
24. 乾坤	（名）	qiánkūn	象征天地、阴阳等。 heaven and earth
25. 泥沼	（名）	nízhǎo	烂泥坑。 mire; bog
26. 发酵		fā jiào	指细菌及酵母分解有机物的过程，或指微生物或离体的酶分解糖类，产生乳酸、酒精或二氧化碳。 ferment
27. 戕害	（动）	qiānghài	伤害。 injure; harm
28. 山珍海味	（成）	shānzhēn hǎiwèi	山中和大海里产的珍贵食品，指菜肴丰盛。 delicacies from land and sea
29. 水陆杂陈	（成）	shuǐ lù zá chén	山珍海味一起陈列出来。 a feast with dainties of every kind
30. 竞奢比富		jìng shē bǐ fù	互相攀比，看谁更奢侈、更富足。 catch up with the Jones
31. 暴殄天物	（成）	bào tiǎn tiān wù	殄，灭绝；天物，自然界的草木和鸟兽等。指任意糟踏东西。 a reckless waste of food, etc.
32. 菜肴	（名）	càiyáo	经烹调供下饭下酒的鱼、肉、蛋、菜等。 cooked food
33. 敝屣	（名）	bìxǐ	破旧的鞋，比喻没有价值的东西。 worn-out shoes; a worthless thing
34. 应酬	（动）	yìngchóu	交际往来。 have social intercourse with
35. 精湛	（形）	jīngzhàn	精深。 consummate
36. 一睹为快		yī dǔ wéi kuài	只有看见了才觉得痛快。 consider it a pleasure to be among

| 37. 荒谬绝伦 | （成） | huāngmiù juélún | the first to read（a poem, artide, etc.）言行错误、荒唐到了极点。utterly absurd |

注　释

1. 三陪小姐

　　原指饭店、娱乐等服务行业中陪客人吃饭、喝酒、唱歌的年轻女性。后专指违背法规进行色情活动的女性。

2. 酒里乾坤大，壶中日月长

　　由成语"壶中日月"、"壶天日月"、"壶中天地"、"壶里乾坤"等演变而来。这些成语原指道家的仙境生活。古代诗文多有记述，如宋朝人编辑的《云笈七签》一书中就有这样的记述："施存，鲁人，学道家之术，为云台治官，常悬一壶，如五升器大，变化为天地，中有日月，如世间，夜宿其内，自号'壶天'，人谓曰'壶公'。"这当然是人的一种幻觉。"酒里乾坤大，壶中日月长"是指请客吃饭中的欺诈。意思为：酒里和壶里的奥妙无穷，意味深长，人们须高度警惕。

3. 一粥一饭，当思来之不易

　　原文是"一粥一饭，当思来处不易；半丝半缕恒念物力维艰。"意思为：人吃的一点一滴应当思虑它来得多么不容易，人穿的用的要常常想到这些物品得来是多么艰难。原文引自《朱柏庐治家格言》。此书为家训式的家庭教育材料，是中国宋代以后对儿童进行启蒙教育的影响比较深远的教材之一。

4. 满汉全席

　　形成于清代中期而有显著民族特色的巨型宴席。清代宫廷筵宴分满席和汉席两种。满席依照满族人的食俗以饽饽和干鲜果品为主，汉席依照汉族人的食俗以菜肴为主。在官场中举办大型宴会时则由满族和汉族厨师合作共同烹制满汉一体的全席为满汉全席。满汉全席极为丰盛，山珍海味，无所不包，各种菜肴、点心、果品起码108种。宴会中，上菜点的次序、进食的礼仪极为讲究。一般要两三天时间才能吃完。

报刊词语、句式示例

一、豪门望族、富商巨贾不能享受皇帝那种特权，但它们也热衷于在吃喝上极尽渲染、铺陈之能事来炫耀自己的高贵和富有。

　　"极尽……之能事"意思是"用尽……这些方面所能用的本领和技巧"。多用于贬义。例如：

　　1. 这个罪大恶极的犯罪分子，极尽人间狡猾残忍之能事，进行诈骗、抢掠、强奸、暗杀等罪恶活动，最终受到法律的严厉制裁。

　　2. 对下级，谁向他提意见，他就给谁小鞋穿，进行打击报复；对上级，他则极尽吹牛拍马、阿谀奉承之能事，以便获得好感。

二、请客吃饭名目之多,礼节之繁,已经有违礼仪的本义了。

"之",结构助词。放在主语和谓语之间后,这个句子失去了独立性,而变成一个偏正结构去充当一个更长的句子的一个成分。在这种句式中,"之"字本身没有实际意义,而只具语法功能。例如:

1. 中国人口之多在世界上是绝无仅有的。
2. 改革开放以来,中国乡镇企业发展之快及其对中国经济和社会发展所产生的巨大作用,是人们事先没有预料到的。
3. 第二次世界大战规模之大,人力物力损失之惨重,是史无前例的。

三、应当说,请客吃饭在原本意义上不失为一种联络和交流感情的方式。

"应当说"是个插入语,表示在具备某种条件下或依据某种道理,事物理所当然应该怎么样。例如:

1. 根据他最近的成绩和现在的竞技状态,他今天获得跳高前三名,应该说是没有问题的。
2. 应当说,她在弟弟妹妹中间尽到了姐姐的责任。
3. 从本学期教学实际情况和试题的难易程度看,应当说,这次考试不是很难。

四、一些人请客吃饭,感性的比重太大,理性的精神太少。比方说,在请客吃饭中,过分重视口腹之欲,似乎不是山珍海味、水陆杂陈,就不足以表达盛情,这是有违理性的。

"比方说",是插入语,相当于"比如说"、"譬如说",是口语词。例如:

1. 比方说,故宫是我们的国粹,中外人士都一睹为快。但如果把它拿来普及,把各级政府机关的办公楼甚至民宅都盖成故宫,岂不荒谬绝伦?
2. 有的国家地多人少,有的国家人多地少,因此,不同的国家就应该有不同的人口政策,比如说,中国同俄罗斯的人口政策就很不一样。

练 习

一、选择恰当的词语填空:

旁若无人　　畸形　　摒弃　　格格不入　　暴殄天物
庸俗不堪　　山珍海味　　失衡　　彬彬有礼

1. 主客双方开始还_____,但很快就变得_____了,如_____地大声喧哗,动手动脚,甚至搬出"三陪小姐"来跟客人喝"交杯酒",实在俗不可耐。
2. 吃一桌饭菜就花几万、十几万元,这是一种_____消费;不吃_____就似乎不能表达盛情,这是违背理性的;在请客吃饭中竞奢比富、_____更是反理性的。
3. 要在饮食中体现科学态度,那就要_____"口福"观念,确立营养不足、营养过剩和营养_____都是营养不良的正确观念。
4. 在传统的饮食文化中确实存在着与现代文明_____的糟粕。

二、解释下列句中划线部分的词语：

1. 一些人热衷于用排场来表现一种"大家气魄"，生怕被人说成是"小家子气"。

2. 请客吃饭中的礼仪过于驳杂冗繁，稍有不慎，就有失礼仪，使请客吃饭成了一桩"沉重的工作"。

3. 目前，这些糟粕并没有得到有效的清除，它们还在那里"发酵"，影响着人民群众建设现代化的积极性和创造性。

4. 我们请客吃饭应贯穿一种理性精神，追求一种理性境界，不能让感情冲击理性，更不能够让感情淹没理性。

5. 故宫是中国的国粹，但如果把它拿来普及，把各级政府机关的办公楼甚至民宅都盖成故宫，岂不荒谬绝伦？

三、选择正确答案：

1. 孔子关于"食不厌精，脍不厌细"的观点，作者认为这是——
    A. 中国饮食文化中的糟粕
    B. 与请客吃饭中的不廉洁、不文明有关
    C. 与现代文明格格不入
    D. 中国饮食文化中的精华

2. 文章认为，中国人的"口福"观念是——
    A. 令人羡慕的理想境界
    B. 不太科学的观念
    C. 应当摒弃的不科学的观念
    D. 科学的观念

3. 从作者的观点看，中国人请客吃饭——
    A. 不太讲礼仪
    B. 太讲礼仪
    C. 太不讲礼仪
    D. 一点也不讲礼仪

4. 在请客吃饭中，怎样处理理性和感情关系才算是文明的？
    A. 理性与感情并重
    B. 感情重于理性

117

C．只要理性，不要感情

D．理性重于感情

5．"谁知盘中餐，粒粒皆辛苦"和"一粥一饭当思来之不易"主要精神是——

　　A．要尊重劳动成果，应当节俭

　　B．农民劳动很累，应给予同情

　　C．农民生活很苦，十分可怜

　　D．农民生产效率很低，要爱惜粮食

6．作者认为，对许多中国传统饮食文化的精华如满汉全席的制作等应当是——

　　A．都不继承和普及

　　B．都继承和普及

　　C．部分继承和普及

　　D．都继承但不普及

四、判断正误：

1．在中国的传统饮食文化中，有的是精华，有的是糟粕。（　　）
2．饮食文化中的精华只能继承而都不能普及。（　　）
3．"想吃什么就吃什么"是人类的一种理想境界。（　　）
4．有些人通过在吃喝上的大力渲染、铺陈来炫耀自己的高贵和富有，这是一种有能力的表现。（　　）
5．请客吃饭时讲面子是绝对错误的。（　　）
6．请客吃饭讲究礼仪是应当的，但不能过于冗繁。（　　）
7．请客吃饭中的虚伪和欺诈，在旧时代，官场中、商店里存在，现在，在市场中存在。（　　）
8．在请客吃饭中竞奢比富、暴殄天物不是理性的体现。（　　）
9．山吃海喝并非是一种有"口福"的体现，而是一种近乎自我虐待的行为。（　　）
10．名贵的高营养的菜肴，吃了以后不是浪费就是积存在体内危害健康，因此必须予以摒弃。（　　）
11．"谁知盘中餐，粒粒皆辛苦"和"一粥一饭当思来之不易"的传统美德现在都被人们弃之如敝屣了。（　　）
12．本文着重论述了中国人请客吃饭要更新观念的原因和如何更新观念的问题。（　　）

五、根据课文内容填空：

1．文中指出中国饮食文化中存在许多落后之处，主要是：

　　(1)_____；

　　(2)_____；

(3)_____;
　　(4)_____;
　　(5)_____;
　　(6)_____。
2. 文中提出了"请客吃饭"的三个新观念,即:
　　(1)_____;
　　(2)_____;
　　(3)_____。
3. 上述三个新观念用三个词来概括,就是
_____、_____、_____。

六、快速阅读:(限时3分钟)

本报哈尔滨2月17日电 记者**董伟**报道:去年粮产突破300亿公斤大关的黑龙江省,50%的粮食将被国家粮食部门收购入库。为了保证这些粮食的安全,黑龙江省今晚召开紧急会议,省长田凤山代表省政府部署全省打一场确保粮食安全的攻坚战。

　　目前,黑龙江省粮食收购量已达110亿公斤,各地还在继续积极组织收购。由于仓储能力低、干燥能力低,加上春季雨大、风大,黑龙江的储粮安全成为目前党中央、国务院极为关注的问题。黑龙江省政府要求各级领导,把潮粮干燥和粮食保管作为严肃的政治任务,切实抓紧抓好。黑龙江大灾之年获得大丰收,每一粒粮食都来之不易,要克服等、靠、要思想和侥幸心理,靠自力更生解决好潮粮干燥和粮食保管问题。

　　黑龙江省在发挥粮食部门主力军作用的同时,广泛发动各行各业投入到干燥粮食和安全保粮的攻坚战中,特别是紧急动员农场职工和农民干燥潮粮。粮食干燥入库后,防火问题尤为突出,省政府要求所有粮食保管单位都要进入一级防火紧急状态,加大警备力量,实行全天候定岗、定员警卫。

选自《人民日报》1997年2月18日

问题:
　　1. 黑龙江省政府为什么要把潮粮干燥和粮食保管作为严肃的政治任务切实抓紧抓好?
　　2. 为了保证粮食安全,黑龙江省采取哪些具体措施?

阅读（一）

家常便饭好待客

母国政

国人的传统美德之一，热情好客。国人爱吃，会吃，舍得在吃上花费金钱、时间和精力，因此家中待客的高潮常常体现在饭桌上。届时，男男女女，团团围坐，主人殷勤敬酒布菜，客人对女主人的厨艺赞不绝口，酒杯叮咚作响，真挚幽默的祝酒辞像酒杯里溅出琼浆玉液，于是一桌子的芬芳，一桌子的温情，一桌子的如花笑脸。真应了一句俗话——乃人生一大乐事也！

小聚，不为商洽什么，只是相互想念沟通，想凑在一起天南地北地说些什么，听听老朋友们几乎没变的声音，看看一张张不再年轻的亲切的脸庞，在毫无目的的交谈中，享受一次友情的浸润。

真该说是"享受"。我们多是相识在中学或大学期间，当年，作为少不更事的学生，我们之间没有利害冲突，也没有利益同盟，只是秉性相近，趣味相投，加上一颗热诚的心，便结下终生牵肠挂肚的友情。现在，聚在一起，坦诚如故，没有任何保留。无论谈大事，叙小事，说的人没有套话，听的人或随声附和，或击节叫好，或付之一笑；有时也会有人振振有词地大唱反调。意见相左也没关系，仁者见仁，智者见智，最后哈哈一笑，不了了之。在这样的聚会中，每个人都是不设防的，神经像湖畔的柳丝，随着和煦的春风轻轻地拂荡，自由自在。

那时，我们居住的北京北三环中路还是一派乡村景象。马路两边的排水沟里飘浮着绿色的浮萍，青蛙彻夜喧闹，街对面是一片望不到边的菜地，夏天种着茄子、西红柿，秋天长满大白菜。菜地间星散着几株大柳树，由于有自由的生存空间，株株都蓊郁奇崛，野味实足。住在这里，生活上颇有不便之处。想买些新鲜蔬菜或水果，更是奢望。然而，我爱人热情爽朗，很有人缘，每次小聚前，她都专程骑车去采购，有时一次采购不全，就再次出马。客人们到了，她更加忙碌，常常是穿着围裙打个招呼，说笑两句，便又钻进厨房。客人们于心不忍，特别是女客，一定要去帮厨，我爱人总是说，厨房太小，转不开身。当然，开饭的时候，第一杯酒，大家总是敬给劳苦功高的女主人。有一段时间这样的小聚会很频繁，几乎每隔两三个星期我爱人就要骑车奔和平里，奔北太平庄，拎回大包小包，大捆小捆。难得的是，每次她都兴高采烈，像欢度家庭节日一样。忘记了从什么时候开始，我爱人忽然对聚会的兴致大不如前了。问她，她抱歉地说最近太累，过些日子吧。后来，我才恍然大悟：她毕竟是四十几岁的人了，又患高血压、肩周炎，身体大不如前了。

那时正值隆冬，我想了个主意：来客人就吃涮羊肉——除了酒水，其他全免。这个主意不错，又省事，又有气氛。试了两次，效果极佳。后来，更简化了，用罐头食品待客。

终于我们不再邀请老朋友们来家做客了，想念他们，打个电话，知道平安无事也就是了。但通电话毕竟代替不了促膝闲谈，特别是那种海阔天空、不着边际的闲谈。有时，在寂静的夜晚，我们谈起老同学老朋友们，都叹息着好久没见面，但只是叹息而已。我很想去看看他们，但北京城扩展了，距离拉大了，我身体素来羸弱，年轻时，还能骑车奔走一番，如今，想想那漫漫长途，也就望而生畏了。

有一天傍晚，家里正要开饭，一位极要好的老同学突然光临。我爱人忙解下围裙要去楼下买些熟食，老同学望着餐桌上热腾腾的馅饼，说这不是很好吗！执意不放我爱人出门。

那顿饭，他吃了5个馅饼，还喝了一碗粥，吃得高高兴兴。我爱人于心不忍，谈笑间不免流露出歉意。那位老同学说，只想看看你们，吃什么无所谓。前些年大家肚子里没油水，总想吃点儿好的，现在不同了，窝头贴饼子就是好的了！我听了，忽如醍醐灌顶。从那以后，我们又敢邀请老同学老朋友来家做客了，一律家常便饭，炒青椒、炒西红柿、白菜豆腐，无论吃什么，大家都有说有笑。没有任何人说我们简慢、说我们待客不周。要是吃饺子，大家一齐动手，那气氛，那情味，更是不同了。

选自《人民日报》（海外版）1995年7月21日

~~~~~~~~~~~~~~~~~~~~~~~~

生　　词

1. 殷勤	（形）	yīnqín	热情而周到。 solicitous
2. 琼浆玉液	（成）	qióngjiāng yùyè	指美酒。 good wine
3. 天南地北	（成）	tiān nán dì běi	形容相距遥远不同的地方。 be separated far apart
4. 脸庞	（名）	liǎnpáng	脸盘儿。 face
5. 浸润	（动）	jìnrùn	原指液体渐渐渗入，此指被友情所陶醉。 soak
6. 坦诚	（形）	tǎnchéng	坦率诚恳。 frank and sincere
7. 套话	（名）	tàohuà	套用现成而无内容的话。

8. 击节		jī jié	stereotyped expressions 打拍子,表示得意、赞赏。 beat time
9. 振振有词	(成)	zhènzhèn yǒu cí	形容似乎很有理由,说个不休。 speak plausibly and volubly
10. 仁者见仁, 智者见智	(成)	rén zhě jiàn rén, zhì zhě jiàn zhì	指同一问题,各人从不同角度观察,有不同的见解。 the benevolent see benevolence and the wise see wisdom – different people have different views
11. 设防	(动)	shèfáng	设置防卫的武装力量,喻思想上有戒备。 set up defense
12. 浮萍	(名)	fúpíng	浮在水面上的一年生草本植物,叶子扁平,背面紫红色。 duckweed
13. 蓊郁奇崛		wěngyù qíjué	茂盛奇特突出。 (of plants) luxuriant
14. 于心不忍	(成)	yú xīn bù rěn	不忍心。 not have the heart to
15. 隆冬	(名)	lóngdōng	深冬。 midwinter
16. 促膝	(形)	cùxī	互相靠近。 sit side by side
17. 望而生畏	(成)	wàng ér shēng wèi	看见了就害怕。 be terrified by the sight of sb. or sth.
18. 醍醐灌顶	(成)	tíhú guàn dǐng	醍醐指从牛奶中提取的精华,佛教比喻最高佛法。比喻灌输了智慧,彻底醒悟。 be filled with wisdom
19. 简慢	(形)	jiǎnmàn	怠慢失礼。 negligent (in attending to one's guest)

练 习

回答问题:

1. 作者认为,朋友来他家中相聚最大的收获是什么?
2. 作者在家里请朋友吃饭,前后有什么变化?为什么会有这样的变化?
3. 你认为文章中所说的"家常便饭好待客"有什么含义?

阅读（二）

烤鸭的魅力

喻京英

　　烤鸭片、甜面酱、薄云饼、细葱丝……天才的先辈创造的一种美妙的饮食方式，倾倒了无数宾客，全聚德由此引出了海内外流传甚广的民谚："不到长城非好汉，不吃烤鸭真遗憾"。这是海外朋友对中国"全聚德"烤鸭由衷的赞美，也使得烤鸭成为世界饮食王国的奇葩。

　　始创于1864年（清同治三年）"全聚德烤鸭"，距今已有130多年的历史。据记载，当年位于老北京前门的一家名为"德聚全"的干鲜果铺濒于倒闭，当时以贩卖鸡、鸭为业的商人杨全仁买下此店，为除晦气，杨全仁遂将旧字号3字颠倒，立新字号为"全聚德"，同时将宫廷御膳"挂炉烤鸭"引入民间。其生意不断走红，"全聚德"烤的鸭子逐渐闻名京城。

　　"今天的全聚德集团就是'全聚德'老店的演变和发展"。当我来到全聚德集团采访时，该集团常务副总经理姜俊贤告诉我，由于"全聚德"经营发展较快，50年代末，国家拨款建立了王府井全聚德烤鸭店；1979年根据已故总理周恩来生前指示，在北京和平门建立了北京全聚德烤鸭店。但是，由于计划经济体制的束缚，当时前门、和平门、王府井3家烤鸭店分别隶属于3家机构，1989年在庆祝"全聚德"成立125周年时，3家"全聚德"均称自己为"正宗"，一时间，3方为此争得面红耳赤。姜俊贤说，此事现在只能当做笑话来谈了。

　　随着中国经济的转型，旧的管理体制已再不能适应时代发展的要求，根据"分久必合"这样一条自然规律，1993年5月20日以北京3家全聚德烤鸭店为基础，北京市组建了大型集团企业——中国北京全聚德烤鸭集团公司；与此同时，该公司集全国50多家成员企业为一体，形成了中国北京全聚德集团。同时，全聚德的烤鸭也以它特有的魅力，赢得了世人的肯定和青睐，使天下食客聚其门下。

　　集团的成立，给企业带来了新的活力，改革开放的深入，也给企业带来了更多的机遇。但是，如何发挥百年老店的优势，使其在激烈的竞争中立于不败之地？这个问题同时也摆在了"全聚德"人面前。

　　借鉴国外先进的管理经验，用科学的方法按现代企业的思路来运作。全聚德在中国饮食行业首家实施"特许经营"连锁管理，以图实现全聚德烤鸭吃到哪里都是一个味，并实行原材料的统一配送，以保证烤鸭的质量。现在，全聚德烤鸭从原料的配方、生产工艺、质量标准等都有准确的测定营养成分，对烤鸭的专用饼、酱、葱也都作了严格的规定，还解决了烤鸭速冻包装消毒、保鲜等问题。在鸭子的制作方法上，他们首先重视鸭的重量，每只鸭均在五六斤左右,然后对鸭子进行退毛、凉皮、上糖色等20多道工序。在保证烤鸭质量的同时,他们对鸭全席的菜品也作了营养测定,对烤鸭防癌分析论证,鸭汤的乳化处理和包装保鲜等各类工具也都作了明确规定。

在外国的肯德基、麦当劳等进入中国的情况下,他们又采取措施以适应广大中国人的口味,研制出烤鸭快餐,现已取得了良好的经济效益和社会效益,也为"全聚德烤鸭"跻身世界饮食市场迈出了关键的一步,亦为其将来与"洋快餐"的竞争奠定了基础。全聚德在借鉴国外的科学管理方法的同时,确定了包括"全聚德"商标、牌匾、集团标识系统、建筑风格、食品配方、质量标准、服务规范等在内的"全聚德特许经营权"体系,同时完成了"全聚德"商标权的转让,并在世界35个国家和地区进行了服务商标和商品商标注册。特别重要的是,集团请权威机构对"全聚德"这一无形资产进行了评估,确认"全聚德"牌号无形资产的社会价值为2.6946亿元人民币。此次评估使"全聚德"这一中华民族饮食文化的精粹,取得了其应有的量化价值和社会地位。

全聚德集团以"立足北京,面向全国,走向世界"为宗旨扩大经营。目前,国内连锁经营的全聚德烤鸭店已达50余家,分布在全国16个省市;在美国洛杉矶、关岛、休斯顿等城市开设了全聚德烤鸭店,其中,1994年建立的洛杉矶全聚德烤鸭店,当年就被《洛杉矶时报》评为十佳餐馆之一以及洛杉矶市"最重要的餐馆"。印尼雅加达全聚德烤鸭店预计即将开张迎客。此外,香港全聚德有限公司已完成注册工作。1994年,集团先后对越南、英国、香港、美国等地进行了考察,并与韩国、巴西、加拿大等国的客商进行了接触,签署了近10个合资、合作意向书或协议书。

作为中国领导人设宴招待外国贵宾的场所之一,"全聚德"已受到世界上200多个国家和地区的元首、首脑、总理以及政府高级官员的光顾。对此,姜俊贤副总经理表示,全聚德集团努力继承、弘扬民族文化成果,将充分发挥老字号的名牌效益,开发"全聚德"的名牌系列产品,使其更规范、更现代化。1995年上半年,集团完成营业收入5796万多元,实现利税602万元,均比1994年同期有所增长。集团还获得了"中国明星企业"和"中国名牌产品"的荣誉称号。

选自《人民日报》(海外版)1996年1月8日

生　词

1. 由衷	(形)	yóuzhōng	出自内心。 sincere
2. 奇葩	(名)	qípā	奇特而美丽的花朵。 beatiful flower
3. 濒于	(动)	bīnyú	接近;临近。 be on the brink of

4.	晦气	（形）	huìqì	不吉利；倒霉。
				unlucky
5.	思路	（名）	sīlù	思考的线索。
				train of thought
6.	特许	（动）	tèxǔ	特别许可。
				special permission
7.	连锁	（形）	liánsuǒ	像锁链似的，一环扣一环。这里指企业对下属部门统一标准和方式的经营管理。
				linked together
8.	亦	（副）	yì	也。
				also
9.	商标	（名）	shāngbiāo	一种商品表面或包装上的标志、记号（图画、图案形文字等）。
				trade mark
10.	牌匾	（名）	páibiǎn	挂在门楣上或墙上、题着字的木板。
				board (fixed to a wall or the lintel of a door)
11.	标识	（名、动）	biāozhì	表明特征的记号；表明特征。
				sign; mark
12.	意向书	（名）	yìxiàngshū	在经济活动中签署的表明双方意向（目的、意图）的文字。
				letter of intent

专　　名

1.	全聚德		Quánjùdé	饭店名。
				name of a restaurant
2.	洛杉矶		Luòshānjī	城市名。
				Los Angeles, name of a city
3.	休斯顿		Xiūsīdùn	城市名。
				Houston, name of a city
4.	印尼		Yìnní	印度尼西亚的简称。
				short for "Indonesia"
5.	雅加达		Yǎjiādá	城市名。
				Djakarta, name of a city

练　习

选择正确答案：

1. 全聚德烤鸭的创始人是谁？
    A. 宫廷御膳厨师
    B. 姜俊贤
    C. 德聚全干鲜果铺老板
    D. 杨全仁

2. 中国北京全聚德烤鸭集团公司组建于什么时候？
    A. 1864 年
    B. 1979 年
    C. 1993 年
    D. 1989 年

3. 中国全聚德烤鸭集团现在国内采用哪种经营方式？
    A. 合资经营
    B. 合作经营
    C. 连锁经营
    D. 洋快餐式经营

4. 全聚德烤鸭被誉为中华民族饮食文化精粹的根本原因是什么？
    A. 原是宫廷御膳"挂炉烤鸭"
    B. 有特殊魅力，是世界饮食王国的奇葩
    C. 经营规模和营业收入巨大
    D. 招待过 200 多个国家和地区的首脑、总理，在国内外获得过许多荣誉称号

5. 本文主要介绍了全聚德烤鸭哪三个方面的内容？
    A. 历史演变和发展、国内经营方式和规模、特殊的制作工艺
    B. 历史演变和发展、特殊的制作工艺、走向世界的情况
    C. 特殊的制作工艺、走向世界的情况、国内经营方式和规模
    D. 历史演变和发展、国内经营方式和规模、走向世界的情况

第 26 课

课　文

> 锐意改革发展
> 再铸拉萨辉煌
>
> 洛桑江村

拉萨，西藏自治区首府，是西藏政治、经济、文化的中心和交通枢纽。随着我国与周边邻国友好关系的日益发展，拉萨已成为中国大西南对外经济、贸易、技术合作和文化交流的重要开放窗口。

十一届三中全会以来，拉萨市认真贯彻中央为西藏制定的一系列特殊政策，坚持以经济建设为中心，深化改革，扩大开放，经济和社会事业迈上了一个新的台阶。"八五"期间，全市国民生产总值增长 75.4%，年均增长 11.9%，比"七五"期间提高 9.37 个百分点。近几年发展速度更快，1995 年比 1994 年增长 20%，1996 年比 1995 年又增长 16.2%。产业结构逐步改善，一、二、三产业的比重由 1990 年的 51∶14∶35 调整到 1996 年的 42∶19∶39。

从现在起，到 2010 年，是拉萨市国民经济和社会发展承前启后、继往开来的重要时期。如何抓住机遇，发挥优势，使拉萨的经济发展得更快一些，各项社会事业发展水平更高一些，关键是要有一个好的发展思路。为此，我们在认真总结"八五"成就和经验，充分分析论证的基础上制定了《拉萨市国民经济和社会发展"九五"计划和 2010 年远景目标纲要》，明确了"九五"期间及今后 15 年经济和社会发展的目标和任务，提出了经济和社会发展的"四一四六三"总体思路。即：稳步发展第一产业，有重点地发展第二产业，大力发展第三产业。结合拉萨实际，实施科教兴市、城市带动、支柱突破。积极推进四大战略，强化农牧业基础，抓好交通、能源、通讯和城市基础设施建设四个重点，培育和大力发展矿业、民族手工业、旅游业、建筑建材业、农畜产品加工业、商贸业等六大支柱产业，搞好为自治区党政军首脑机关开展正常工作、为拉萨市人民的生产和生活、为全区经济社会发展的三个服务。努力把拉萨建设成城市功能基本齐全，规模比较合理，投资环境优良，藏民族优秀传统与现代文明相结合，能够带动全区经济社会发展，辐射整个青藏高原，面向国内外的中心城市。

根据修编的《拉萨城市总体规划》,到2015年,拉萨市规模将达到70平方公里,人口40万。今后,随着铁路的开通,拉萨新城区将由4个发展到7个。拉萨市的城市建设战略是:重点突出市区,兼顾小城镇。在城市建设和发展中,以规划为龙头,合理布局城市区划功能,按照先地下后地上的原则,适度超前实施各项基础设施项目。

其一,继续抓好城市规划。拉萨市区的总体规划,既要体现建设社会主义现代化的新型城市这一时代精神,又要充分体现民族风格和地方特点;

其二,抓好城市基础设施的建设,为城市的全面发展奠定基础;

其三,加大城市管理的力度,着力提高群众生活环境的质量;

其四,加强城市的环境保护,加强城市园林、绿地和风景名胜区的建设。

"九五"期间,在优化结构、提高经济效益的前提下,全市力争国民生产总值平均每年增长15%左右,到2000年达到10亿元,人均国民生产总值在1980年基础上翻两番;实现粮、油、肉主要农畜产品基本自给;基本完成脱贫任务,多数群众的生活达到小康水平;为下世纪初改革和发展构筑起基本框架。

到2010年,拉萨市的国民生产总值要力争达到32亿元,人均国民生产总值在2000年的基础上再翻一番;城市化、工业化、市场化程度和国民经济整体水平显著提高,经济体制和运行机制更加完善;基本实现小康,部分群众走向富裕。

今后15年内,拉萨经济和社会发展必须遵循的方针是用足、用好、用活中央为西藏制定的一系列特殊政策和措施,把中央和自治区制定的大政方针与拉萨的实际结合起来,创造性地开展工作。

实施"科教兴市"战略,优先发展教育,提高劳动者素质,依靠科技进步,增加科技在经济增长中的含量;强化农业在国民经济中的基础地位,加强对农牧业的有效投入,大力发展乡镇企业,增加农牧民实际收入,帮助贫困地区的群众尽快脱贫致富;把国有企业改革作为经济体制改革的重点,以建立现代企业制度为目标,搞好"三改一加强",增强企业活力;大力发展集体、个体和私营经济,鼓励和引导非国有经济的发展;继续坚持扩大对外开放,充分发挥首府城市的优势,以资源为依据,以市场为导向,积极参与国内外市场竞争;坚持"依法治市",加强法制建设,把拉萨的经济和社会的各个方面纳入法制化管理的轨道;继续发扬自力更生,艰苦奋斗的精神,把自身的努力同中央的关怀、全国的支援结合起来,实现经济与社会的协调发展。

选自《人民日报》1997年8月8日

生　　词

1. 锐意	(副)	ruìyì	意志坚决,勇往直前。 be bent on
2. 铸	(动)	zhù	铸造。此指创造。 cast; make
3. 枢纽	(名)	shūniǔ	事物的关键或事物相互联系的中心环节。

				pivot; hub
4. 承前启后	（成）	chéng qián qǐ hòu	继承前面的并开始后面的。
			inherit the past and usher in the future
5. 继往开来	（成）	jì wǎng kāi lái	继承前人的事业,并为将来开辟道路。
			carry forward the cause pioneered by prodecossors and forge ahead into the future
6. 论证	（动）	lùnzhèng	论述并证明。
			expound and prove
7. 纲要	（名）	gāngyào	概要(多用做书名或文件名)。
			outline; essentials
8. 首脑	（名）	shǒunǎo	为首的(人、机关等)。
			head
9. 修编	（动）	xiūbiān	编写。
			compile
10. 着力	（动）	zhuólì	用力,致力。
			work hard for
11. 含量	（名）	hánliàng	一种物质中所包含的某种成分的数量。
			content
12. 导向	（名）	dǎoxiàng	引导的方向。
			guidance

报刊词语、句式示例

一、拉萨市区的总体规划,既要体现建设社会主义现代化新型城市这一时代精神,又要充分体现民族风格和地方特点。

"既要……,又要……"表示要同时达到两方面的要求,缺一不可。例如:

1. 我国的四化建设既要保证综合国力不断增强,又要保证人民生活水平不断提高。

2. 我们既要牢记历史的教训,不让历史的悲剧重演,又要向前看,努力去创造一个美好的未来。

3. 在广告市场上,既要保障合法竞争,又要加强法制化管理。

二、在城市建设和发展中,合理布局城市区划功能,按照先地下后地上的原则,实施各项基础设施建设项目。

"先……后……":"先""后"相对,一起使用,表示时间的顺序。例如:

1. 教育法要求全国实行九年义务教育制度,先城市后农村,逐步普及小学和初级中学教育。

　　2. 这次"普法"教育有个特点,即先是领导干部,后是广大群众,于是全国上下掀起了新一轮的学法热潮。

　　3. 各地小企业改造时,要因地制宜,实事求是,先试点,后推广,绝不能一哄而上。

三、在优化结构、提高经济效益的前提下,拉萨全市力争国民经济生产总值平均每年增长15%左右。

　　"在……下"常构成"在+动宾短语+下"的格式表示条件。多用于句首,在主语或谓语动词前。例如:

　　1. 在少管所干警的严格要求和热情帮助下,未成年犯改造思想,学习文化和技术,以实际行动同昨天告别。

　　2. 西北地区的沙漠在冬季风作用下,大量尘土被高空气流搬运到黄土高原地区沉降,在那里形成了厚厚的黄土层。

　　3. 在当地政府领导下,灾区人民克服了重重困难,首先恢复了水电供应,保证了居民的正常生活。

练　　习

一、解释句中划线的词语:

　　1. 随着我国与周边邻国友好关系的日益发展,拉萨已成为中国大西南对外经济、贸易、技术合作和文化交流的重要开放<u>窗口</u>。

　　2. 十一届三中全会以来,拉萨市认真贯彻中央为西藏制定的一系列特殊政策,坚持以经济建设为中心,深化改革,扩大开放,经济和社会事业迈上了一个新的<u>台阶</u>。

　　3. 拉萨市的城市建设战略是:重点突出市区,兼顾小城镇。在城市建设和发展中,以规划为<u>龙头</u>,合理布局城市区划功能,按照先地下后地上的原则,适度超前实施各项基础设施项目。

　　4. "<u>九五</u>"期间,在优化结构、提高经济效益的前提下,全市力争国民生产总值平均每年增长15%左右,到2000年达到10亿元,人均国民生产总值在1980年基础上翻两番。

　　5. 到2010年,拉萨市的国民生产总值要力争达到32亿元,人均国民生产总值在2000年的基础上再翻一番;城市化、工业化、市场化程度和国民经济整体水平显著提高,经济体制和运行机制更加完善;基本实现<u>小康</u>,部分群众走向富裕。

　　6. 拉萨将实施"<u>科教兴市</u>"战略,优先发展教育,提高劳动者素质,依靠科技进步,增加科技在经济增长中的含量。

　　7. 拉萨将强化农业在国民经济中的基础地位,加强对农牧业的有效投入,大力发展乡镇企业,增加农牧民实际收入,帮助贫困地区的群众尽快<u>脱贫致富</u>。

　　8. 拉萨将坚持"<u>依法治市</u>",加强法制建设,把拉萨的经济和社会的各个方面纳入法制化管理的轨道。

二、选词填空：
　　1. 拉萨,西藏自治区首府,是西藏政治、经济、文化的中心和交通____。（关键　枢纽）
　　2. 如何抓住机遇,发挥____,使拉萨的经济发展得更快一些,各项社会事业发展水平更高一些,关键是要有一个好的发展思路。（优势　趋势）
　　3. 拉萨将____发展第一产业,有重点地发展第二产业,大力发展第三产业。（稳定　稳步）
　　4. 根据修编的《拉萨城市总体规划》,到2015年,拉萨市____将达到70平方公里,人口40万。（规模　规范）
　　5. 拉萨市的城市建设____是:重点突出市区,兼顾小城镇。（战略　战术）
　　6. 要抓好城市基础设施的建设,为城市的全面发展____基础。（固定　奠定）
　　7. 要加大城市管理的____,着力提高群众生活环境的质量。（力度　力气）
　　8. "九五"期间,在优化结构、提高经济____的前提下,全市力争国民生产总值平均每年增长15%左右,到2000年达到10亿元。（效果　效益）
　　9. 要强化农业在国民经济中的基础地位,加强对农牧业的有效投入,____发展乡镇企业,增加农牧民实际收入,帮助贫困地区的群众尽快脱贫致富。（大力　大量）
　　10. 要继续坚持扩大对外开放,____发挥首府城市的优势,以资源为依据,以市场为导向,积极参与国内外市场竞争。（充足　充分）

三、选择恰当的汉字填空：
　　1. 随着我国与周边邻国友好关系的日____发展,拉萨已成为中国大西南对外经济、贸易、技术合作和文化交流的重要开放窗____。
　　2. 十一届三中全会以来,拉萨市认真贯____中央为西藏制定的一系列特殊政策,坚持以经济建设为中心,深____改革,扩大开放,经济和社会事业迈上了一个新的台阶。
　　3. 从现在起,到2010年,是拉萨市国民经济和社会发展承前____后、继____开来的重要时期。
　　4. 拉萨将积极推进四大战略,强化农牧业基础,抓好交通、能源、通讯和城市基础设____建设四个重点,培育和大力发展矿业、民族手工业、旅游业、建筑建材业、农畜产品加工业、商贸业等六大支____产业。
　　5. 要努力把拉萨建设成城市功能基本齐全,规模比较合理,投____环境优良,藏民族优秀传统与现代文明相结合,能够带____全区经济社会发展,辐射整个青藏高原,面向国内外的中心城市。
　　6. 拉萨市区的总体____划,既要体现建设社会主义现代化的新____城市这一时代精神,又要充分体现民族风格和地方特点。
　　7. 到2010年,拉萨市的国民生产总值要力争达到32亿元,人____国民生产总值在2000年的基础上再翻一番;城市化、工业化、市场化程度和国民经济整体水平____著提高,经济体制和运行机制更加完善;基本实现小康,部分群众走向富裕。
　　8. 继续发扬自力____生,艰苦奋斗的精神,把自身的努力同中央的关怀、全国的支援结合起来,实现经济与社会的协____发展。

四、判断正误：

1．拉萨是中国西北地区对外经济、贸易、技术合作和文化交流的重要开放窗口。
（　　）
2．十一届三中全会以来，拉萨在经济建设方面取得了巨大的成就。（　　）
3．"八五"期间拉萨全市国民生产总值年均增长11.9％。（　　）
4．近年来，拉萨市的产业结构逐步改善，1996年一、二、三产业的比重是51∶14∶35。
（　　）
5．《拉萨市国民经济和社会发展"九五"计划和2010年远景目标纲要》是在总结和论证的基础上制定的。（　　）
6．为进一步调整产业结构，拉萨准备有重点地发展第三产业。（　　）
7．在不久的将来，拉萨市人口将达到40万，新城区将由4个发展到7个。（　　）
8．拉萨市的城市建设战略是市中心和小城镇同步发展。（　　）
9．实施拉萨市区的总体规划要时代精神与民族风格兼顾。（　　）
10．"九五"期间，拉萨每年国民生产总值都将达到10亿元。（　　）
11．到2010年，拉萨市的国民生产总值将力争达到32亿元。（　　）
12．到2010年，拉萨市人民的生活水平将由小康达到富裕。（　　）

五、根据课文内容填空：

1．拉萨继续搞好城市建设的措施是：
　　(1)＿＿＿＿＿＿＿＿＿＿＿＿＿＿＿＿＿＿
　　(2)＿＿＿＿＿＿＿＿＿＿＿＿＿＿＿＿＿＿
　　(3)＿＿＿＿＿＿＿＿＿＿＿＿＿＿＿＿＿＿
　　(4)＿＿＿＿＿＿＿＿＿＿＿＿＿＿＿＿＿＿

2．今后15年内，拉萨将从以下七个方面开展工作：
　　(1)＿＿＿＿＿＿＿＿＿＿＿＿＿＿＿＿＿＿
　　(2)＿＿＿＿＿＿＿＿＿＿＿＿＿＿＿＿＿＿
　　(3)＿＿＿＿＿＿＿＿＿＿＿＿＿＿＿＿＿＿
　　(4)＿＿＿＿＿＿＿＿＿＿＿＿＿＿＿＿＿＿
　　(5)＿＿＿＿＿＿＿＿＿＿＿＿＿＿＿＿＿＿
　　(6)＿＿＿＿＿＿＿＿＿＿＿＿＿＿＿＿＿＿
　　(7)＿＿＿＿＿＿＿＿＿＿＿＿＿＿＿＿＿＿

六、回答问题：

1．简要介绍一下拉萨。
2．1995—1996年拉萨国民生产总值的增长率是多少？
3．为什么对于拉萨来说，从现在起到2010年是一个重要时期？
4．拉萨怎样才能抓住机遇，发展得更快些？
5．拉萨经济和社会发展的"四一四六三"总体思路的内容是什么？
6．拉萨市将怎样搞好城市建设？

7. "九五"期间,拉萨将怎样为下个世纪的发展打好基础?
8. 今后15年内,拉萨进行经济和社会发展的方针是什么?

七、快速阅读:(限时4分钟)

瑞典人假期怎么过

章念生

每年6月的仲夏节之后,大多数瑞典人都开始度假。度假方式很多,有出国旅游的,有去海边晒太阳的,有去森林小木屋静处的,也有抓紧时间读书的。

拉什是一位非常好读书的瑞典人。他是记者认识的一位瑞典语老师,同时在哥德堡市立图书馆兼职,他已经40多岁了,依然孑然一身。他家最引人注目的东西一是各种文字的书,二是世界各国的纪念品。他的兴趣爱好除了读书,就是旅游,每到一个国家,他都要买一样纪念品。每年夏天,他都有不同的度假计划,但他最津津乐道的是前年的旅游经历。

前年7月,他约了5个好朋友,开着一辆8座的"道奇"车从瑞典出发,经过丹麦,穿过德国,一直来到法国南部地中海边的马赛。在这6人的旅行小组中,有3个在图书馆工作,与书有不解之缘。大家约定读书是度假重要内容之一。于是,白天他们在地中海里游泳,在海滩晒太阳,看书。到了晚上,大家聚在一起,轮流主讲,或介绍所读书的内容,或就内容发表评论,主讲人讲完了,其余5人各自发表看法。每天晚上他们都讨论得很热烈,有时还为某个观点争得面红耳赤。拉什说,在马赛住了10天,他读了10本书,而每晚的介绍和讨论,使他实际获得的知识远不止10本书上的内容。拉什说那是他短时间里读书最多的一次,也是最难忘的一次度假。

另一位普通的瑞典人约翰松在一家保险公司工作,平生最大的爱好是种植植物,他的两个正在读小学的孩子,对各种植物也有着浓厚的兴趣。约翰松决定今年假期与孩子们一起种花。

放暑假的第二天,他就领着孩子们去市图书馆借了些有关种花的书,回家后让他们阅读。过了几天,他带着两个孩子来到植物园,观赏不同科目的各种花,同时给他们介绍各种花的属性和特点。暑假开始一周后,他们在斯德哥尔摩市西郊租的一块20多平方米的园地里种上了几十株花苗。花种上后,孩子们每天都去照料、浇水、松土、锄草,样样都是自己干。

当记者来到他们的园地,只见好几株月季花已含苞欲放。两个孩子正忙着拔草,小脸晒得红扑扑的,汗水顺着鼻尖不断地往下滴,尽管戴着手套,手臂还是被花刺划了好几道小口子,但两人的兴致都很高。拔完草后,他们又忙着在周围插上树枝,做成围栏,以防野兔来捣乱。约翰松说,今年选择种花度假,是为孩子们提供自己动手培养兴趣爱好的机会。明年他们还准备在这里种蔬菜。

选自《人民日报》1996年8月2日

问题:
拉什和他的朋友度假时是怎样读书的?

阅 读（一）

蒙古包走进博物馆

杜涌涛

蒙古包是马背民族世世代代游牧生活的象征。80年代末，一顶沐浴了锡林郭勒草原风霜雪雨的蒙古包，悄然走进了内蒙古博物馆。它像一位历史老人，向参观者讲述着草原岁月的沧桑史话。

从"逐水草而居"走向定居放牧

"夏牧河流冬去雪，四季搬家不停歇"。元代蒙古族诗人萨都剌描写的生活情景，似一幅千年凝固的画，延续到20世纪80年代。

1983年，内蒙古广大牧区率先在全国实行了"草畜双承包"。那年，与自治区同龄的牧民那·达木金一家，分到105只羊、22头牛、28匹马，承包了近万亩草场。一年下来，他家盖起了土房，告别了蒙古包。飘泊了半生的那·达木金一家终于有了一个固定的家。

从1983年至今，那·达木金一家共投入20多万元，围起近万亩"井、机、林、草、料"五配套草库伦，建起260多平方米砖木结构的太阳能牲畜棚圈，购置了客货两用汽车、拖拉机、割草机等全套牧业机械设施，改良了一半以上的牲畜。现在，他家的牲畜总数已发展到2000多头（只），还盖起了一座内外装修一新的砖瓦房，室内各种电器、组合家具应有尽有。

从蒙古包到砖瓦房；从原始简陋的牲畜棚圈到太阳能暖棚；从人工打草到机械化作业；从游牧生活到定居轮牧、建设养畜，那·达木金一家的变化折射出内蒙古牧民生活和生产方式的历史变迁。

有关资料表明：1947年，内蒙古自治区成立之初，全区有70%的牧民过着"逐水草而居"的游牧生活，而今，全区95%以上的牧民已经实现了定居放牧。

生产方式的历史性跨越，使内蒙古畜牧业经济犹如一匹插上双翼的骏马昂首腾飞。1985年以来，内蒙古畜牧业连续12年获得大丰收。截至1996年牧业年度，全区牲畜存栏达6700万头（只），分别比1947年和1978年增长7.3倍和1.6倍；良种、改良种畜从无到有，到1996年底达到3554万头（只），比1978年增长3.4倍；1996年，全区草食家畜出栏率、商品率分别达到35%和26%，比1978年分别提高21个百分点和19个百分点。每年向京津唐和周边省区提供约200万头（只）牛羊。

畜牧业生产由粗放型向集约型转变

内蒙古高原地处大陆腹地，风沙肆虐，十年九旱，生态环境差，畜牧业生产长期处于"大灾大减产，小灾小减产"的不稳定状态。1987年以来，自治区畜牧厅在全区38个易灾旗县大规模开展了"畜牧业防灾基地建设"，使畜牧业抵御自然灾害的能力明显增强。据统计,38个易灾旗县9年中减少死亡牲畜1083万头(只),累计新增产值8亿多元。

由被动抗灾到主动防灾,由靠天养畜到建设养畜,内蒙古畜牧业生产开始由粗放型向集约型转轨。

记者日前到内蒙古牧区采访,从西向东,记者看到,昔日如白云般的蒙古包,如今在草原上几近绝迹,一排排砖木结构的牧民新居点缀在绿草如茵的草原上。牧人家门前的各种机动车辆,取代了拴马桩、勒勒车。一座座现代家庭牧场,成为草原上一道新的风景线。

在记者参观的众多家庭牧场中,东乌旗牧民伊达木的家庭牧场给人的印象最深。

从实行"草畜双承包"起,目光远大的伊达木每年将总收入的30%—50%,投入畜牧业的基础建设中。现在,他的"五配套"的草库伦已经扩大到13500亩,牲畜已从200多头(只)发展到4000多头(只),去年收入达30万元以上。他先后盖起7间宽敞的砖瓦房、12间高质量的牲畜暖棚,购买了成套的牧业机械设备,添置了多台大小机动车辆。

伊达木把目光瞄准发达国家家庭牧场经营模式,1995年春节前夕,他自费赴澳大利亚,考察当地的家庭牧场建设。

在伊达木家宽敞明亮的客厅里,摆放着一具镀银的雕花马鞍。伊达木早已不骑马了,马鞍只是一种历史的回忆。往昔马背上的天之骄子,今天正驾着"铁马"率先驶向内蒙古畜牧业的明天。

选自《人民日报》1997年6月2日

骑着摩托牧牛羊	蒙古包里看世界	机声隆隆钻油忙
娱乐生活到牧场	不出远门有学上	拿起电话唠家常

草原新景   蒋跃新

选自《人民日报》漫画增刊1997年8月20日

生　　词

1. 游牧	（动）	yóumù	从事畜牧，不定居的。 move about in search of pasture
2. 沐浴	（动）	mùyù	洗澡。比喻经历。 bathe; immerse
3. 凝固	（动）	nínggù	由液体变成固体。此指静止。 solidify
4. 盟	（名）	méng	内蒙古自治区的行政区域，包括若干旗、县、市。 league (an administrative division of the Nei Monggol Autonomous Region, corresponding to a prefecture)
5. 旗	（名）	qí	内蒙古自治区的行政区域，相当于县。 banner (an administrative division of county level in the Nei Monggol Autonomous Region)
6. 库伦	（名）	kùlún	蒙语指围起来的草场，现多用于村镇名称。 meadow
7. 简陋	（形）	jiǎnlòu	简单粗陋，不完备。 simple and crude
8. 折射	（动）	zhéshè	原指光线遇到某种物质而改变方向。此指反映。 refraction; reflect
9. 跨越	（动）	kuàyuè	此指巨大的进步。 stride across; leap over
10. 存栏	（动）	cúnlán	指牲畜在饲养中（多用于统计）。 livestock on hand
11. 良种	（名）	liángzhǒng	优良品种。 fine breed
12. 出栏		chū lán	指猪羊等长成，提供屠宰。 (of livestock) become fullgrown and ready for slaughter
13. 百分点	（名）	bǎifēndiǎn	说明两个百分比之间的对比关系和变化情况的概念。

				percentage point
14. 腹地	（名）	fùdì		靠近中心的地区，内地。 hinterland
15. 肆虐	（动）	sìnüè		任意破坏。 indulge in wanton massacre or persecution
16. 抵御	（动）	dǐyù		抵挡，抵抗。 resist; withstand
17. 绝迹	（动）	juéjì		消失。 disappear; vanish
18. 点缀	（动）	diǎnzhuì		加以衬托和装饰，使原有事物更加美好。 embellish; ornament
19. 天之骄子		tiān zhī jiāozǐ		天最宠爱的儿子。原是中国汉朝人对匈奴单于(chányú)的称呼，后又称北方少数民族君主为天之骄子。这里指整个蒙古族人民。 God's favoured one — an unusually lucky person

专　　名

萨都剌	Sàdūlā	人名。 name of a person

练　习

判断正误：

1. 曾世世代代以游牧生活为主的蒙古族有"马背民族"之美称。（　　）
2. "千年凝固的画"比喻蒙古族牧民的生活在很长的历史时期内没有什么变化。（　　）
3. 中国第一个实行"草畜双承包"的地区是内蒙古自治区。（　　）
4. 1983年，牧民那·达木金一家共分到105只牲畜和近万亩草场。（　　）
5. 1984年，牧民那·达木金一家告别了蒙古包，开始了定居放牧的生活。（　　）
6. 目前那·达木金一家拥有近万亩"井、机、林、草、料"五配套草库伦和一座内外装修一新的砖瓦房。（　　）
7. 那·达木金一家的变化在内蒙古地区并不是普遍现象。（　　）
8. 1947年内蒙古自治区成立之初有70%的牧民过着定居放牧的生活，现在已达到95%以上。（　　）

9. 截至1996年牧业年度,内蒙古全区牲畜存栏达6700万头(只),比1978年增长了7.3倍。(　　)

10.1996年内蒙古全区草食家畜商品率达到26%。(　　)

11. 内蒙古自治区每年向京津唐地区提供约200万头(只)牛羊。(　　)

12. 虽然内蒙古地区的生态环境较差,但对畜牧业生产并没有太大影响。(　　)

13. 内蒙古地区大规模开展"畜牧业防灾基地建设"取得了良好的效果。(　　)

14. 内蒙古畜牧业生产开始由粗放型向集约型转轨的例证是由被动抗灾到主动防灾、由靠天养畜到建设养畜。(　　)

15. 如今内蒙古草原的风景更加美丽了,因为蒙古包像白云一样点缀在草原上。(　　)

16. 说牧民伊达木目光远大是因为他去年收入达30万元以上。(　　)

17. 由于伊达木"草畜双承包"搞得好,所以国家公派他去澳大利亚考察家庭牧场建设情况。(　　)

18. "铁马"是指品种优良的马。(　　)

阅 读(二)

浓郁而迷人的穆斯林风情

崔晓泉

在中国的56个民族中有10余个民族信仰伊斯兰教,人口约有1800多万,这些民族大部分都有自己的文化习俗及独特的传统。新疆是中国较大的穆斯林聚居区之一。

新疆位于中国的西北部,面积160万平方公里,占全国总面积的1/6。人口1600万,有13个主要民族,其中有10个民族信仰伊斯兰教。

举世闻名的古丝绸之路进入新疆后,分为南、中、北三道,沿途文物古迹极为丰富,属国家级重点文物保护的单位有:高昌故城、交河故城、楼兰故城、兆庭故城、克孜尔千佛洞、柏孜克里克千佛洞、库木吐拉千佛洞、阿巴克霍加墓、阿斯塔那古墓群、苏公塔等。

魅力无穷的新疆,最令人着迷的是那充满奇幻色彩的穆斯林风情。维吾尔族是新疆的主体民族,有700多万人口,只要你在新疆旅行,就会感受到这个民族的独特风情:吐鲁番葡萄架下的热烈歌舞,火焰山下悠闲的小驴车,塔克拉玛干大漠中的田园耕作,库车熙熙攘攘的大巴扎吆喝叫卖声,喀什大清真寺广场上的礼拜……由五彩缤纷的方楞小花帽和条纹衣裙与热情奔放的俊朗面孔组成的漫长风情画卷,让人眼花缭乱。

有人说,到维吾尔族地区,如果不逛巴扎,就算枉来一场。维吾尔语"巴扎"就是市场的意思。每逢巴扎日,也是风土人情大汇聚的时候,维吾尔人从四面八方驾着驴车云集而来,一时间,巴扎上万头攒动,各种土特产满目琳琅,叫卖声此起彼伏,漂亮的衣冠在摩肩接踵的人潮中争丽斗艳,热闹得无法形容。

巴扎一般有固定的地点和开集日期,而最有名的、规模最大的巴扎,要数喀什和库车的大巴扎。在巴扎上,你可以用很便宜的价钱买到漂亮的维吾尔小花帽、造型独特的伊斯兰风格的铜器、精美锋利的维吾尔小刀、珠光宝气的首饰、光滑柔软的皮毛、上好的织锦地毯,也有你买不动,拿不走的骆驼、马、牛和羊。

"不到喀什,就不算到新疆。"的确,喀什是新疆最具穆斯林风格的一座城市,而坐落在喀什市中心广场上的艾提尕尔清真寺又是中国最大的清真寺,距今已有500多年的历史。艾提尕尔清真寺地位的显要并不全在于其规模,还在于这里是穆斯林"聚礼"之地。每星期五下午,远近的穆斯林都要到这座大寺去做一周之内最庄重的礼拜,称为"居玛日"。至于一年一度的古尔邦节,全疆各地都有人来,加上本地的穆斯林,人数可多达10万。大礼拜之后,大寺外的广场上,穆斯林们兴高采烈地跳起一种名叫"萨满"的舞蹈,狂欢至天明。

艾提尕尔清真寺的正门气派庄严,两侧是半嵌入墙壁的圆柱,顶部竖起象征伊斯兰新月的宣礼塔,高达18米。进门后,有一个绿树成荫的庭院。正殿、侧拜殿廊、净水池、教经堂等院内建筑错落有致。正殿进深16米,面宽160米,廊檐十分宽敞,内有158根图案精美的雕花立柱,藻井彩绘,屋梁浮雕,充分表现了维吾尔工匠的艺术水平和风格。正殿中央设壁龛,据说正对着麦加方向。旁设桥式宣礼台,上置棍杖,每逢大礼拜,大毛拉就站在这座台上,宣讲《古兰经》。教徒们进殿后,依次排列,先殿内,后殿外,面向西做礼拜。

喀什自古就是令人瞩目的地方,英豪汇聚,人杰地灵。在喀什的重要文物景点中,有许多名人的墓地。阿巴克霍加墓位于喀什市区东北约5公里的浩罕庄,又称"香妃墓"。传说乾隆皇帝的宠妃一位名叫伊帕尔汗的妃子葬在此处,因妃子身上总有一股浓郁的沙枣花香,得"香妃"之名。这块墓地的真正主人是喀什著名的伊斯兰传教士玉素甫·霍加和他的后代子孙,共5代72人。玉素甫·霍加的长子继承父业,成为17世纪一个教派的首领,并一度执掌叶尔羌王朝政权。至于香妃,她死后葬在河北省遵化县的清东陵,这里只是她的衣冠冢。

自公元651年,大食国遣使朝见唐高宗,迄今已有1000多年了,明中叶以后,伊斯兰教在天山南北流传开来。历史在这块神奇的土地上留下了深深的印痕,无论你何时来,总能感受到那浓郁而迷人的穆斯林风情。

选自《人民日报》(海外版)1997年8月2日

~~~~~~~~~~~~~~~~~~~~~~~~~~~~

生　　词

1. 礼拜	(动)	lǐbài	宗教徒向所信奉的神行礼。religious service
2. 五彩缤纷	(成)	wǔ cǎi bīn fēn	色彩纷繁艳丽。

3. 眼花缭乱	(成)	yǎnhuā liáoluàn	形容东西繁多，让人看花了眼。	colourful be dazzled
4. 枉	(副)	wǎng	白白地，徒然。	in vain
5. 万头攒动		wàn tóu cuándòng	形容人非常多。	crowd; push and squeeze
6. 琳琅	(形)	línláng	美玉，比喻优美珍贵的东西。	beautiful jade
7. 摩肩接踵	(成)	mó jiān jiē zhǒng	肩挨肩，脚碰脚。形容来往的人很多，很拥挤。	jostle each other in a crowd
8. 珠光宝气	(成)	zhū guāng bǎo qì	形容十分华丽、灿烂。	resplendent with jewels
9. 织锦	(名)	zhījǐn	一种织有图画、像刺绣似的丝织品。	brocade
10. 嵌入	(动)	qiànrù	卡进。	inlay
11. 错落有致	(成)	cuòluò yǒu zhì	交错纷杂，极有情趣。	well-arranged
12. 藻井	(名)	zǎojǐn	宫殿、厅堂的天花板上一块一块的装饰，多为方形，有彩色图案。	caisson ceiling
13. 浮雕	(名)	fúdiāo	雕塑的一种，在平面上雕出凸起的形象。	relief (sculpture)
14. 壁龛	(名)	bìkān	墙壁上用于供奉神佛的小阁子。	niche
15. 毛拉	(名)	máolā	中国新疆地区某些穆斯林对阿訇的称呼。阿訇是伊斯兰教主持教仪、讲授经典的人。	ahung; imam (the officiating priest of a mosque)
16. 人杰地灵	(成)	rén jié dì líng	指杰出人物出生或到过的地方成为名胜之区。	the greatness of a man lends glory to a place
17. 一度	(副)	yīdù	有过一次。	

				for a time
18. 执掌	（动）	zhízhǎng		掌管、掌握(职权)。 wield; be in control of
19. 衣冠冢	（名）	yīguānzhǒng		只埋着死者的衣服等遗物的坟墓,也叫衣冠墓。 a tomb containing personal effects of the deceased, whose remains are either missing or buried elsewhere

专　　名

1. 库车	Kùchē	县名。 name of a county
2. 喀什	Kāshí	城市名。 name of a city
3. 古尔邦节	Gǔ'ěrbāng Jié	伊斯兰教节日名。 Corban
4. 麦加	Màijiā	伊斯兰教圣地之一。 Mecca
5. 大食国	Dàshíguó	古代国名。 name of an ancient country
6. 明	Míng	中国古代朝代名。 the Ming Dynasty

练　　习

选择正确答案：

1. 中国信仰伊斯兰教的有——
   A. 56个民族
   B. 10个民族
   C. 1800多万人
   D. 新疆地区居民

2. 新疆的面积共有多少万平方公里？
   A. 160万平方公里
   B. 1600万平方公里
   C. 13万平方公里
   D. 10万平方公里

3. 丝绸之路进入新疆后共有几条支路?
   A. 一条
   B. 两条
   C. 三条
   D. 四条

4. 下列哪一种不属于维吾尔族独特的民族风情?
   A. 在葡萄架下热烈歌舞
   B. 在大漠中进行耕作
   C. 在大清真寺广场上做礼拜
   D. 在绿油油的茶园中采茶

5. 维吾尔语"巴扎"的意思是——
   A. 市场
   B. 民居
   C. 寺庙
   D. 广场

6. 新疆最有名、规模最大的"巴扎"在——
   A. 喀什
   B. 库车
   C. 包括 A 和 B
   D. A 和 B 都不是

7. 艾提尕尔清真寺地位显要是因为——
   A. 它处于新疆最具穆斯林风格的城市喀什
   B. 它坐落在市中心的广场上
   C. 它具有 500 多年的历史
   D. 它规模宏大,而且是穆斯林的"聚礼"之地

8. "萨满"是——
   A. 城市的名称
   B. 舞蹈的名称
   C. 节日的名称
   D. 寺庙的名称

9. 艾提尕尔清真寺中最能表现出伊斯兰教特征的是——

A. 18米高的宣礼塔
B. 绿树成荫的庭院
C. 廊檐宽敞的正殿
D. 158根雕花立柱

10. 喀什文物景点中的衣冠冢是谁的？
A. 乾隆皇帝
B. 伊帕尔汗妃子
C. 玉素甫·霍加传教士
D. 叶尔羌王朝的统治者

阅 读（三）

中国：多民族的大家庭

郭明轩

我国是一个统一的多民族的国家。除汉族外，还有55个民族，即：蒙古族、回族、藏族、维吾尔族、苗族、彝族、壮族、布依族、朝鲜族、满族、侗族、瑶族、白族、土家族、哈尼族、哈萨克族、傣族、黎族、傈僳族、佤族、畲族、高山族、拉祜族、水族、东乡族、纳西族、景颇族、柯尔克孜族、土族、达斡尔族、仫佬族、羌族、布朗族、撒拉族、毛南族、仡佬族、锡伯族、阿昌族、普米族、塔吉克族、怒族、乌孜别克族、俄罗斯族、鄂温克族、德昂族、保安族、裕固族、京族、塔塔尔族、独龙族、鄂伦春族、赫哲族、门巴族、珞巴族、基诺族。由于这55个民族人口较少，共有9120万人（1990年），只占全国总人口的8.04%，所以习惯上把他们统称为少数民族。

少数民族人口虽少，但聚居的地方却占国土面积的64%，而且大都位于祖国边疆。其分布的特点基本是大杂居、小聚居和交错居住，约有1/4的少数民族人口散杂居住在汉族居住区。在全国2000多个县市中，绝大多数县市都有两个以上民族成分。

少数民族地区不仅"地大"，而且"物博"。全国的森林约有一半在少数民族地区，而且植物种类繁多，仅云南省的植物种类就有15000多种。草原面积约有45亿亩，占全国的94%。矿产资源种类齐全、蕴藏量较大，如新疆维吾尔自治区已探明的矿产就有122种，占全国的79%，其中石油和天然气储量占全国的1/4以上，煤的远景储量居全国之首；内蒙古自治区已探明储量的矿种有70多种，其中稀土和铌的

143

储量居世界第一,天然碱的储量居全国之首,煤的储量居全国第二;广西壮族自治区的锰矿资源遍布全区,储量、产量和出口量都居全国之首;云南省号称"有色金属王国",锡、铝、锌的储量均居全国首位;贵州省的汞储量居全国第一,磷居全国第二,铝和煤居全国第三;西藏自治区的铍矿、铬铁矿的探明储量居全国之首,锂矿、精硼矿的储量名列世界前茅,铜矿储量居全国第三;青海省的钾盐储量占全国储量的97%,是世界上最大的产地之一;宁夏回族自治区的石膏储量也居全国首位。少数民族地区的水能资源也十分丰富,其蕴藏量达3.5亿多千瓦,占全国的一半以上。在经济作物方面,海南、广西、云南的橡胶、胡椒、咖啡、甘蔗、剑麻、香蕉,新疆的长绒棉、甜菜,云南、贵州的烟草、茶叶、油菜籽等,都具有全国其他地方所不具有的产品优势。此外,自然风光、人文景观也具有独特的优势。

各少数民族都有自己悠久的历史和优秀的传统文化。他们在漫长的历史发展过程中,在天文、历法、文学、艺术、科技、医药、体育等方面,都形成了自己民族的特点和风格。在55个少数民族中,除回族、满族通用汉语文外,53个民族有自己的语言,有20多个民族有自己的文字。尽管随着各民族间的密切交往,懂得汉语文的少数民族人数越来越多,但大多数少数民族的多数人仍然以本民族语言作为主要的交际工具。

各少数民族在服饰、饮食、居住、生产、节庆、礼仪、婚姻、丧葬等方面都有自己的风俗习惯。宗教在少数民族中有着广泛而深远的影响,有些民族信仰伊斯兰教,有些民族信仰佛教,有些民族信仰原始宗教,还有一些民族的部分人信仰道教、基督教(包括天主教、东正教、新教)。可以说,55个少数民族都不同程度地有自己的宗教信仰。

在中华民族历史发展的长河中,各少数民族以其勤劳、勇敢和智慧,与汉族一道开拓了祖国的疆土,发展了祖国的经济,创造了祖国灿烂的文化,为缔造和捍卫伟大的祖国作出了巨大的贡献。但是,在新中国成立以前,各民族是不平等的。少数民族受到歧视和压迫,政治上没有地位,经济文化上贫穷落后,各少数民族的社会发展很不平衡。到解放时,有的民族还处于奴隶制社会,有的民族处于封建农奴制社会,有的民族还处于原始社会末期,有的民族虽然已进入封建社会,但其中一部分还处于封建社会的前期。

新中国成立后,消灭了民族剥削和民族压迫制度,各民族在政治上获得了一律平等。随着中国共产党和人民政府民族平等、民族团结、民族区域自治和各民族共同繁荣政策的贯彻执行,各少数民族和民族地区在国家的大力帮助下,自力更生、团结奋斗,在政治、经济、文化、科技、教育等各方面都发生了翻天覆地的变化,尤其是改革开放以来,各项建设事业取得了更大的发展。以经济建设为例,1994年民族地区国内生产总值已达4137亿元(当年价),"八五"前4年国内生产总值年均增长达到11.15%,出现了历史上最快的持续发展时期。目前民族地区已拥有国有企业、集体企业、股份制企业和外商投资企业37200家,形成了轻重工业齐全,采掘、原材料、加工工业门类齐全、行业水平较高、规模较大的工业发展格局,构成了民族地区经济发展的主要基础和增长源。1994年民族地区全社会固定资产投资达1373.54亿元,比1990年增长2.42倍。随着经济的发展,少数民族群众的生活水平有了显著提高。

1994年民族地区城镇居民人均生活费收入达2700元,农民人均纯收入由1990年的586元增加到925元。

选自《人民日报》(海外版)1996年1月10日

~~~~~~~~~~~~~~~~~~~~~~~~~~~~~~~~

生　词

1.	聚居	(动)	jùjū	集中居住。 live in a compact community
2.	边疆	(名)	biānjiāng	靠近国界的领土。 border area
3.	交错	(动)	jiāocuò	交叉、错杂。 interlock; crisscross
4.	蕴藏	(动)	yùncáng	蓄积而未显露或未开发。 hold in store; contain
5.	储量	(名)	chǔliàng	储藏的数量。 reserves
6.	智慧	(名)	zhìhuì	指聪明和才智。 wisdom; intelligence
7.	开拓	(动)	kāituò	开辟、扩展。 open up
8.	缔造	(动)	dìzào	创立(国家或伟大的事业)。 found; create
9.	歧视	(动)	qíshì	轻视、看不起。 discriminate against
10.	压迫	(动)	yāpò	用权力或势力强制别人服从自己。 oppress; rpress
11.	翻天覆地	(成)	fān tiān fù dì	形容巨大的变化。 earth-shaking
12.	股份制	(名)	gǔfènzhì	以投资入股或认购股票的方式联合起来的企业财产组织形式,按股权多少进行收入分配。 systen of shares
13.	采掘	(动)	cǎijué	挖取、开采(矿物)。 excavate

练　习

回答问题：
1. 为什么说中国是多民族的大家庭？
2. "少数民族"这一名称是怎么来的？
3. 在中国,少数民族的分布有什么特点？
4. 为什么说少数民族地区地大物博？
5. 简要说明中国少数民族语言文字方面的状况。
6. 简要介绍中国少数民族的宗教信仰。
7. 新中国成立时中国少数民族处于什么样的社会状况？
8. 新中国主要有哪些方面的民族政策？
9. 改革开放以来少数民族地区主要取得了哪些成就？
10. 你去过中国哪些少数民族地区？谈谈你的感受。

第 27 课

课　文

缩小地区差距　促进协调发展

——●本刊评论员

　　江泽民总书记在党的十四届五中全会闭幕时的重要讲话中指出:"解决地区发展差距,坚持区域经济协调发展,是今后改革和发展的一项战略任务。"正确认识和处理好东部和中西部之间的关系,控制和逐步缩小地区差距,是促进国民经济全局健康发展,保持社会稳定,民族团结,维护国家统一的重大任务。

　　我国东部人口占全国的 41.1%,土地只占全国的 13.85%;而中西部地区人口占 58.9%,土地却占到 86.15%。中西部地区有着明显的资源优势;但是在经济发展上,东部和中西部的差距十分明显。根据 1994 年的统计,东部占全国国内生产总值的 58.4%,工业产值的 67%;而中西部分别占 41.6% 和 33%。在投入上,东部占全国全社会固定资产投资总量的 63.35%,中西部则少得多。由于投入的悬殊,中西部经济增长速度明显慢于东部。近年来,部分东部省国内生产总值年增长率高达 25% 以上,而西部某些省不到 10%。差距更大的是在对外经济方面,1994 年东部占全国利用外资的 83%,占全国进出口总额的 89.28%;中西部只占到 17% 和 10.72%。由于经济增长不均衡,地区差距还有扩大的趋势。

　　地区发展不平衡,虽然是发展中国家尤其是发展中大国在经济增长过程中的客观现象,但是若差距过大,就会引发一系列的社会矛盾。突出的矛盾有:东部的工资、生活水平明显高于中西部;中西部的劳动力和本已短缺的资金大量流向东部地区;一方面东部地区所需的工业原料大量依赖进口,工业成本越来越高,另一方面中西部亟待开发的资源却迟迟得不到开发、利用。中西部地区发展过慢,东部和中西部贫富过于悬殊的状况若长期存在下去,将不利于国民经济的健康发展和社会稳定,因为居民可能承受"不均"的压力是有限的,地区经济发展差异过大,有可能引发社会动荡。特别是由于发展较慢的省份大多数是少数民族地区和边疆地区,这个问题更应引起重视。

　　近几年来,缩小地区差距,促进各地区经济协调发展,已成为全党和全国人民的共识。江泽民总书记在党的十四届五中全会上指出:"对于东部地区和中西部地区经济发展中出现的差距扩大问题,必须认真对待,正确处理";"从'九五'开始,要更加重视支持中西部地区经济的发展,逐步加大解决地区差距继续扩大趋势的力度,积极朝着缩小差距的方向努力。"

缩小地区差距,促进协调发展,将成为我国今后经济发展中的一项大政方针。缩小地区差距,要靠三方面的共同努力。

第一,中央政府在增强自身经济实力的基础上,加大对中西部地区的财力支持和给予优惠政策。这包括中央财政的转移支付,优先安排中西部的资源开发和基础设施建设项目,鼓励到中西部地区投资和理顺资源性产品的价格体系等。从1992年开始,对外开放和利用外资的优惠政策已明显向中西部地区倾斜。这几年还较大幅度地增加了对中西部地区的扶贫贷款规模。国家还将每年从东部地区上缴的国家财政收入中,拿出100多亿元对中西部地区省区进行补贴。这些优惠政策将逐步法制化。按法律形式规范,国家从东部发达地区年财政中,按一定比例征收扶贫税,直接用于中西部地区的开发性建设项目。

第二,发扬"先富带后富"的精神,东部地区要积极帮助、支援中西部地区,特别是西部少数民族地区和边疆省区的经济建设。邓小平同志曾多次强调,共同富裕是社会主义的一条根本原则。他说:"鼓励一部分地区、一部分人先富裕起来,也正是为了带动越来越多的人富裕起来,达到共同富裕的目的。"东部地区要在发挥优势、再求发展的基础上,帮助中西部地区。这不仅是共同富裕的需要,也是控制区域生产成本、适应劳动密集型产业向中西部地区转移的需要。我国东部具有帮助中西部发展的潜力。在西藏自治区成立30周年之际,中央组织各省市支援西藏的62项工程,为西藏经济插上腾飞的翅膀,使西藏到本世纪末国民生产总值增长可达10%。援藏62项工程的顺利进行是我国"先富帮后富"的典范,这种做法是值得大力倡导的。

第三,中西部地区要设法提高本省区的经济增长速度,加快发展,主动缩小差距。要搞好本地区的基础设施建设,因地制宜地制定适合本地经济发展的正确战略,大力发展乡镇企业,增加当地民众的商品意识和竞争观念。在中西部地区的各区域内部,要加强联合,共同发展;一个省区内部也要逐步解决好发达地区支援不发达地区、共同富裕的问题。

我国是社会主义国家,实现共同富裕是社会主义的一条根本原则。在"九五"期间,要通过上述三个方面的共同努力,加强东西部联合,缩小地区差距,促进协调发展,走共同富裕的道路。

选自《瞭望》新闻周刊1995年第46期

生　　词

1. 区域	（名）	qūyù	地区范围。region
2. 均衡	（形）	jūnhéng	平衡。balanced
3. 待	（动）	dài	需要。

			need
4. 差异	（名）	chāyì	差别，不同点。
			difference
5. 理顺	（动）	lǐshùn	通过治理或整理，使事物有条理，合乎规律或情理。
			straighten out
6. 省区	（名）	shěngqū	省和自治区。
			province and autonomous region
7. 支援	（动）	zhīyuán	用人力、物力等去支持、帮助。
			support; help
8. 典范	（名）	diǎnfàn	可以作为学习、仿效标准的人和事。
			model
9. 意识	（名）	yìshí	人的感觉、思维等各种心理过程的总和。
			consciousness

注　释

1. 中国的东部和中西部地区

　　东部地区指东部和东南沿海的北京、上海、天津、辽宁、河北、山东、江苏、浙江、福建、广东、海南、广西12个省、市、自治区。中部地区指黑龙江、吉林、内蒙古、山西、河南、安徽、江西、湖北、湖南9个省和自治区。其他西部省、市、自治区为西部地区。这三个地区分别为中国经济水平最高、中等和落后的三个经济地带。

2. 西藏自治区成立三十周年

　　西藏自治区成立于1965年10月1日。此指1995年10月1日。

报刊词语、句式示例

一、从"九五"开始，要更加重视支持中西部地区经济的发展，逐步加大解决地区差距继续扩大的力度，积极朝着缩小差距的方向努力。

　　"加大……力度"意思是"增加……力量的程度或强度"。例如：

　　1. 一些从事禁毒研究的专家学者提出新的思路，这就是在加大查禁打击力度的同时，与有关国家合作，对境外毒源地实施"替代开发、肃毒扶贫"战略。

　　2. 必须加大打击"制黄"、"贩黄"和拐卖妇女、儿童等违法犯罪活动的力度，根除社会毒瘤。

二、在西藏自治区成立30周年之际，中央组织各省市支援西藏自治区62项工程，为西藏经济插上腾飞的翅膀。

"在……之际"表示"在……的时候"或"当……时"的意思。例如：

1. 在中华人民共和国成立48周年之际，我谨代表我国政府和人民，向贵国政府和人民致以节日的祝贺。
2. 在这建校一百周年之际，我谨向全体师生员工致以热烈的祝贺。
3. 在香港即将回归祖国之际，他却永远地离开了我们，怎不令人痛惜。

三、按法律形式规范，国家从东部发达地区年财政中，按一定比例征收扶贫税，直接用于中西部地区的开发性建设项目。

"按"，介词。"按着"、"按照"的意思，由它组成介词结构表示行为、动作的准则、依据、标准或时间顺序等。例如：

1. 从1992年到1996年，城镇居民家庭人均生活费收入由1544.3元提高到4377.2元，按可比价格计算，年均增长7.2%。
2. 汉语中的词可以按音节数目的不同分为单音词和多音词。
3. 患者要遵照医生的嘱咐，按时吃药。
4. 法院审判案件，必须按法律程序办事，任何人都不能违反。

练 习

一、选择恰当的词语填空：

引发　因地制宜　典范　区域　悬殊　亟待　倡导　战略　理顺

1. 解决东部和中西部地区的发展差距，坚持_____经济协调发展，是中国今后改革和发展的一项战略任务。
2. 在发展社会主义市场经济的过程中，_____价格关系是一个难度极大的课题。
3. 地区经济发展差异过大，人均收入_____长期存在下去，就有可能引发社会动荡。
4. 由于地区发展不平衡就会_____一系列社会矛盾，其中之一就是东部地区的工业原料大量依赖进口，而中西部_____开发的资源却迟迟得不到开发。
5. 援藏的62项工程的顺利进行是我国"先富帮后富"的_____，这种做法值得_____。
6. 要搞好本地区的基础设施建设，必须_____地制定正确的经济发展_____。

二、解释下列划线部分的词语：

1. 由于投入的悬殊，中西部经济增长速度明显慢于东部。
2. 东部和中西部贫富太过悬殊的状况若长期存在下去，将不利于国民经济的健康发展和社会稳定。
3. 今后，国家将从东部发达地区年财政中，按一定比例征收扶贫税，直接用于中西部地区的开发性建设项目。
4. 根据1994年统计，东部占全国国内生产总值的58.4%，工业产值的67%；而中西部分别只占到41.6%和33%。

5. "东西合作"是中国缩小地区差距,促进东西部经济协调发展而采取的重要措施。

三、根据课文内容填空:
 1. 在经济发展上,中国东部和中西部的差距十分明显,这主要表现在_____、_____和_____三个方面。
 2. 中国东部和中西部贫富过于悬殊的状况如果长期存在,其主要危害是不利于_____和_____。
 3. 文章认为,中国要缩小地区差距,必须依靠以下三方面的共同努力:(1)_____;(2)_____;(3)_____。
 4. 为了缩小地区之间的发展差距,本文特别强调了地区和地区之间合作的重要性;其中主要有(1)_____;(2)_____;(3)_____。

四、判断正误:
 1. 最近十多年来,中国经济协调发展,地区差距逐步缩小。(　　)
 2. 解决地区之间的发展差距,坚持区域经济协调发展,是中国今后改革和发展的一项战略任务。(　　)
 3. 中国东部人口占41.1%,土地占13.85%;中西部人口占58.9%,土地占86.15%,因此,中西部经济比东部占有明显的优势。(　　)
 4. 中国是发展中的大国,在经济增长的过程中,产生地区发展不平衡现象是不正常的。(　　)
 5. "居民可能承受'不均'的压力是有限的",其意思是居民承受"不均"压力的时间不能过长,同时居民所承受的压力强度也不能无限制地增大。(　　)
 6. "逐步加大解决地区差距继续扩大趋势的力度"的意思是:要逐步增大使地区差距继续扩大下去的强度。(　　)
 7. 为了缩小地区差距,今后中央要加强对中西部的财力支持和给予优惠政策,但是,只有中央政府自身的经济实力增强了才能做得到。(　　)
 8. 鼓励一部分地区、一部分人先富起来的目的,是让先富的人帮助后富的人,最后共同富裕起来。(　　)
 9. 作者认为,为了缩小地区差距,中国东部和中西部应合作,中西部地区内各省区之间要合作,各省区内部也要搞好地区之间的合作。(　　)
 10. 本文论述了缩小地区发展差距的经济意义,而并没有论述其重要的政治意义。(　　)

五、快速阅读:(限时3分钟)

　　俗话说:"龙生龙,凤生凤,老鼠的儿子会打洞。"可见,对于孩子,父母的榜样作用是何等重要!不难想像,一个自私势利的母亲,怎能教育出一个充满爱心、懂得关心和帮助他人的孩子?而那些待人圆滑,动辄与人恶语相向,从不知尊老爱幼为何物的父母,那些终日沉醉麻坛舞场,不思一丝进取不存一份上进心的父母,又怎能有资格教育好自己的孩子?又怎能培养出孩子诚实正直、勤奋好学的品格呢?孩子,不过是一张白纸,你抹上什么颜色就是什么颜色了!而父母着色的那一笔,则毫无疑问地,是孩子这幅画的基调和底色。

所以,为了孩子,我忍不住一气呵成写下这篇文章,只是因为有一份真实的感受和体会。只是为了提醒年轻的父母们,忙忙碌碌送孩子上各种学习班的同时,别忘了自身素质和品格对孩子的影响力,别忘了做父母的对孩子的榜样作用。请记住,无论何时,你的身后,都有孩子那双稚嫩天真的眼睛。你想让孩子成材,自己首先得为孩子树立良好的形象和榜样!

(龚凤凌)

选自《中国青年》1997年第8期

问题:
　　文章认为,父母想让孩子成材,自己首先应当注意的是什么?

阅读(一)

东西差距与城乡差距

许宝健

我们东西合作调研行采访的是东西差距,思考的是东西合作,可我在采访和思考中却常常想到另一个问题,这就是城乡差距。

东西差距和城乡差距是我国经济发展中两对比较突出的矛盾,那么,这两对矛盾是个什么关系呢?

飞机飞到乌鲁木齐上空的时候,正是夜阑时分。透过窗口俯视这座我国最西部的大城市,只见灯火辉煌,流光闪烁。尽管刚从沿海行来,此时此刻却并无落差之感。

第二天走上街头,我们的这种感受更深了,如果不是那富有民族特色的建筑和身穿民族服装的姑娘和小伙子,这里简直就和内陆城市甚至沿海城市无多大区别。

这种感受我们在西北的另一座大城市西安同样感受到了。

然而,只要一出繁华嘈杂的省会,进入乡间小路,走进农家院舍,我们才又蓦然发现,中西部地区还很落后、贫穷。

这使我们在感受中得出结论,东西差距主要是东西部地区农村的差距。

改革开放以来,随着东中西地区农村经济发展的差异,农民收入差距也日益悬殊,并且呈继续扩大之势。有资料表明,1980年,农民人均纯收入最高的地区上海是397元,最低的陕西省是142元,人均纯收入之比为2.79：1,到1993年就达到4.95：1。同时,三大经济地带农民人均纯收入之比扩大到1.84：1.36：1。

近几年,沿海地区农民

越来越多地依靠乡镇企业增加收入,有的地区农民增收的90%都来自乡镇企业。

而中西部许多地区乡镇企业还刚刚起步,有的地方还是空白。不用说新疆,就是在陕西,我们走的几个乡镇有的连一家企业都没有,农民增加收入的渠道主要依靠土地。

随着乡镇企业的发展,小城镇日趋崛起。在广东,初具规模的小城镇不断涌现,星罗棋布,架起了农村通向城市的桥梁,城乡差距正在逐步消失,农村城市化正在成为现实。

现在,中西部地区的各级领导普遍认识到,东西差距主要在农村,在乡镇企业。发展乡镇企业不仅是增加农民收入、促进农业现代化的必由之路,也是缩小东西差距的必由之路。

有的学者也认为,中西部地区通过发展乡镇企业形成一批小城镇,有可能成为中西部地区发展和腾飞的突破口。

刚刚结束的十四届五中全会绘制了本世纪末的发展蓝图。党中央在关于"九五"计划的建议中指出,坚持区域经济协调发展,逐步缩小地区发展差距。江泽民总书记在讲话中,将东部地区和中西部地区的关系作为一个重要内容来阐述。东西差距是"九五"时期要解决的一个重要任务。

有的学者提出,解决城乡差距问题与解决东西差距同样迫切。的确,城乡差距的扩大也是我们发展中面临的一个重要课题。但是,从联系的观点来看,这两个问题在方向上是一致的,可以说是殊途同归。因此,在研究和制定有关政策时,应将两个问题考虑在一起。对中央政府来讲,应着眼解决东西差距问题,而对地方政府来说,应把着眼点放在缩小城乡差距上。对广大的中西部地区来说,缩小城乡差距同时也是在缩小东西差距,因此,在加强东西合作的同时,中西部应在发展乡镇企业和小城镇及城乡一体化上下功夫。从全国来说,把通过缩小中西部地区的城乡差距作为达到缩小东西差距的一个重要途径,应放在视野之内。

选自《经济日报》1995年10月18日

~~~~~~~~~~~~~~~~~~~~~~~~~~~~~~

生　　词

1. 调研	(动)	diàoyán	调查研究。survey and study
2. 行	(名)	xíng	行路。travel
3. 夜阑	(名)	yèlán	深夜。midnight
4. 落差	(名)	luòchā	由于河床高度的变化而产生的水位的差数,比喻差距。drop in elevation-gap; disparity
5. 繁华	(形)	fánhuá	兴旺热闹。

6. 嘈杂	（形）	cáozá	flourishing 杂乱；喧闹。 noisy
7. 蓦然	（副）	mòrán	猛然。 suddenly
8. 星罗棋布	（成）	xīng luó qí bù	像星星一样罗列着，像棋子一样分布着，形容多而密。 scattered all over like stars in the sky or men on a chessboard
9. 殊途同归	（成）	shū tú tóng guī	通过走不同的道路而到达相同的目的地，比喻用不同的方法而达到相同的目的。 reach the same goal by different routes

专　　名

| 乌鲁木齐 | | Wūlǔmùqí | 城市名。
name of a city |

练　　习

回答问题：

1. 记者来到中国中西部城市和来到中西部农村有什么不同感受？
2. 为什么说在中西部发展乡镇企业不仅是增加农民收入、促进农业现代化的必由之路，也是缩小东西差距的必由之路？
3. 文章认为，中国应当怎样做才能更好地解决东西差距和城乡差距的问题？

阅　读（二）

乡镇企业东西合作成效显著

优势互补　利益共享

本报讯　记者孟宪江报道　今年是国务院决定实施乡镇企业东西合作工程的第三个年

头,据来自农业部乡镇企业局的最新统计表明,乡镇企业东西合作在各级政府的大力支持下已步入健康有序的发展轨道,取得了显著的社会效益和经济效益。

近几年,中西部地区乡镇企业的发展速度明显加快,1996年中部地区乡镇企业增长速度高于东部地区7.84个百分点,西部地区高于东部地区32.18个百分点。今年上半年,全国乡村企业完成工业增加值3702亿元,按可比价格比上年同期增长19.8%,实现销售产值17126亿元,比上年同期增长16%,利润总额增长25%,上缴国库税金增长20%。东中西地区乡镇企业的增长速度均为20%,实现了均衡增长。

中西部地区乡镇企业发展速度加快的一个重要原因,就是组织了乡镇企业东西合作。

农业部与中国农业银行为使乡镇企业东西合作顺利开展,在全国确定了208个合作示范区和152个示范项目,1996年全国208个示范区实现营业收入1055.6亿元,比上年增长36%,实现利税总额104亿元,比上年增长32%,示范区的发展速度高出中西部地区乡镇企业平均增长速度10个百分点以上。208个示范区总人口仅占中西部地区人口总数的0.4%,但实现营业收入却占中西部地区乡镇企业营业收入的7.66%,示范区利税和利润总额占中西部地区乡镇企业利税和利润总额的比重达到8.14%和7.52%。

国家级东西合作示范项目、示范区为全国乡镇企业东西合作项目建设树立了样板,起到了良好的带动作用。两年多来,中西部地区共签订东西合作协议项目近3万个,协议引进资金350亿元,协议总投资700亿元。如新疆维吾尔自治区1996年实施东西合作项目100个,项目总投资9.5亿元,引进外省资金3.2亿元。东西合作加大了中西部地区乡镇企业的投资力度,改善了中西部地区乡镇企业的投资结构,加快了投资主体的多元化。

通过东西合作,东部地区一些劳动密集型和资源、耗能型产业开始西移,这种有序的战略转移,既为东部地区发展技术密集型、资金密集型和外向型企业创造了有利条件,也有利于发挥中西部地区的资源、劳动力优势。山东省青岛市红星化工集团公司在贵州省镇宁县投资1.2亿元建设年产4.5万吨碳酸钡、5800吨硫磺的合作项目,是目前贵州省最大的乡镇企业东西合作项目,项目的建成充分利用了青岛红星化工集团的技术优势和贵州的矿产资源优势,走出了一条优势互补,共同发展的新路子。

目前,全国性的乡镇企业东西合作已经进入了一个新的发展阶段。

选自《经济日报》1997年8月13日

生　　词

1. 有序		yǒu xù	有秩序的。 in good order
2. 可比价格		kěbǐ jiàgé	不变价格。 fixed price
3. 样板	(名)	yàngbǎn	指学习的榜样。

| 4. 碳酸钡 | （名） | tànsuānbèi | 一种化工产品,白色斜方晶体,有毒。用于制钡盐、颜料、焰火、杀鼠药、瓷器、水澄清剂等。BaCo₃ barium carbonate |
| 5. 硫磺 | （名） | liúhuáng | 即硫,非金属元素,符号S。Sulphur |

（第一项 model 见上栏末）

练　　习

简答问题：
　　1. 从哪些情况可以看出,近几年,中国中西部地区乡镇企业发展速度明显加快？
　　2. 组织乡镇企业东西合作对加快中西部乡镇企业的发展起了哪些作用？
　　3. 文章认为中国乡镇企业东西合作进入了什么样的新阶段？

阅读（三）

西部发展要立足自身
● 邹东涛

　　一国区域经济的均衡发展、不发达地区的发展和反贫困政策的制订和实施,责任首先在中央政府,世界各国概莫能外。如果没有中央政府的宏观调控和政策支持,我国西部地区相对落后的问题永远解决不了。

　　但作为不发达地区自身,是否就可以少一点责任,把眼睛盯着中央政府等靠要呢？是否要一切依靠政策倾斜、一切等待国家项目和国家投资、一切等待发达地区的"扩散效应"呢？这样做实际上是不现实的。首先,由于财政税收体制方面的原因,目前中央财政收入在全国国民生产总值和全国财政收入中所占的比重,在全世界都是比较低的。财政税收体制的理顺需要一个过程,因此,在短期内,由于中央财力的不足,对西部经济发展的财力支持、投资和项目的倾斜,必然是有限的。其次,东部发达地区的"扩散效应",主要是投资者行为,而不是救助者行为,作为投资者行为,首先考虑的是投资回报率的高低。"六五"、"七五"、"八五"期间,投资大量东移,其基本原因,是因为东部地区投资回报率比西部高得多。本世纪,西部地区的投资回报率,还难以达到或超

过东部地区水平。因此,在短期内,难以出现"扩散效应"的热潮。其三,过去多年西部资源性产品价格偏低,使西部蒙受了许多政策性效益渗漏和转移。但由于资源性产品价格的提高,会带来一系列下游产品的成本增加导致价格上涨,引发通货膨胀。出于对下游产品企业的承受能力和社会稳定的考虑,资源性产品不可能一步放开到位,只能逐步提升。中央每项政策的出台和项目的实施,需要地方政策和资金的配套;东部和国外每一笔资金的投入,也需要地方提供良好的投资环境。总之,要把缩小东西部差距定位在自身的努力上。

西部地区的经济发展从自身做起,首先要从深化经济体制改革抓起。改革开放十七年来的一个现象是,随着改革开放的深入发展,东西部差距越来越大了。对此,我们只能从体制上加以解释。

我国改革开放过程,是市场功能不断扩大和计划体制不断缩小的过程。实际上,改革或快或慢、或明或暗,总是向市场化方向推进的。在这一推进过程中,东部地区毫无疑问胆子要大得多,速度要快得多。西部改革"慢三拍"使自身丢失了许多机遇,吃了许多亏。这不仅不能通过尽快建成新体制为发展自身创造条件,即便是党中央有某项优惠政策时,也由于"改革滞后"和"体制落差"而不能得其利。"改革滞后"和"体制落差",是西部地区经济发展的首要瓶颈。

加快经济体制改革的步伐,尽快改变东西部经济体制不均衡的状况,对于振兴西部经济甚为关键。首先,如果改革滞后、体制短缺,中央的政策就不能通过新体制有效地发挥作用;其次,如果改革滞后、体制短缺,就不能建立良好的投资环境,也就不能有效地吸引发达地区和国外的投资;其三,如果改革滞后、体制短缺,本地的资源(包括资金、人才和技术项目)也会外流,而资源的外流会产生"双刃剑"作用,一方面它使本地进一步丧失发展能力,另一方面则进一步增进发达地区的发展能力,其结果是以双倍的效应促进发达地区与落后地区差距的拉大。

选自《经济日报》1996年11月25日

生　　词

1. 等靠要		děng kào yào	等待、依靠、伸手要。wait for, rely on and ask for
2. 扩散效应		kuòsàn xiàoyìng	也叫"弥散效应"。指一个地区、部门、企业的经济增长对其他地区、部门、企业的有利影响,如提供技术、资金支持、产品销售市场、劳工就业机会等。diffusion effect in economy
3. 渗漏	(动)	shènlòu	液体慢慢透过物体而漏出。seep

练 习

判断正误:

1. 任何国家内的区域经济均衡发展问题,都必须有中央政府参与才能解决。(　)

2. 不发达地区自身,如果要想缩小与发达地区的差距,一切都不应依靠中央政府帮助解决。(　)

3. 在短期内,中央政府没有财力对中国西部的经济发展进行支持。(　)

4. 在20世纪内,中国投资东移的热潮还难以出现。(　)

5. 过去许多年来,中国西部资源性产品价格偏低,蒙受了许多政策性亏损,即因执行国家政策而造成了许多损失。(　)

6. 中国西部落后的一个重要原因是改革滞后。(　)

7. 西部改革滞后,既妨碍中央政策的落实,也不能有效地吸引外来的资金。(　)

8. 对于西部地区来说,资源外流就会导致与发达地区差距的进一步扩大。(　)

第 28 课

课　文

替代开发　铲除毒源

傅威海　徐冶

进入 80 年代以后,曾给中国人民造成切肤之痛的毒品又在华夏大地卷土重来。据有关部门统计,目前我国登记在册的吸毒者为 38 万,但实际吸毒人数远远大于这个数字(专家学者估计至少有 100 万),因为大多数吸毒是不公开进行的。

毒品:全人类的公害

目前世界毒品的年交易额达到 5000 多亿美元,占全球贸易总额的 9%,成为仅次于军火贸易的世界第二大贸易。毒品的泛滥给各国的经济造成巨大的损失,并对社会秩序构成威胁。以美国为例,90 年代初期吸毒人数为 500 万,花费 1500 亿美元;1995 年吸毒者达到 1200 万,花费达 2000 亿美元。目前,吸毒给美国造成的直接和间接工业生产损失已近 1000 亿美元。

中国近几年的情况也不乐观。南亚基金会(设在云南思茅)的一份研究资料说,目前全国各个地区都有毒品问题。有关人士估计,全国每年因吸毒而耗费的人民币至少在 100 亿元以上(尚未计算吸毒导致的工农业生产损失)。此外,吸毒和与吸毒有关的犯罪案件和人数也呈强劲上升势头。云南思茅地区 1994 年的吸毒人数比上年上升 15.3%,贩毒案件比上年上升 14.8%。在一些边疆的贫困地区,还出现了因吸毒而田地荒废、一些人为筹毒资而卖儿卖女的现象。更为严重的是,吸扎毒品还导致艾滋病在我国的传播扩散,目前全国已发现因注射毒品而感染艾滋病病毒的达 1400 多人。

十年禁毒成绩不凡

中国政府对卷土重来的毒品问题十分重视。针对我国的具体情况,有关部门制定了"三禁(禁贩、禁吸、禁种)并举,堵源截流,标本兼治"的方针,对毒品犯罪进行了严厉的打击。据统计,仅 1991 年至 1995 年 9 月,全国共破获毒品案件 12.5 万起,查获毒品违法犯罪人员 18.9 万名,缴获海洛因 15.8 吨、鸦片 10.6 吨、大麻 3.4 吨、冰毒 2.3 吨。1991 年至 1994 年共逮捕毒品犯罪分子 33216 人,依法判处刑罚的 25893 人,有力地震慑了毒品犯罪,遏制了"金三角"毒品的过境。此外我国还建立了强制戒毒所 251 个,1991 年至 1994 年共强制戒毒 18 万人次,对强制戒毒后复吸的依法劳动教养8万人。

多年来,中国缴获毒品数量一直在世界上名列前茅,1992年中国共缴获海洛因4400多公斤,超过缅甸、泰国、美国和香港等国家和地区缴获海洛因的总和。为遏制"金三角"毒品的扩散,为国际禁毒事业作出了巨大贡献。

禁毒,需要拓展思路

10年来,中国的禁毒工作赢得国际社会广泛赞誉,但禁毒形势依然严峻。有资料表明,近几年我国的吸毒人数和毒品犯罪仍呈上升趋势。这主要是因为80年代以后,我国的经济、社会、文化与世界其它地区加强了交流,并逐渐融为一体,境外毒品犯罪分子借机开辟"中国通道",使禁毒工作变得复杂化。

首先是毒源地在境外,无法动用国家政权力量去铲除。我国西南边疆毗邻世界上最大的毒源地"金三角",边境线长达5000多公里,而且多数地段没有天然屏障,贩毒集团越境贩毒非常容易。毒品(如海洛因)价格昂贵,体积小,便于携带,查禁困难。美国一年投入100多亿美元经费,采用高科技装备,所查获毒品只占年流通量的10%。

第二是毒品消费的刺激。全世界目前的吸毒者达两亿之众,这个巨大的市场既刺激了毒品的生产,同时也推动一些人铤而走险,走私贩毒。毒品贸易是最具暴利的走私行为,据了解,一克海洛因在境外毒源地的价格是20元人民币,而到了香港可卖到500港币,到了美国纽约价格可达500美元。在80年代初期,我国的毒品问题仅仅是小规模过境,如今已发展成过境与消费并存的局面,这无疑会更加刺激境外毒品向我国的流入。

第三是毒品问题和贫困搅在一起。调查显示,境外"金三角"毒源地和我国毒品危害最严重的地区都是贫困落后地区。"金三角"地区有几百万人口以种植罂粟维持生计,人均生活水平仅150美元左右。我国西南边疆和西北地区,经济也不发达,贫困导致一些人对毒品的依赖,毒品又加剧了他们的贫困,恶性循环。

在最近于北京举行的"中国:肃毒与经济社会发展"研讨会上,一些从事禁毒研究的专家学者提出新的思路,这就是在加强查禁打击力度的同时,与有关国家开展合作,动员社会力量参与,对境外毒源地实施"替代开发,肃毒扶贫"战略。专家们认为,我国的毒品问题之所以越来越严重,关键是毒源未能铲除。而要铲除境外毒源,最好的办法是用经济手段。

近年来,云南省边境地方政府与境外有关当局进行了"替代开发,肃毒扶贫"的合作尝试,取得令人满意的效果。1991年,西双版纳傣族自治州向境外某毒品产地派出农业专家,提供优良籽种,帮助培育良种水稻和橡胶取得成功。据悉,随着替代种植和其它资源的开发,该地区对毒品的依赖已有所减少,毒品收入在其财政收入中的比例已下降到15%左右。1993年,南亚经济技术发展总公司和南亚基金会在境外帮助砍掉部分生长中的毒品,替代种植了大约5万株咖啡和300亩烟叶,取得实效。有关专家计算,一亩上等茶叶的年产值在2300元人民币左右,种烤烟的亩产值也在2000元,均高于亩产鸦片1200元的收入。因此,替代种植是铲除毒源的最有效途径,也是最终解决毒品问题的希望所在。

1994年7月至8月,中国社科院经济研究所派出考察组,就"肃毒扶贫,开放开发"等问题在云南思茅地区进行了考察。考察组认为,云南的一些民间组织与境外合作,进行的替代种植、肃毒扶贫项目应予重视和肯定。

考察组还建议国家有关部门抓住时机,尽快在思茅建立"肃毒扶贫试验区",以便有效地进行国际合作,争取国际社会的支持和援助。

选自《光明日报》1996年1月2日

生　　词

1. 毒品	（名）	dúpǐn	指作为嗜好所用的鸦片、吗啡、海洛因等有毒物。 narcotic drugs
2. 切肤之痛	（成）	qiè fū zhī tòng	切身的痛苦。 keenly felt pain
3. 卷土重来	（成）	juǎn tǔ chóng lái	比喻失败之后重新恢复势力。 stage a come back
4. 案件	（名）	ànjiàn	有关诉讼和违法的事件。 case
5. 艾滋病	（名）	àizībìng	人体获得性免疫缺乏综合症。 AIDS
6. 不凡	（形）	bùfán	不平凡、不平常。 out of the ordinary
7. 堵源截流		dǔ yuán jié liú	堵住来源,切断流通。 cut off the sources
8. 破获	（动）	pòhuò	破案并捕获。 uncover
9. 海洛因	（名）	hǎiluòyīn	一种由吗啡制成的毒品,也叫白面儿。 heroin
10. 鸦片	（名）	yāpiàn	用罂粟制成的一种毒品,旧时称大烟。 opium
11. 大麻	（名）	dàmá	由一种大麻加工制成的毒品。 hemp
12. 刑罚	（名）	xíngfá	司法机关依据刑事法律对罪犯所施行的法律制裁。 punishment
13. 震慑	（动）	zhènshè	震动使害怕。 awe; frighten

14. 劳动教养		láodòng jiàoyǎng	中国对违反法纪而又可以不追究刑事责任的有劳动能力的人实行的一种强制性教育措施。简称劳教。reeducation（of juvenile delinquents, etc.）through labour
15. 融为一体		róng wéi yī tǐ	不同的事物合成一体。mix together
16. 铲除	（动）	chǎnchú	连根除去,消灭干净。root out
17. 贩毒	（动）	fàndú	贩卖毒品。traffic in narcotics
18. 铤而走险	（成）	tǐng ér zǒu xiǎn	指因无路可走而采取冒险行为。take a risk in desperation
19. 暴利	（名）	bàolì	用不正当手段在短时间内获得的巨额利润。sudden huge profits
20. 走私	（动）	zǒusī	非法运输物品,逃避海关检查,偷税漏税。smuggle
21. 罂粟	（名）	yīngsù	一种提取鸦片的草本植物。opium poppy
22. 恶性	（形）	èxìng	能产生严重后果的。malignant; vicious
23. 循环	（动）	xúnhuán	事物周而复始地运动或变化。circulate
24. 扶贫		fú pín	扶助贫困地区人民发展生产,改变贫困面貌。aid the poor
25. 种植	（动）	zhòngzhí	把植物的种子埋在土里,把植物的幼苗栽到土里。plant; grow

专　　名

1. 华夏		Huáxià	古代汉族的自称,指中国。an ancient name for China
2. 南亚基金会		Nányà Jījīnhuì	机构名。name of an organization

3. 云南	Yúnnán	省名。 name of a province
4. 思茅	Sīmáo	地名。 name of a place
5. 缅甸	Miǎndiàn	国名。 Myanmar
6. 西双版纳 傣族自治州	Xīshuāngbǎnnà Dǎizú Zìzhìzhōu	地名。 name of a place

注　释

"金三角"地区

　　指位于泰国、老挝和缅甸三国交界处的缅甸掸邦及周边地区,这里是世界上最大的鸦片和海洛因产地。据估计,这个地区每年生产的海洛因达 200 吨之多,约占世界海洛因总产量的 70%。

报刊词语、句式示例

一、毒品的泛滥给各国的经济造成巨大的损失。以美国为例,90 年代初期吸毒人数为 500 万,花费 1500 亿美元。

　　"以……为……"这个结构表示"把……当作……"的意思,"为"后接名词,常见"以……为例"、"以……为首"、"以……为核心"、"以……为中心"、"以……为骨干"等。"为"后接形容词时,表示"看作"的意思,常见"以……为荣"、"以……为重"等。例如:

　　1. 近年来,中国的旅游业不断发展,旅游者逐年增加。以 1995 年为例,登泰山的外国游客就比上一年增加了 25%。

　　2. 在这届年会上,与会者以对外汉语教学的总体设计为中心展开了热烈的讨论。

　　3. 15 年来,以深圳为代表的经济特区出色地完成了"窗口"和"试验场"的两大任务。

　　4. 当代大学毕业生择业时,依然是以国家的利益为重,到祖国最需要的地方去。

二、10 年来,中国的禁毒工作赢得国际社会广泛赞誉,但禁毒形势依然严峻。

　　动词"赢得"是"取得"、"得到"的意思,常与"信任"、"支持"、"尊重"、"同情"等搭配。例如:

　　1. 这家公司的良好售后服务赢得了广大消费者的信任,他们生产的空调机在全国市场上销量第一。

　　2. 贫富两个村庄的资金与劳力优势互补,经营规模扩大,多种产业赢得发展,从而收到一举多得的效果。

　　3. 长安大戏院里座无虚席,京剧艺术家的出色表演赢得了全场喝彩。

三、据悉,随着替代种植和其它资源的开发,该地区对毒品的依赖已有所减少,毒品收入在其财政收入中的比例已下降到15%左右。

"据"与"悉"组成紧密的介词结构视为一词使用,表示"根据了解"、"根据得到的消息知道"的意思,多用于句首。例如:

1. 据悉,中国国家禁毒委员会已经决定,1996年将召开全国禁毒工作会议,深入开展全国禁毒专项斗争。

2. 近年来,中国加强了治理环境污染工作。据悉,数千家小造纸厂因对淮河造成水污染已被关闭。

3. 中国政府严厉打击贪污、贿赂等犯罪活动,推进反腐败斗争。据悉,1993年至1997年五年中,司法部门判处万元以上的贪污、贿赂犯罪分子39518人,其中县(处)以上干部1610人,司(局)级171人,省(部)级6人。

练　　习

一、解释句中划线的词语:

1. 进入80年代以后,曾给中国人民造成<u>切肤之痛</u>的毒品又在<u>华夏大地</u><u>卷土重来</u>。

2. 据<u>有关部门</u>统计,目前我国<u>登记在册</u>的吸毒者为38万,但实际吸毒人数远远大于这个数字。

3. 针对我国的具体情况,有关部门制定了"<u>三禁(禁贩、禁吸、禁种)并举,堵源截流,标本兼治</u>"的方针,对毒品犯罪进行了严厉的打击。

4. 在80年代初期,我国的毒品问题仅仅是<u>小规模过境</u>,如今已发展成<u>过境与消费并存</u>的局面。

5. 一些从事禁毒研究的专家学者提出新思路,这就是对境外毒源地实施"<u>替代开发,肃毒扶贫</u>"战略。

二、指出各段的主要意思:

1. 目前全国各个地区都有毒品问题。有关人士估计,全国每年因吸毒而耗费的人民币至少在100亿元以上(尚未计算吸毒导致的工农业生产损失)。此外,吸毒和与吸毒有关的犯罪案件和人数也呈强劲上升势头。云南思茅地区1994年的吸毒人数比上年上升15.3%,贩毒案件比上年上升14.8%。在一些边疆的贫困地区,还出现了因吸毒而田地荒废、一些人为筹毒资而卖儿卖女的现象。更为严重的是,吸扎毒品还导致艾滋病在我国的传播扩散,目前全国已发现因注射毒品而感染艾滋病病毒的达1400多人。

2. 吸毒不仅危害健康,而且危害国家、民族和社会。首先,毒品损害人的大脑,影响中枢神经系统的功能;其次是影响心脏、血液循环及吸呼系统,使免疫功能下降,容易感染各种疾病。吸毒者往往面色蜡黄、身体消瘦、神色漠然,严重的则丧失劳动能力甚至死亡。吸毒者在毒瘾发作时,轻者头晕、呕吐、涕泪齐流、浑身打颤;重者如万针刺心,求生不得,求死不能,往往丧失人性和理智,自伤或自杀;一些吸毒者,采用静脉注射的方式,多人共用未经消毒的注射器和针头,致使多种传染病在他们中间传播。

3. 我国政府一贯实行坚决的禁毒政策。近几年来,针对国际贩毒吸毒不断发展的严峻形势,以及我国部分地区吸毒活动不断蔓延的情况,强调要坚持禁贩、禁种、禁吸的三禁并举,堵源截流、严格执法、标本兼治的方针,动员全社会的力量,打击、防范、宣传、教育多管齐下,有毒必肃,贩毒必惩,种毒必究,吸毒必戒,打一场禁毒的人民战争。

4. 近年来,云南省边境地方政府与境外有关当局进行了"替代开发,肃毒扶贫"的合作尝试,取得令人满意的效果。1991年,西双版纳傣族自治州向境外某毒品产地派出农业专家,提供优良籽种,帮助培育良种水稻和橡胶取得成功。据悉,随着替代种植和其它资源的开发,该地区对毒品的依赖已有所减少,毒品收入在其财政收入中的比例已下降到15%左右。1993年,南亚经济技术发展总公司和南亚基金会在境外帮助砍掉部分生长中的毒品,替代种植了大约5万株咖啡和300亩烟叶,取得实效。有关专家计算,一亩上等茶叶的年产值在2300元人民币左右,种烤烟的亩产值也在2000元,均高于亩产鸦片1200元的收入。因此,替代种植是铲除毒源的最有效途径,也是最终解决毒品问题的希望所在。

三、选择正确答案:

1. 目前,世界上交易额最大的两项是什么?
   A. 石油、军火
   B. 毒品、旅游
   C. 军火、毒品
   D. 旅游、石油

2. 依据中国政府的规定,哪种说法是正确的?
   A. 吸毒不能列入违法行为
   B. 种毒虽被禁止,但并不违法
   C. 只有走私贩毒才是违法行为
   D. 吸毒、种毒、贩毒都是违法行为

3. 在中国,对于强制戒毒后复吸的,还可以采取什么强制性措施?
   A. 医院治疗
   B. 劳动教养
   C. 劳动改造
   D. 判处刑罚

4. 在禁毒斗争中,1992年缴获海洛因最多的是哪个国家?
   A. 中国
   B. 美国
   C. 泰国

D. 缅甸
5. 在严厉打击毒品犯罪中,仍然有人铤而走险,走私贩毒,主要原因是什么?
   A. 毒品体积小,便于携带
   B. 毒品价格高,可获暴利
   C. 毒品消费者众,易于推销
   D. 边境线长,走私过境容易

6. 为了彻底铲除毒源,专家学者们提出了什么新办法?
   A. 加强禁毒国际合作
   B. 加强查禁打击力度
   C. 实施"替代开发"战略
   D. 救助贫困地区人民

四、依据课文判断正误:
1. 据有关部门统计,目前我国的实际吸毒者为38万。(   )
2. 文中提到,1995年美国吸毒者达到1200万,花费达2000亿美元。(   )
3. 云南思茅地区1994年的吸毒贩毒案件比上一年上升15.3%。(   )
4. 注射毒品是导致艾滋病传播与扩散的重要原因之一。(   )
5. 中国有关部门制定了禁贩、禁吸、禁种的"三禁"方针,对吸毒者进行严厉打击。(   )
6. 多年来,中国一直是世界上缴获毒品最多的国家。(   )
7. 近几年来,中国的吸毒人数和毒品犯罪不断增多。(   )
8. 中国吸毒者的增多,更加刺激了境外毒品向国内的流入。(   )
9. "金三角"地区多种植罂粟,这与贫困落后有关。作者不同意这种观点。(   )
10. 用咖啡、茶叶等经济作物替代毒品作物的种植是铲除毒源的有效办法。(   )

五、快速阅读:(限时5分钟)

81岁学电脑

兰才基

随着科技的进步和教育的发展,阿根廷人学用电脑已经相当普及。电脑操作不仅列入了中、小学校教程,而且开始进入了平常百姓家庭。这里讲的是一位81岁的老太太学电脑的小故事。

这位名叫阿曼塔·诺维列的老妇人,三个月前对电脑方面的知识还是个空白。听到儿孙们在谈论电脑程式,什么"软件"、"硬件"、"窗口"等一类陌生语言时,她一句也听不懂,产生了一种被时代抛弃的失落感。于是,她下决心要闯一闯电脑世界。

诺维列报名参加了一个私人开办的电脑训练班,每星期两次上课。她兴致勃勃,不论刮风下雨或寒天从不缺席。经过一番学习之后,她觉得操作电脑并不是原先想的那么神秘复杂。她说:"我最深刻的体会是'熟能生巧'。"不过,她也承认,到目前为止,最大的挑战是克服用"鼠标"操作的困难,表示要在今后的学习中有新的突破。

诺维列原来是一位普通工人,现在靠退休金生活。家庭虽然不富裕,但她一直保持着对文学、音乐方面的兴趣与爱好,学而不倦。在她60岁那年,取得了中级教师的资格,可是从来也没有当过教师。她觉得自己的思维还很清晰,因此要好好地利用它,永无止境地学习下去。这位老人的求知欲望感动了周围的许多同龄人,也为她的儿孙们树立了良好的榜样,鼓励和鞭策着他们努力上进。

现在,这位81岁的老祖母有两个愿望:一是在熟练掌握电脑操作程序以后,用电脑给她在瑞士的唯一的女儿写一封长信;二是说服她的81岁同龄的老伴,让他了解电脑是什么,并使他最终同意购买一台已经选妥的电脑。

选自《人民日报》1996年9月6日

问题:
请讲讲这位81岁老太太学电脑的故事。

阅 读（一）

遏制"白色瘟疫"的蔓延

——广东省积极开展禁毒斗争

李有存　王斌来

1773年,第一批运送鸦片的英国船只悄然驶入珠江口,揭开了中华民族遭受毒害历史的第一页;新中国成立后,仅用了短短3年时间就将毒品禁绝,并在以后的数十年间一直保持着"无毒国"的称号。然而,80年代后期以来,疯狂的国际毒潮开始了大规模的侵袭,毒品在珠江三角洲再次蔓延开来。

毒品泛滥已成社会公害

通常所说的毒品是指鸦片、吗啡、海洛因、可卡因等。近年来,国际贩毒活动越来越猖獗,毒品泛滥成灾。一些不法之徒受暴利的诱惑，把走私贩卖毒品的罪恶之手伸向我国东南沿海。广东北接内地，南邻港澳，成为犯罪分子活动的一个主要区域。进入90年代以来，广东查获的毒品案件数量直线上升，缴获的毒品也从几克、几十克增加到几十公斤、几百公斤。从破获的毒品案件看，制贩毒品的犯罪活动绝大多数是团伙所为，不少是境内外相互勾结，跨地区、跨省，甚至跨国经营，而且生产、制造、贩运、销售形成了严密的组织网络，个别地方还出现了专门的地下毒品加工厂。有的贩毒团伙，拥有汽车、移动电话和各种枪械，贩毒手段也不断翻新，更加狡猾、隐蔽。

随着制贩毒品活动泛滥，吸毒人员急剧增多。1991年以来，吸毒人员的数量每年都成倍增长。而且，吸毒活动从经济发达地区向内地和山区扩散，吸毒人员不少是"以贩养吸"，一方面满足自用，一方面卖给他人，致使吸毒人员越来越多。吸毒人员中不仅有个体户、社会闲散人员，还有农民、企业职工、国家公务人员。值得注意的是，吸毒者日趋低龄化，许多地区发现有中小学生吸毒，严重影响了他们的身心健康。据深圳市戒毒所统计，该所戒毒人员中19岁至25岁的占60%，12岁至18岁的占8%。

吸毒危害生命扰乱社会

毒品，历来是贫困、堕落、道德沦丧、违法犯罪和死亡的同义词。吸毒不仅危害健康，而且危害国家、民族和社会。首先，毒品损害人的大脑，影响中枢神经系统的功能；其次是影响心脏、血液循环及呼吸系统，使免疫功能下降，容易感染各种疾病。吸毒者往往面色蜡黄、身体消瘦、神色漠然，严重的则丧失劳动能力甚至死亡。吸毒者在毒瘾发作时，轻者头晕、呕吐、涕泪齐流、浑身打颤；重者如万针刺心，求生不得，求死不能，往往丧失人性和理智，自伤或自杀；一些吸毒者，采用静脉注射的方式，多人共用未经消毒的注射器和针头，致使多种传染病在他们中间传播。

许多吸毒者为获取毒品，伺机进行盗窃、抢劫、卖淫等违法犯罪活动，严重危害社会治安。据调查，每个吸毒成瘾者平均每月至少要花费1万元购买毒品。购买毒品的巨款从哪里来？除以贩养吸外，大多数是靠盗窃、抢劫、诈骗、卖淫等违法犯罪手段得来。一般来说，吸毒、贩毒活动严重的地方，刑事案件多，治安乱。吸毒使人道德泯灭、人格变异，不顾念亲情，抛却社会责任感。吸毒者在自我毁灭的同时，也毁灭了自己的亲人和家庭。国外统计调查表明：吸毒者平均寿命不足40岁，死亡率比一般人群高出15倍。世界每年有10万余人因吸毒而死亡。

吸毒者失足的种种原因

吸毒的危害如此之大，为什么还有那么多人染毒，不能自拔呢？吸毒者是如何走上这一道路的呢？带着种种疑问，记者在深圳戒毒所采访了几个正在戒毒的年轻人。22岁的小文告诉记者，16岁那年，看到朋友中有人吸毒，禁不住诱惑，尝试着吸了几次，没想到再也离不开了。他的父母已移居香港，每月寄回5000元港币，这些生活费几乎全都被他换成"白粉"吸掉了。33岁的龙四已有近10年吸毒史，他原本是拥有数百万元家产的私营企业主。有了钱，为了追求刺激，染上了毒瘾。他后悔地说，自己的企业倒闭了，妻子也离婚了。一个姓杨的女青年，今年23岁，1990年刚刚到深圳时，出于好奇心理，偷偷吸了起来，已经戒了3次，每次出了戒毒所便又开始吸，现在仍然没能完全戒掉。深圳市戒毒所1991年8月至1995年8月共收住3669名戒毒人员，从吸毒起因看，受好奇心驱使的占62%,受诱惑的占12%,寻求刺激的占26%。

增强全民禁毒意识

我国政府一贯实行坚决禁毒的政策。针对毒品犯罪日趋严重的情况,1995年5月,广东省委、省政府直接部署的全省统一斗争行动全面展开,广东省公安厅正式成立毒品侦缉处。据中共广东省委常委、政法委书记兼公安厅厅长陈绍基介绍,经过一年多的整顿治理,破获了一大批毒品案件,查获了大量毒品,摧毁了一批地下毒品销售网点,新建了许多临时戒毒场所,毒品犯罪活动在一定程度上得到控制。他说,查堵毒源,摧毁毒品销售网络,是一项非常重要的工作。毒品从大的贩毒集团到众多的吸毒者手中,中间要经过许多环节。这说明在吸毒地区有人在贩毒。只有把大大小小的毒贩子抓起来,使吸毒人员难以买到毒品,才能抑制吸毒活动的蔓延。

对吸毒成瘾的人怎么办?需要家庭和社会各界伸出救治之手,把他们从邪路上拉回来,帮助他们戒除毒瘾。广东省目前已成立了近200家戒毒所,但收戒的吸毒者只是总量的二三成甚至更少,大多数吸毒者仍留在社会上,吸毒的大环境仍然存在。戒毒人员一出所,即被昔日"道友"包围,一支夹带毒品的烟就把几个月的戒毒成果抵消了。据了解,戒毒人员出所后的复吸率高达80%至90%。吸毒人员对毒品既有生理依赖,又有心理依赖。因此,戒除毒瘾既要有生理治疗,也要有心理治疗。后者难度更大。在一定程度上说,吸毒者既是违法者,也是受害者,戒毒所对戒毒人员除了在其毒瘾发作时采取强制措施外,更重要的是辅以体育锻炼和劳动,使其身体得到康复。同时,积极探索心理矫正的办法,动之以情,晓之以理,进行教育引导。戒毒所工作人员在戒毒人员出所后,坚持进行跟踪调查,组织家庭、单位、街委(村委)落实帮教工作,巩固戒毒成果。

陈绍基同志说,尽管毒品犯罪已经达到触目惊心的地步,但仍有一些地方的领导没有引起足够的重视。禁毒斗争是一项涉及面很广的系统工程,仅仅依靠公安部门的力量来打击是远远不够的,必须动员全社会的力量共同参与,增强禁毒意识,做好教育、预防和挽救工作。当前的毒品问题已经不是普通的治安问题,而是涉及千家万户,关系社会安全、国家前途、民族命运的社会问题,各级党委、政府一定要坚持齐抓共管,综合治理。

选自《人民日报》1996年7月19日

生　　词

1. 瘟疫	(名)	wēnyì	指流行性急性传染病。pestilence
2. 诱惑	(动)	yòuhuò	使用手段使人认识不清而做坏事。entice
3. 团伙	(名)	tuánhuǒ	纠集在一起从事非法活动的一帮人。

4. 沦丧	（动）	lúnsàng	gang 消亡、丧失。 be lost; be ruined
5. 理智	（名、形）	lǐzhì	辨别是非利害关系以及控制自己行为的能力。 reason
6. 伺机	（动）	sìjī	等待时机。 watch for one's chance
7. 卖淫		mài yín	妇女出卖肉体。 prostitution
8. 诈骗	（动）	zhàpiàn	假借理由向人骗取财物。 defraud
9. 失足		shī zú	跌倒，比喻人堕落或犯严重错误。 take a wrong step in life
10. 侦缉	（动）	zhēnjí	侦察缉捕。 tract down an arrest
11. 矫正	（动）	jiǎozhèng	改正、纠正。 correct
12. 系统工程		xìtǒng gōngchéng	运用先进的科学方法，对整体系统进行组织管理，以求最佳效果的技术。泛指一项规模大、时间长、涉及面广、需要投入大量人力物力的工作。 systems engineering
13. 综合治理		zōnghé zhìlǐ	组织社会各方面的力量，采取多种方式和各种措施进行治理。 tackle a problem in a comprehensive way

练　　习

选择正确答案：

1. 毒品在中国广东地区再次蔓延是从何时开始的？

　　A. 1773 年

　　B. 新中国成立后

　　C. 80 年代后期

　　D. 90 年代以来

2. 从广东地区破获的毒品案件看，制贩毒品的犯罪活动有几个特点？

　　A. 五个

B. 四个

C. 三个

D. 两个

3. "吸毒者日趋低龄化"表现在何处?

A. 吸毒人数成倍增长

B. 许多地区发现中小学生吸毒

C. 吸毒者"以贩养吸",自用还卖给他人

D. 吸毒活动从经济发达地区向内地山区扩散

4. 吸毒的危害除损害个人健康外,更严重的影响是什么?

A. 危害社会

B. 使人堕落

C. 传播疾病

D. 导致贫困

5. 从深圳戒毒所的调查情况看,大部分人吸毒的起因是什么?

A. 牟取暴利

B. 寻求刺激

C. 受到诱惑

D. 好奇心的驱使

6. 开展禁毒斗争的基本方针是什么?

A. 加强宣传,搞好教育工作

B. 依靠治安部门严厉打击毒品犯罪

C. 领导重视,全社会动员,齐抓共管,综合治理

D. 强制戒毒,开展生理治疗和心理治疗

阅读（二）

禁毒斗争方兴未艾

牛继保

毒品泛滥已是当今世界最严重的问题之一，积极开展国际禁毒斗争，是国际社会刻不容缓的任务。为此，1987年，第42届联大确定每年6月26日为"国际禁毒日"，1990年联大特别会议又规定1991年至2000年为"联合国禁毒十年"。

面对瘟疫般在世界各地泛滥的毒品，国际社会正展开一场持久的全球扫毒大战。

1995年5月，中国、越南、老挝、泰国、柬埔寨及联合国禁毒署在北京召开了亚区域禁毒合作部长级会议，通过了《北京宣言》，坚决支持亚区域国际禁毒合作。联合国禁毒署作为国际禁毒事务的中心论坛，积极推进国际禁毒斗争，先后在西亚、中亚及拉美建立亚区域禁毒合作项目，提出"区域合作、国家执行、社区行动、个人参与"的方针，为全球禁毒合作作出了贡献。

此外，许多国家还签订了双边、多边禁毒协议，从立法上确保国际禁毒合作。哥伦比亚同秘鲁、委内瑞拉签署区域性禁毒协定；伊朗、巴基斯坦、土耳其也签订缉毒协议；中俄两国政府今年4月在北京签署了《关于禁止非法贩运和滥用麻醉药品及精神药物的合作协议》，以加强禁毒中的双边合作。

过去一年，世界各国都不断加强禁毒力量，大力宣传毒品的危害性，同时严格执法，打击毒品贩运活动，缉毒战果相当可观。1995年，中国执法机关破获毒品案件5.7万多起，抓获涉案违法犯罪人员7.3万多人，缴获海洛因2376公斤、鸦片1110公斤、大麻466公斤、"冰毒"1304公斤。

在缅甸政府、哥伦比亚政府的沉重打击下，东南亚"金三角"地区的大毒枭昆沙已向缅甸政府投降，南美的麦德林贩毒集团、卡利贩毒集团也遭重创。其中麦德林贩毒集团头号人物埃斯科瓦尔已于1993年被哥伦比亚缉毒部队击毙。卡利集团的一号头目罗德里格斯、三号人物圣克鲁斯也先后被捕，至此卡利集团也已瓦解。

国际社会的禁毒斗争不断取得进展。仅1995年里，泰国逮捕毒犯133205人；哥伦比亚警方抓获贩毒分子3000多名，收缴可卡因40多吨；加拿大官方宣布收缴毒资421万多加元。

尽管战果卓著，但全球的毒品问题仍然十分严重。吸毒之风愈演愈烈，世界吸毒的绝对人数急剧上升，吸毒群体低龄化更加明显。虽然昆沙已经投降，南美的主要贩毒集团也纷纷瓦解,但南美和"金三角"地区的其他贩毒集团仍然没有停止罪恶活动;西亚的"金新月"地区制毒贩毒活动十分猖獗,毒枭们仍在逍遥法外。

禁毒工作必须标本兼治,从毒源和毒品市场两方面入手。正如"联合国禁毒10年"计划指出的,只要各国政府和人民取得共识,齐心协力,共同打击国际毒品生产、贩运和吸毒,这一白色瘟疫终将被人类所控制。

选自《人民日报》1996年6月26日

生　词

1. 论坛	(名)	lùntán	对公众发表议论的地方(报刊、座谈会等)。 forum
2. 社区	(名)	shèqū	指居民生活、开展社会活动所在的基层街道和地区。 community
3. 麻醉	(动)	mázuì	用药物(或针刺)使人暂时失去知觉。 anaesthesia
4. 毒枭	(名)	dúxiāo	从事走私贩毒的头目。 drugpusher
5. 击毙	(动)	jībì	(用枪)打死。 shoot dead
6. 瓦解	(动)	wǎjiě	比喻分裂或崩溃。 disintegrate
7. 逍遥法外	(成)	xiāoyáo fǎ wài	犯了法的人没有受到法律制裁仍旧自由自在。 go scot-free

专　名

1. 越南		Yuènán	国名。 Viet Nam
2. 老挝		Lǎowō	国名。 Laos
3. 柬埔寨		Jiǎnpǔzhài	国名。 Cambodia

4. 哥伦比亚	Gēlúnbǐyà	国名。Columbia
5. 秘鲁	Bìlǔ	国名。Peru
6. 委内瑞拉	Wěinèiruìlā	国名。Venezuela
7. 伊朗	Yīlǎng	国名。Iran
8. 巴基斯坦	Bājīsītǎn	国名。Pakistan
9. 土耳其	Tú'ěrqí	国名。Turkey

注　释

1. 国际禁毒日

　　1987年6月,联合国在奥地利首都维也纳召开了部长级禁毒国际会议,有138个国家的3000多名代表参加,是历史上一次大规模的禁毒国际会议。这次会议通过了禁毒活动的《综合性多学科纲要》,向各国政府和组织提出了在今后的禁毒活动中开展综合治理的建议。6月26日大会结束时,与会代表一致通过建议,将每年的6月26日定为国际禁毒日,以引起世界各国对毒品问题的重视,号召全球人民共同来解决毒品问题。

2. "金新月"地区

　　指巴基斯坦、伊朗和阿富汗三国所在的西南亚地区。历史上这里一直以产罂粟和大麻闻名于世,近年来又发展成一个新的国际毒品走私源地。由于这三个国家的国旗上均有弯月标志,故名。

练　习

判断正误:

1. 1991年至2000年为"禁毒十年",这是联合国特别会议决定的。(　　)

2. 为推进国际禁毒斗争,《北京宣言》提出了"区域合作、国家执行、社区行动、个人参与"的方针。(　　)

3. 许多国家通过签订双边、多边禁毒协议,从立法上确保国际禁毒合作。(　　)

4. 仅1995年,中国执法机关就破获毒品案件5.7万多起,抓获吸毒人员7.3万多人。(　　)

5. 在哥伦比亚政府的沉重打击下,"金三角"地区的大毒枭昆沙已向政府投降。(　　)

6. 南美的主要贩毒集团纷纷瓦解,那里已经没有贩毒罪恶活动了。(　　)

7. 尽管禁毒成绩显著,但世界上吸毒人数仍在很快上升。(　　)
8. "金新月"地区指的是贩毒猖獗的东南亚地区。(　　)
9. 从文中可以看出世界的三大毒源,两个在亚洲,一个在南美洲。(　　)
10. 文章认为,只要各国政府和人民齐心协力,人类终将能够铲除白色瘟疫。(　　)

第29课

课　文

世界屋脊的面纱渐渐揭开

林　英

编者按 国家攀登计划项目、中科院"八五"重大项目"青藏高原形成演化、环境变迁与生态系统研究"不久前通过验收。这表明,我国对青藏高原——这块与南北极并列称为世界第三极的科学研究工作已由第一期的考察、认识阶段,进入了深入系统的综合性科学研究阶段,并在不少方面取得了突破性进展。今天本报刊发通讯,以表达对不畏艰险作出这一贡献的科学家们的崇高敬意。

解开地球之谜的金钥匙

青藏高原总面积240万平方公里,平均海拔4000多米,被人们称做世界屋脊。这块全球独一无二的巨型构造地貌单元像一块通向天际的高台矗立在我国西部,多少年来一直是世界各地科学院、探险家乃至普通百姓关注、向往的地方。它是怎样形成的?那极高极冷的环境中有无动植物存活?那高耸入云的雪峰下面隐藏着什么?那广阔的高原草甸、陡峭的冰川峡谷对人类有何用途?高寒缺氧,人迹难至,使得这片高原愈加神秘难测。

然而,揭开青藏高原面纱的意义远非如此。科学家们告诉记者,对这片高原的研究关系到人类对地球的认识,对未来的预测。

科学考察已经证明,青藏高原本来是片海,是地球上不同的板块相互碰撞、抬挤、隆起形成了青藏高原。研究它形成的原因及过程,可以找到陆地板块运动和相互作用的规律。因而有人说,对青藏高原的研究是打开地球动力学之门的金钥匙。

青藏高原的隆起,改变了全球大气环流,使我国长江流域成为世界相同纬度中少有的亚热带湿润地区。它不仅给全球气候变化带来直接影响,还形成了全球气候变化最敏感的响应区,从它那长年不化的冰川里,人们可以找到地球几十万年来的气候环境变化规律。在对这块自然条件极其复杂特殊的高原的研究中,人类还能够充分认识大自然,探讨合理利用自然资源,实现可持续发展的规律。

从零开始到多学科综合科考

我国对青藏高原的科学考察始自50年代初,那时这片高原几乎处于科学的空白,甚至没有一张完整的地形图。从中央到地方的科学家们在极为艰苦的自然环境和客观条件下多次进入高原,进行了以路线调查和收集资料为主的区域性考察。限于条件,考察只能在小范围的局部地区进行,工作也时断时续。

1973年,中国科学院组建了青藏高原综合科学考察队,再次制定了长远科考规划。20多年来,考察队员的足迹几乎踏遍了青藏高原的山山水水。在与极度缺氧、冰雪严寒、劲风流石作顽强斗争的同时,科学家们在那些鲜为人知的不同地域里记述了200多种哺乳类动物、近70种鸟类、12000多种高等植物,其中有几十种动物和几百种高等植物是世界上从未发现过的新种。分布在高原上的几百条冰川是长江、黄河、印度河等10条世界级大河的源头,它们中间蕴藏着3亿多千瓦天然水能,等待着人类的开发利用,假如在南迦帕瓦峰脚下建一座水电站,其装机容量可达到三峡电站的3倍。高原上还储藏着丰富的钾、硼、锂等盐类以及铬、铜等矿产和地热资源,其储量堪称全国之最。最让人难以想象的是,这片高原上还生长着全国单产最高的麦类和硕大的蔬菜水果,是发展农业生产的宝地。

在这一阶段的考察中,科学家们获得积累了各有关学科、专业的大量宝贵资料,揭示了高原地质历史、地壳结构、环境变迁、大气环流、冰川冻土、生物和生态系统、自然地域分异等地上地下面貌,初步探索了它们的规律,并在此基础上编写了我国第一部关于青藏高原研究的科学专著《青藏高原科学考察丛书》,全书共计34卷1000多万字。

1993年,青藏高原的研究工作列入国家攀登计划和中科院"八五"重大项目。此项研究工作开始从单学科转向综合性研究,从静态转向动态研究,从区域性转向与全球变化相结合的研究;同时还开始了高原人口、资源、环境与可持续发展的综合性研究。在研究方法和手段上也更为先进和完备,传统的路线考察上升到结合遥感遥测开展宏观分析和微观论证;在面上考察的同时开展了定位试验观测,建立模拟实验区等。

经过200多名科学工作者的艰苦努力,我国青藏高原研究工作在高原岩石圈结构演化和地球动力学研究、环境变迁和气候变化趋势、生态系统结构功能、高原隆起对资源环境和人类活动的影响等方面取得多项成果和重大突破。科学家们首次取得了高原西部南北向长约600公里的综合地球物理剖面探测的大量数据和资料,揭示了该区岩石圈结构的基本特征,提出了青藏高原隆起的"叠加压扁热动力"模式。考察队打穿西昆仑山古里雅冰帽,获得了深达308米的冰芯,其底部年龄大于70万年,大大超过了南极和北极冰芯的记录,冰芯研究还取得了最近12.5万年高分辨率的气候记录。研究表明,青藏高原只是在近几十万年才强烈隆升,达到今天的高度。目前青藏高原仍处于加速上升过程中,喜马拉雅山正在以每年10毫米的速度上升;高原隆起改变了中国的大气环流格局,使西北地区出现了大规模戈壁沙漠,在以西北风为主的冬季风作用下,大量尘土被高空气流搬运到黄土高原地区沉降,在那里形成了厚达200—300米的黄土层……

我国科学工作者在青藏高原研究中取得的成绩不仅让全国人民感到惊叹、振奋,也引起了国际同行的瞩目。

更深层的奥秘等着我们去探寻,青藏高原研究进入了关键期和最佳期

从50年代初几名科学家随着解放军进入西藏考察,到今天拥有一支学科齐全、经验丰富、组织成熟的科研队伍,从填补科学空白到有多项研究成果,我国的青藏高原研究工作取得了突飞猛进的发展。但是正如国家攀登计划青藏高原研究项目首席科学家孙鸿烈所指出的,青藏高原的形成机理尚待进一步阐明,青藏高原对全球变化、对高原气候和环境变化趋势,对自身及周边地区的经济发展,有着广泛深刻的影响,需要继续深入揭示其规律,因此这里是当前国际地学、生物学界角逐竞争的重要场所。同时,揭示它的奥秘对探索矿产等各类资源的分布规律,合理开发利用高原资源,制定区域可持续发展战略等方面有着重要意义。

1995年,国家科委组织中科院、地矿部、气象局、地震局、测绘局和高校等单位的专家制定了今后15年青藏高原研究长远规划和"九五"计划,并成立了由科委副主任徐冠华担任组长的青藏高原专项研究部际协调领导小组,国家还将加大对青藏高原研究的投入和支持。在今后15年内,我们将在青藏高原岩石圈地球动力学、青藏高原与全球环境变化及青藏高原区域可持续发展等领域进行更高层次的研究。

正如一些中科院院士及多年从事青藏高原研究的专家在一次青藏高原研究学术年会上所说:我国青藏高原研究已进入了关键期和最佳期。

选自《光明日报》1997年4月3日

生　　词

1. 编者按	（名）	biānzhě'àn	报刊编辑人员对一篇文章或一条消息所加的意见、评论等。 editor's note
2. 验收	（动）	yànshōu	按照一定标准进行检验之后收下。 check and accept
3. 畏	（动）	wèi	害怕。 fear
4. 海拔	（名）	hǎibá	以海面做标准的高度。 height above sea level
5. 地貌	（名）	dìmào	地球表面的形态。 landforms
6. 单元	（名）	dānyuán	整体中自成系统的单位。 unit
7. 矗立	（动）	chùlì	高高地耸立着。 stand tall and upright
8. 草甸	（名）	cǎodiàn	长满野草的低湿地。 grassy marshland

9. 陡峭	（形）	dǒuqiào	（山势）坡度很大，直上直下。 precipitous
10. 板块	（名）	bǎnkuài	大地构造理论指由地质上的活动地带划分的岩石圈的构造单元。全球共分为六大板块，即欧亚板块、太平洋板块、美洲板块、非洲板块、印度洋板块和南极洲板块。 plate
11. 纬度	（名）	wěidù	地球表面南北距离的度数。 latitude
12. 亚热带	（名）	yàrèdài	热带和温带之间的过渡地带。 subtropical zone
13. 储藏	（动）	chǔcáng	蕴藏，蓄积而未显露。 deposit
14. 剖面	（名）	pōumiàn	物体切断后呈现出的表面。 section
15. 冰帽	（名）	bīngmào	山顶上冰雪形成的外层。 icecap
16. 冰芯	（名）	bīngxīn	从冰层中取出的柱状样本。 icicle specimen
17. 突飞猛进	（成）	tū fēi měng jìn	形容事业进展非常迅速。 advance by leaps and bounds
18. 机理	（名）	jīlǐ	机制。 mechanism

专　名

1. 中科院		Zhōngkēyuàn	机构名。中国科学院的简称。 short for "Chinese Academy of Sciences", name of an organization
2. 地矿部		Dìkuàngbù	机关名。地质矿产部的简称。 short for "Ministry of Geology and Mineral Resources", name of an organization
3. 气象局		Qìxiàngjú	有关气象方面的比较大的机构名。 National Meteorological Bureau, name of an organization
4. 地震局		Dìzhènjú	机构名。 State Seismological Bureau, name of an

| 5. 测绘局 | Cèhuìjú | organization
机构名。
State Bureau of Surveying and Mapping, name of an organization |

注　释

世界屋脊

　　指中国的青藏高原。青藏高原平均海拔在 4000 米以上,是世界上平均海拔最高的地方,故名。屋脊,指屋顶中间高起的部分。

报刊词语、句式示例

一、青藏高原的隆起,不仅给全球气候变化带来直接影响,还形成了全球气候变化最敏感的响应区。

　　"不仅……,还……"表示递进关系,说明后面的意思比前面更进一层。例如:

　　1. 法律理论水平不仅包括对法律本质和发展规律的认识,还包括对法律价值的认识和对权利与义务的认识。

　　2. 中国农业生产必须走产业化的道路,即不仅只是提供初级原料,还要进行产供销一条龙的产业化生产。

　　3. 女性对男性的期待不仅是"事业心强",还要求对方"有家庭责任感"、"忠厚老实"。

二、从 50 年代初几名科学家随着解放军进入西藏考察,到今天拥有一支学科齐全、经验丰富、组织成熟的科研队伍,从填补科学空白到有多项研究成果,我国的青藏高原研究工作取得了突飞猛进的发展。

　　"从……到……"结构不仅跟时间词、方位词等一起表示时间与处所(如"从早到晚"、"从星期一到星期五"、"从南到北"、"从北京到上海"),而且可以跟名词、动词、短语或小句组合,表示范围或过程。例如:

　　1. 正如乡镇企业是农民的创造一样,合作住宅是城市居民的创造,从公建私住、自建公助到民建公助,住宅合作社探索出了符合我国国情、民情的居民自己解决住房问题的可行办法。

　　2. 从一个默默无闻的小厂发展到现代化的大型企业,其间的艰难困苦是可想而知的。

　　3. 从违法犯罪、祸害他人,到见义勇为、奋不顾身,这些迷途知返的未成年犯用实际行动,重塑自己的人生。

　　4. 我国的核电业从无到有,自行设计建造的秦山核电站,与国外合作建造的大亚湾核电站先后并网发电。

三、正如一些中科院院士及专家在一次青藏高原研究会上所说:我国青藏高原研究已进入了关键期和最佳期。

"正如……所说"是作为引用时的一种常用句式。"所说"是"所+动词"的一种,也常用"所指出"、"所强调"等。例如:

1. 正如青藏高原研究项目首席科学家孙鸿烈所指出的,青藏高原的形成机理尚待进一步阐明,青藏高原对全球变化有着广泛深刻的影响,需要继续深入揭示其规律,因此这里是当前国际地学、生物学界角逐竞争的重要场所。

2. 建立经济特区是中国改革开放的一大举措,正如邓小平所说:"深圳的发展和经验证明,我们建立经济特区的政策是正确的"。

3. 联合国的改革必须顾及全体成员国的利益,正如中国常驻联合国代表所强调的,联合国的改革必须体现民主、公正、客观和平衡的原则。

练 习

一、选词填空:

1. 国家攀登计划项目、中科院"八五"重大项目"青藏高原形成演化、环境变迁与生态系统研究"不久前通过____。(考验　验收)

2. 今天本报刊发通讯,____表达对不畏艰险作出这一贡献的科学家们的崇高敬意。(以　为了)

3. 科学家们告诉记者,对这片高原的研究关系到人类对地球的认识,对未来的____。(计算　预测)

4. 科学考察已经____,青藏高原本来是片海,是地球上不同的板块相互碰撞、抬挤、隆起形成了青藏高原。(证明　阐明)

5. 从它那长年不化的冰川里,人们可以找到地球几十万年来的气候环境变化____。(规则　规律)

6. 高原上还____着丰富的钾、硼、锂等盐类以及铬、铜等矿产和地热资源,其储量堪称全国之最。(储藏　隐藏)

7. 研究表明,青藏高原只是在近几十万年才强烈隆升,____今天的高度。(达成　达到)

8. 在以西北风为主的冬季风作用下,大量尘土被高空气流搬运到黄土高原地区沉降,在那里____了厚达200—300米的黄土层。(组成　形成)

9. 我国科学工作者在青藏高原研究中取得的成绩不仅让全国人民感到惊叹、振奋,也引起了国际同行的____。(瞩目　注目)

10. 在今后15年内,我们将在青藏高原岩石圈地球动力学、青藏高原与全球环境变化及青藏高原区域可持续发展等____进行更高层次的研究。(领域　领土)

二、解释句中划线的词语:

1. 我国对青藏高原——这块与南北极并列称为世界第三极的科学研究工作已由第一期的考察、认识阶段,进入了深入系统的综合性科学研究阶段,并在不少方面取得了<u>突破性</u>

进展。

2. 青藏高原总面积240万平方公里,平均海拔4000多米,被人们称做世界屋脊。

3. 有人说,对青藏高原的研究是打开地球动力学之门的金钥匙。

4. 在对这块自然条件极其复杂特殊的高原的研究中,人类还能够充分认识大自然,探讨合理利用自然资源,实现可持续发展的规律。

5. 我国对青藏高原的科学考察始自50年代初,那时这片高原几乎处于科学的空白,甚至没有一张完整的地形图。

6. 限于条件,考察只能在小范围的局部地区进行,工作也时断时续。

7. 最让人难以想象的是,这片高原上还生长着全国单产最高的麦类和硕大的蔬菜水果,是发展农业生产的宝地。

8. 从50年代初几名科学家随着解放军进入西藏考察,到今天拥有一支学科齐全、经验丰富、组织成熟的科研队伍,从填补科学空白到有多项研究成果,我国的青藏高原研究工作取得了突飞猛进的发展。

9. 1995年,国家科委组织中科院、地矿部、气象局、地震局、测绘局和高校等单位的专家制定了今后15年青藏高原研究长远规划和"九五"计划。

10. 我国青藏高原研究已进入了关键期和最佳期。

三、根据语境选择一组最恰当的词语填空:

1. 这块全球_____的巨型构造地貌单元像一块通向天际的高台_____在我国西部,多少年来_____是世界各地科学家、探险家_____普通百姓关注、向往的地方。

  A. 独一无二 矗立 一直 乃至
  B. 绝无仅有 耸立 始终 甚至
  C. 举世无双 屹立 永远 以至
  D. 别无选择 挺立 常年 乃至

2. 从中央_____地方的科学家们在_____艰苦的自然环境和_____条件下多次进入高原,进行了以路线调查和收集资料为主的_____考察。

  A. 在 非常 主观 局部性
  B. 到 极为 客观 区域性
  C. 向 特别 宏观 片面性
  D. 于 尤其 微观 单向性

3. 1973年,中国科学院_____了青藏高原综合科学考察队,再次_____了长远科考规划。20多年来,考察队员的足迹_____踏遍了青藏高原的山山水水。

  A. 组织 制造 大概
  B. 组成 制作 也许
  C. 组建 制定 几乎

D.组合　　制裁　　可能

4.分布在高原上的几百条冰川是长江、黄河、印度河等10条世界级大河的_____，它们中间_____着3亿多千瓦天然水能,等待着人类的_____利用。
　　A.开始　　埋藏　　开拓
　　B.先兆　　保藏　　开掘
　　C.征候　　储藏　　开采
　　D.源头　　蕴藏　　开发

5.在这一阶段的_____中,科学家们获得了各有关学科、专业的大量宝贵_____,揭示了高原地质历史、地壳结构、环境变迁、大气环流、冰川冻土、生物和生态系统、自然地域分异等地上地下_____,初步探索了它们的_____。
　　A.考察　　资料　　面貌　　规律
　　B.觉察　　原料　　形态　　规定
　　C.观察　　材料　　状况　　规则
　　D.检察　　史料　　局面　　规章

6.1993年,青藏高原的研究工作_____国家攀登计划和中科院"八五"重大项目。此项研究工作开始从单学科转向_____研究,从静态转向_____研究,从区域性转向_____全球变化相结合的研究;_____还开始了高原人口、资源、环境与可持续发展的综合性研究。
　　A.进入　　全面性　　流动　　跟　　同样
　　B.列入　　综合性　　动态　　与　　同时
　　C.步入　　全局性　　双向　　同　　同期
　　D.介入　　多元性　　相互　　和　　同步

7.目前青藏高原仍处于加速上升的_____中,喜马拉雅山正在_____每年10毫米的速度上升;高原隆起改变了中国的大气环流_____,使西北地区出现了_____戈壁沙漠。
　　A.状态　　使　　态势　　大地域
　　B.情景　　让　　状况　　大面积
　　C.过程　　以　　格局　　大规模
　　D.面貌　　用　　局面　　大范围

8.青藏高原对全球变化、对高原_____和环境变化_____,对自身及_____地区的经济发展,有着广泛深刻的_____,需要继续深入_____其规律。
　　A.地理　　形势　　所有　　作用　　研究
　　B.资源　　局势　　全部　　压力　　探讨

183

C. 面貌　　走势　　周围　　帮助　　发现
D. 气候　　趋势　　周边　　影响　　揭示

四、判断正误：
1. 人们至今不太了解青藏高原的奥秘是因为人们对那里不感兴趣。（　）
2. 研究青藏高原对人类预测未来有着极为重要的意义。（　）
3. 青藏高原是地球板块不断碰撞、抬挤、隆起而形成的。（　）
4. 青藏高原的形成对全球气候产生了巨大的影响。（　）
5. 中国对青藏高原的科学考察是在改革开放以后从零开始的。（　）
6. 1973年以前，中国对青藏高原的考察不是全面的、持续的。（　）
7. 到目前为止，中国科学家已记述了青藏高原上12000多种生物的情况。（　）
8. 为了利用天然水能，中国已在南迦帕瓦峰脚下建造了一座水电站。（　）
9. 青藏高原地热资源储量在中国占第一位。（　）
10.《青藏高原科学考察丛书》是中国第一部研究青藏高原的科学专著。（　）
11. 90年代以来，青藏高原的研究工作在方法和手段上更为先进和完备，但并未取得重大成果。（　）
12. 黄土高原的黄土层是天长日久由岩石风化而形成的。（　）
13. 50年代初中国已有一支学科齐全、经验丰富、组织成熟的科研队伍。（　）
14. 1996至2010年是中国对青藏高原进行科学考察和研究的关键期和最佳期。（　）

五、回答问题：
1. 这篇文章编者按的意思是什么？
2. 为什么说青藏高原既是人们向往的地方，也是人们难以到达的地方？
3. 为什么说对青藏高原的研究是打开地球动力学之门的金钥匙？
4. 中国是什么时候开始对青藏高原进行科学考察的？那时的情况怎样？
5. 简述从70年代初到90年代初中国对青藏高原进行科学考察的情况。
6. 进入90年代以后，中国对青藏高原的研究工作有哪些进展？
7. 到目前为止，中国对青藏高原的研究取得了哪些成绩？
8. 继续对青藏高原进行科学考察有什么重要意义？
9. 1995年中国关于青藏高原研究制定了什么计划？
10. 谈谈你们国家对某一地区进行科学考察的情况。

六、快速阅读：(限时3分钟)

灵感来自消费者

黎殿春

发现是发明的先导。善于从消费者的意见中去"发现",这是许多企业开发新产品成功率高的决窍之一。

以电冰箱为例。日本三洋公司的电冰箱曾一度滞销,开发部部长为探究其原因,召集了几十名家庭主妇到公司征求意见。有一位妇女说:"现在的冰箱都是单门的,每次打开冰箱取食物时,冰箱冷气大量往外跑,很可惜。要是能将冰箱的外门制成上下两半,取东西时只需打开所需的那一半,就一定能节省很多冷气,大家肯定很欢迎。"部长根据这一条意见,立即组织人员进行研究、设计,没隔多久,"三洋双门冰箱"便问世了,成为饮誉全球的新产品。

无独有偶。有一次,安徽美菱股份有限公司总经理到北京出差,在一家商场看见一位小伙子摸着"美菱"冰箱自言自语道:"这冰箱好倒是好,就是冷冻室太小了。"总经理听到此话如获至宝,回厂后马上组织力量攻关,很快开发推出了181型大冷冻室冰箱,投放市场后十分热销。

由上可见,消费者的意见就是市场信息、产品信息,谁善于发现它,谁就能在产品上有所发明创新,从而以适销对路的新品赢得顾客,赢得竞争。但令人遗憾的是,时下有不少企业在开发产品中,不是注重从消费者的意见中去发现市场需求,而是"闭门造车",这样开发出来的"新产品",往往十有八九是失败的。

产品上的发明创新,是企业求发展的关键。而成功的发明创新,又取决于成功的发现。所以,一个企业要在日趋激烈的市场竞争中立于不败,就须长一双"慧眼",善于从消费者的意见中去发现新产品。

选自《经济日报》1997年2月1日

问题:

电冰箱设计上的哪些创新是来自消费者的启发?

阅读（一）

人类：回望的觉醒
海洋：蓝色的力量

《北京青年报》记者

1996年11月15日，第24届世界海洋和平大会在北京召开。来自中国、加拿大、美国、日本等20多个国家和地区的150多位社会活动家、法学家、海洋学家，围绕本届会议的主题——海洋管理与21世纪，就全球海洋面临的法律、资源和管理等议题展开全面讨论。

我们的祖国，既是一个大陆国家，又是一个海洋国家。我国的东南两面为海洋所环抱，具有广阔的管辖海域。大陆海岸线18000多公里，6500多个岛屿的岸线长14000多公里，总计岸线长达32000多公里；拥有12海里领海权的海域面积37万平方公里，200海里专属经济区内的管辖海域面积300万平方公里。这片辽阔海疆蕴藏的丰富资源，是中华民族未来赖以生存和发展的重要国土基础。据预测，我国海域石油储量约400亿吨，天然气约14万亿立方米，其中近海油气资源量约占全国的1/3，已探明的储量为5亿吨，目前年开采量仅为1000万吨左右，潜力很大。开发国际海底和公海资源的潜力更大。中国是世界上人口最多的国家，最有权利利用这些世界共有的资源。

开发广阔富饶的海洋，对于中华民族的繁荣昌盛具有重要的战略意义。从历史上看，凡是海洋事业发展得比较好的国家，都成为发达国家。1492年，哥伦布从西班牙出海，发现美洲大陆，结果是带来了西班牙200年的繁荣，后来，荷兰海洋事业发展起来，称雄一时。18世纪以后，英国发展海上运输船队，建立强大海军，号称"日不落帝国"。我国的秦汉、隋唐时期，海洋渔业、海水制盐业和航海事业都比较发达。三国时的孙权就是大规模航海的倡导者，拥有规模很大的海船队。明代，我国的航海事业发展到高峰，创造了世界航海史上的奇迹。公元1405至1433年，三保太监郑和率领当时世界上规模最大的远洋船队，7次往返于太平洋和印度洋之间，每次出动一二百艘船只，两万多人，航程10余万里，访问了30多个国家，发展了海上交通和通商贸易，当时的永乐年间，成为明朝最鼎盛时期。

清朝建立初期，由于东南沿海反清斗争频繁出现，清朝统治者开始实行海禁政策。政府派遣官吏封锁海域，不准寸板下海，宣布出洋者是"自弃王化"一律杀头。同时，严禁外国商人和商品进入。1683年，清王朝收复台湾后，曾一度开放海禁，但仍然不准大船出海。这种海禁政策,严重阻碍了我国商品经济的发展和中外文化的交流,也阻碍了我国近代海洋事业的发展。

历史发展到今天,我们已进入了本世纪的最后5年,即将跨入被人们称之为"海洋揩发新时代"的21世纪。

从世界范围看,国际社会对海洋越来越普遍关注。1991年第45届联合国大会通过决议,号召各国把海洋开发与保护作为国家的发展战略;1992年世界环境与发展大会通过的《21世纪议程》,把海洋列为实施可持续发展战略的重点领域;1994年11月16日《联合国海洋法公约》生效;1994年第49届联合国大会决定把1998年作为国际海洋年。近些年来,世界海洋经济产值平均每年的均长速度约为11%,世界主要海洋产业如海洋渔业、海洋交通运输业、滨海旅游业、海洋油气业等,都有长足发展。一些新兴海洋产业如潜水技术产业、海洋电子产业、海水淡化产业等已初具规模。海洋生物技术、深海采矿技术等高新技术产业也呈现出迅速发展的势头。所有这些,都为我国海洋事业的大发展创造了良好的国际环境条件。

从国内看,全国上下更加重视海洋事业。国务院已批准将我国大陆架和专属经济区勘测任务列为专项,并决定将海洋高技术正式作为国家"863"计划的一个新的研究领域。

据统计,1994年我国主要海洋产业的产值达到1707亿元,1995年已达2200多亿元。进入90年代以来,我国海洋产业产值平均每年以22.24%的速度增长,沿海地区以占全国13%的土地面积,养活了全国40%的人口,创造了60%的国民生产总值。这不能不说明海洋区位优势的极端重要性。沿海经济的发展,沿海地区经济实力的增强和人民生活水平的提高,愈来愈倚重海洋,也愈来愈明显地推动着我国海洋事业的大发展。

今年5月15日,我国政府批准了《联合国海洋法公约》,为中国海洋事业的大发展提供了更加广阔的天地,《公约》所确立的国际海洋制度,标志着全面开发海洋和管理海洋新时代的到来。

海洋是人类赖以生存的重要基本条件之一,是人类社会可持续发展的重要支撑和宝贵财富。人类解决当前资源短缺、人口膨胀、环境恶化的重要出路之一在海洋。在解决我国人口增长所带来的食物、能源以及环境的压力方面,海洋将发挥愈来愈大的作用。开发利用海洋,对我国经济和社会发展,特别是对我国在下个世纪实现国民经济发展第三步战略目标,有着十分重要的意义。因此,在今后一个时期,我国确立了以下五项战略任务:一要坚决维护国家海洋权益;二要直接为发展海洋产业作贡献;三要保证海洋资源的合理开发利用;四要科学地保护好海洋环境;五要预防和减轻海洋灾害。在"九五"期间,海洋工作的任务是具体而繁重的,需要着力组织实施六大工程,即:推出一部海洋管理法规,壮大一支海洋执法队伍,完善一个海洋灾害预警预报系统,抓好一批"科技兴海"典型试验示范区域,发射一颗海洋水色卫星,宣传一个'98国际海洋年。

因此,我国迫切需要海洋人才的培养。首先,要用好现有海洋人才队伍,充分发挥其作用,并加强对他们的培训、在职教育工作。同时,下气力培养适应社会发展要求的新型人才。

当前,人们对海洋的认识还远远不够,全社会都需要树立4种意识:全民海洋意识、海洋国土意识、海洋环保意识、海洋资产意识。因此,要大力宣传海洋国情和海洋战线的多项战略任务,唤起全社会对海洋工作的更大关注和支持,提高公民的海洋意识。全体国民都应了解和认识到:我国不但拥有960万平方公里的陆地领土,还拥有约300万平方公里的管辖海域。海洋,是我们蓝色的国土。

选自《北京青年报》1996年11月21日

生　　词

1. 环抱	（动）	huánbào	环绕、包围。 surround; encircle	
2. 称雄	（动）	chēngxióng	凭借武力或特殊势力而统治一方。 hold sway over a region	
3. 鼎盛	（形）	dǐngshèng	正当兴盛或强壮。 in a period of great prosperity	
4. 海禁	（名）	hǎijìn	指禁止外国人到中国沿海通商和中国人到海外经商的禁令。明清两代都有过这种禁令。 ban on maritime trade or intercourse with foreign countries（as during the Ming and Qing dynasties）	
5. 官吏	（名）	guānlì	旧时政府工作人员的总称。 government officials	
6. 长足	（形）	chángzú	形容进展迅速。 by leaps and bounds	
7. 潜水	（动）	qiánshuǐ	在水面以下活动。 dive	
8. 大陆架	（名）	dàlùjià	大陆伸向海洋的缓坡。 continental shelf	
9. 勘测	（动）	kāncè	进行实地调查和测量。 survey	
10. 繁重	（形）	fánzhòng	繁杂而沉重的。 heavy; strenuous	

练　　习

选择正确答案:

1. 参加1996年11月15日在北京召开的世界海洋和平大会的国家和地区有——

A.24

B.20 多个

C.150 多个

D.21 个

2．中国既是一个大陆国家,又是一个海洋国家,海岸线总长度为——
   A.18000 多公里
   B.14000 多公里
   C.32000 多公里
   D.64000 多公里

3．中国海域石油储量极为丰富,据推测共有——
   A.400 亿吨
   B.14 万亿立方米
   C.5 亿吨
   D.1000 万吨

4．历史上海洋渔业、海水制盐业和航海事业都比较发达的国家是——
   A．西班牙
   B．荷兰
   C．英国
   D．中国

5．根据联合国大会的决定,作为国际海洋年的年度是——
   A.1991 年
   B.1992 年
   C.1994 年
   D.1998 年

6．下列哪一种产业不是新兴的海洋产业?
   A．海洋油气业
   B．潜水技术产业
   C．海洋电子产业
   D．海水淡化产业

7．中国 90 年代以来海洋产业产值平均每年的增长速度是——
   A.22.24%
   B.13%

C.40%
D.60%

8. 下列哪一个问题不是发展海洋事业所能解决的?
   A. 资源短缺
   B. 人口膨胀
   C. 环境恶化
   D. 技术落后

9. 中国在今后一个时期开发利用海洋的战略任务共有——
   A. 一项
   B. 三项
   C. 五项
   D. 六项

10. "我国不但拥有960万平方公里的陆地领土,还拥有约300万平方公里的管辖海域"这一内容属于——
    A. 全民海洋意识
    B. 海洋国土意识
    C. 海洋环保意识
    D. 海洋资产意识

阅 读（二）

话 说 地 震 预 报

张 翼

地震前几小时、几天或几个月内,科学家能否发出比较精确的预报?本世纪80年代中后期以来,地震灾害频仍,这个世界性的难题也日益受到关注。

事实证明,在地震活动的时间轴上一个新的活动高潮期已经来临。1988年12月7

日,亚美尼亚大地震,2.5万人丧生;1990年6月21日,伊朗7.3级大地震,5万人丧生;1993年印度大地震,近3万人丧生;1994年洛杉矶大地震,经济损失200亿美元;1995年日本阪神7.2级地震,5488人丧生,直接经济损失9.9万亿日元。在我国,1994年到1996年的三年间则发生了四次7级以上的大地震。

大地震,彻底打破了人们生活的平静、内心的平衡。在地震学界,科学家们则经历了另一场震撼心灵的"大地震"。1995年阪神地震后,日本主持地震预测工作的教授因震前未提供任何信息而引咎辞职。地震两天后,1月19日,美国南加州地震中心科研部主任戴维·杰克逊即发表看法,提出地震无法预报的观点。一场由来已久的关于地震预报是否可能的争论空前激烈。今年3月14日出版的《科学》杂志上,戴维·杰克逊和他的几位同事联合发表《地震无法预测》的文章,将他在阪神地震后提出的观点进行了系统理论化的阐述。而同期《洛杉矶时报》记者肯尼斯·雷克的报道则代表了另一种观点:在1996年美国地球物理学会年会上,科学家们对地震预报持乐观态度。

根据地震学家的分析,新的地震活跃期将持续到下个世纪,而后半期地震活动往往高于前半期,有可能发生多次7级以上地震。在不容回避的灾害面前,人们渴望一个回答:地震预报到底能给我们什么?

国家地震局副局长何永年近日在接受记者采访时说,中国科学家从1966年邢台地震后对地震预报一直进行着艰苦的探索,30多年的实践经验证明,武断地说地震不能预报是不对的,不符合客观事实。1975年,我国科学家对辽宁海城大地震的成功预报已成为世界地震预报的成功范例;1995年6月30日至7月12日期间,对云南孟连中缅边境连续发生的5.6级、6.2级和7.3级强烈地震作出的中短期预报和临震跟踪预报,为各级政府采取相应措施提供了有力依据。据统计,唐山地震以后的20年中,我国地震部门先后对10次6级以上破坏性地震进行了成功的预报,取得了社会公认的减灾实效。这些成功的取得,并非偶然。

在世界地震预报学领域,中国是一个不能忽视的声音。国家地震局分析预报中心副主任张国民说,目前,除了日本有与社会防灾体制相结合的地区性地震监视体制外,其他国家的地震预报都是纯科研性质的。我国是唯一将地震预报作为神圣的社会责任沉甸甸地背起来的国家。中国是世界上内陆地震最多的国家之一,也是世界上遭受地震灾害最严重的国家之一。本世纪以来,我国共有29个省、自治区、直辖市发生过6级以上地震近600次,中国地震活动具有频度高、强度大、震源浅及分布广等特点,因此震灾十分严重。1966年邢台地震发生后,周总理极为关切,三次去大震现场,当时许多参加过解放战争的高级领导,面对地震造成的惨景痛心不已,说三大战役中最大的淮海战役的中心也没有像震中地带这样被破坏得荡然无存。从那以后,中国政府决心建立起自己的地震预报体系,将这项艰巨的工作承担起来。

要预报,首先要观测,把地球内部的微小变化测出来。从邢台地震的经验中,地震学家发现大震前先有小震活动,于是着手在全国建立许多台网,从观测小的地震活动开始。经过30多年努力,国家地震局已在全国建立了一个覆盖全国的庞大地震监测网,有各类有人值守地震及前兆观测台站700多个,27个遥测台,部分已实现了数字化,包括观测地下水各种化学变化和地壳内磁场、电场、重力场等内容的1700多个观察项点。一批高科技手段如全球定位系统(GPS)、卫星遥感技术也已用于地震监测和预报。

张国民说,目前我国地震预报学家已取

得120多次五级以上地震现场震例,其中七级以上的近20次,为总结地震的规律,为地震预报的判断依据指标提供了科学的依据,这是世界上任何国家都没有的。在这个基础上,总结了很多预报的经验,经过"六五"、"七五"、"八五"三个五年计划期间的不断提炼,揭示出地震孕育过程中不同阶段出现的地震前兆的标志,1990年制定了《中国地震预报方法指南》,将地震预报的方法、判断、指标系统地进行整理,作为地震预报中最基本的科学途径和方法。

但是,预报地震的难度在于地震的类型很多,而且表现不都是很典型的。在辽宁海城地震成功预报一年后,使24万人丧生的唐山大地震就因与海城地震表现反差极大而未能及时预报,这也充分说明,地震预报作为世界性的科学难题,依然处于摸索阶段。张国民认为,目前我们可以说,在某些有利的条件下对某种类型的地震有作出一定程度预报的可能,这些有利条件包括当地监测台网非常密集,将震源罩在里边;震例资料、地壳结构、危险性等资料积累得较多;从事工作的科研人员有较强的事业心和分析判断力等等。

"尽管如此,中国科学家探索地震预报的决心是不会动摇的。"何永年说,"国家地震局系统有一支15000多人的地震工作专业队伍,这其中有许多兢兢业业、默默无闻工作,立志将自己的一生奉献给地震预报事业的优秀专业人士,他们是中国地震预报事业的希望。"据了解,"九五"期间,国家还将投资1亿元,将49个地震观测台站用国产数字化设备进行装备,中国地震预报将逐步从经验型判定向物理型判定迈进。

选自《光明日报》1997年4月8日

生　　词

1.	频仍	（形）	pínréng	连续不断(多用于坏的方面)。frequent
2.	引咎	（动）	yǐnjiù	把过失归在自己身上。take the blame
3.	武断	（形）	wǔduàn	只凭主观作出判断。arbitrary; subjective assertion
4.	范例	（名）	fànlì	可以当做典范的事例。example; model
5.	神圣	（形）	shénshèng	极其崇高而庄严的。sacred; holy
6.	沉甸甸	（形）	chéndiāndiān	形容十分沉重。heavy
7.	频度	（名）	píndù	指某事物在一定时间、一定范围内重复出现的次数。

8. 震源	（名）	zhènyuán	地球内部发生地震的地方。 frequency; rate of recurrence focus (of an earthquake)	
9. 荡然无存		dàngrán wú cún	完全不存在。 nothing left	
10. 前兆	（名）	qiánzhào	某些事物将要出现的征兆。 omen; forewarning	
11. 地壳	（名）	dìqiào	由岩石构成的地球外壳。 the earth's crust	
12. 磁场	（名）	cíchǎng	传递物体间磁力作用的场。 magnetic field	
13. 电场	（名）	diànchǎng	传递电荷间相互作用的场。 electric field	
14. 重力场	（名）	zhònglìchǎng	传递天体间吸引力的场。 gravitational field	
15. 提炼	（动）	tíliàn	指从许多东西中选出最有价值的。 abstract; refine	

练 习

回答问题：
1. 为什么地震预报日益受到关注？
2. 1998年以来，在哪一次大地震中丧生的人最多？
3. 中国1994至1996年共发生过几次7级以上的大地震？
4. 为什么说科学家们经历了一场震撼心灵的大地震？
5. 在关于地震预报是否可能的争论中，戴维·杰克逊和肯尼斯·雷克各代表什么观点？
6. 中国科学家对地震预报持什么态度？
7. 中国在地震预报方面取得了什么成果？
8. 中国的地震预报和其它国家有什么不一样？
9. 中国地震活动的特点是什么？
10. 中国是怎样开展地震预报工作的？
11. 中国进行地震预报的有利条件是什么？
12. "九五"期间中国的地震预报将取得什么进展？

第30课

课文

牢记人民嘱托
——为『星火计划』十周年而作

宋健

党中央、国务院批准实施"星火计划"已经整整十周年了。回顾十年的光辉历程，我们更加深刻地认识到党中央、国务院当初的英明和远见卓识。"星火计划"的宗旨是把科技星火洒向广大农村，引导农民学习应用新的科学技术改变落后的生产方式，依靠科技进步振兴农村经济，实现从古老的自然经济向农业现代化的转变。十年来，共实施了66700多个项目，覆盖了全国85%的县市，培育了217个区域性支柱产业，批准建设星火密集区达127个，培训了3697万名农村适用技术人才，培养和造就了一代星火企业家和星火带头人，开发了一大批在国内外市场具有较强竞争力的名牌产品。培育了一批产值超亿元，利税上千万元的企业或企业集团。亿万农民的科技意识和学科学、用科学的能力显著增强，学科学、用科学、靠科学日益成为亿万人民的自觉行动。广大科技界的经济意识及驾驭现代经济发展的能力明显提高。开辟了一条科技与经济结合的成功之路，探索了一条适合中国国情的农业现代化道路。星火计划以其强有力的示范、引导和辐射作用，在全国已形成燎原之势。其成就和经验，不仅对我国农业发展产生了巨大的现实作用，而且对未来农业的发展也具有深远的影响。不仅对中国农业的发展产生巨大的推动作用，也将对广大第三世界国家农业发展起到示范作用。一些国际组织的官员称中国的星火计划也是世界的星火计划。李鹏总理五年前就称赞"星火计划成果有目共睹，有口皆碑"。

"星火计划"十年来的显著成就，归功于党中央、国务院的英明领导和亲切关怀，蕴含着广大科技人员和管理工作者十年来的心血和汗水。百余万的科技工作者响应党的号召，遵照人民的嘱托，满怀对人民的热爱，深入农村第一线传播技术，提供服务，创办乡镇企业，为了攻克各种技术难关，夜以继日，艰苦奋斗，废寝忘食。有的同志积劳成疾，甚至献出了宝贵的生命。河北农大十年前就组织科技进山，为太行山人民送去了科技，也送去了一片深情。在创造物质文明的同时，也树立了精神文明的榜样。河北农大的老师们令人尊敬。他们是投身于农村建设的百万科技人员的优秀代表。星火计划实施十年来，科技界以对祖国、对人民的无限热忱，不畏艰难的奋斗精神谱写了科技与经济结合的新篇章,赢得了亿万人民的爱戴和尊重,树立了科技界的一代风范。星火计划的实施,得到了各有关部门、群众团体、民主党派及社会各界的大力支持和积极参与,我们对为实施星火计划作出贡献的广大科技人员、管理工作者及社会各界人士致以崇高的敬意。

中华民族以勤劳、勇敢著称。早在秦汉时期,我国的传统农业技术曾处于世界领先水平。郑和几下西洋标志着中国的造船、航海技术领先于世界。火药、指南针、造纸、印刷术等重大发明为人类文明做出了巨大的贡献。然而,由于社会、历史等多种原因,我们落后了。一些国家已成为发达的工业化国家,我国至今还是一个传统的农业大国。尽管人民辛勤劳作,但劳动生产率仅为农业先进国家的十分之一,甚至百分之一。把科学技术送到农村,武装广大农民,引导亿万农民学会干活,学会以现代的生产、生活方式从事劳动,安排生活,较大幅度地提高劳动生产率,彻底摆脱贫困,这是我们面临的一项紧迫而长期的战略性任务,是亿万农民的嘱托,是广大科技工作者最神圣的职责。

今后十几年,是我国社会主义现代化建设非常关键的时期。八届人大第四次会议批准的《国民经济和社会发展"九五"计划和2010年远景目标纲要》,描绘了未来15年我国社会主义现代化建设的宏伟蓝图。实现这个宏伟计划,实施科教兴国战略,可持续发展战略,实现两个根本性转变,都需要科学技术强有力的支持。科技界承担着光荣的责任,农村科技界的任务尤为艰巨。发展规模经济,实现农业产业化,加速乡镇企业科技进步,缩小东西部差距,消灭贫困,改善生态环境等等,都需要农村科技作出有力度的贡献。新的时期,"星火计划"面临新的任务,奔向更高的目标,方兴未艾,任重道远。未来一段时期,必须特别抓好以下几方面的工作。

第一,为农业产业化和规模经营作好示范引导。我国大部分农村产业结构还很单一,资源利用率不高,产品粗放,技术含量少。因此,星火计划要大力向农村推广新技术,发展新产业,通过农业产业化促进农产品及其它资源的深加工,提高产品的技术附加值,增加农民的收入,增加地方政府的税收。

第二,依靠科技进步加速乡镇企业经济增长方式的转变。依靠科技发展乡镇企业,这是中国农村人民的伟大创举。邓小平同志称其为"意想不到的最大收获"。江泽民同志说,这是中国农民又一伟大创造,是一项带有革命性改革,具有深远意义。李鹏总理批示,这是建设有中国特色社会主义的重要组成部分,是农业现代化的必由之路。经过十几年的探索,我国乡镇企业取得了突飞猛进的发展,1995年国内生产总值已达14595亿元,成为国民经济的重要组成部分。但很多乡镇企业仍是粗放经营,技术和管理水平落后,规模小,产品质量差,不少是高能耗、高污染的企业。乡镇企业经济增长方式的转变,是整个国民经济增长方式的最重要领域之一。星火计划实施十年以来,始终把促进乡镇企业科技进步作为主要任务,80%的项目面向乡镇企业。今后仍应把加速乡镇企业的实现两个根本性转变放在突出位置。

第三,加强科教扶贫工作,为2000年基本消除贫困作出贡献。我国还有6500多万农村人口尚未解决温饱问题,大部分生活在自然生态条件比较差的地区。党中央、国务院十分关怀贫困地区的人民。"星火计划"要继续向中西部倾斜,向老、少、边、穷地区倾斜,采取切实措施,帮助贫困地区人民依靠科技,脱贫致富。

第四,提高广大农民的科学文化素质,促进农村精神文明建设。农业和农村经济的腾飞,实现农村现代化,归根结底,取决于广大农民科学文化素质的提高。"星火计划"前十年取得成功的重要原因之一,是在重视对广大农民技术培训的同时强化了农民的科技意识,促进农民科技素质的全面提高。今后要继续把农村科学技术知识的普及与科技意识的提高作为一项长期的任务,常抓不懈。要采用多种形式,从广大农民、退伍军人、回乡知识青年、妇女中培训人才,造就一支宏大的、土生土长的农民技术队伍、企业家队伍,使他们成为农村经济建设的骨干力量。

人民是创造历史的动力,科学技术是第一生产力,迅速地把先进适用的科学技术送到亿万人民手中,是我们的神圣职责。广大科技界要再接再厉,坚持不懈地努力奋斗,让科技之星火燎原华夏大地,使我们所敬爱的人民享受到现代化文明,告别古老落后的生产和生活方式,学会现代化生产,发展市场经济,摆脱贫困,实现小康。人民需要星火,星火属于人民,我们要时刻牢记人民的嘱托,把我们掌握的最新知识、最适用的技术,无私地奉献给哺育我们的亿万人民。

选自《人民日报》1996年9月25日

生　　词

1. 嘱托	(动)	zhǔtuō	嘱咐、委托(别人办事)。 entrust
2. 英明	(形)	yīngmíng	卓越而明智。 wise
3. 远见	(名)	yuǎnjiàn	远大的眼光。 foresight
4. 卓识	(名)	zhuōshí	卓越的见识。 judicious judgment
5. 自然经济		zìrán jīngjì	只为生产者本身或经济单位的需要而进行生产的经济,即自给自足的经济。 natural economy
6. 驾驭	(动)	jiàyù	驾驶;使服从自己的意志而行动。 control
7. 有目共睹	(成)	yǒu mù gòng dǔ	人人都看得见,很明显。 be obvious to anyone who has eyes
8. 有口皆碑	(成)	yǒu kǒu jiē bēi	比喻人人称赞。 win universal praise
9. 蕴含	(动)	yùnhán	包含。 contain
10. 第一线	(名)	dìyīxiàn	最前沿的地方。比喻从事直接生产劳动和工作的岗位。 forefront

11. 攻克	（动）	gōngkè	战胜；攻下（据点）。 capture; take
12. 夜以继日	（成）	yè yǐ jì rì	日夜不停。 day and night
13. 废寝忘食	（成）	fèi qǐn wàng shí	专心一意做某事而顾不上吃饭睡觉。 forget to eat and sleep
14. 积劳成疾	（成）	jī láo chéng jí	长期劳累而得病。 fall ill from constant overwork
15. 热忱	（名）	rèchén	热情。 warmheartedness
16. 谱写	（动）	pǔxiě	写作（乐曲等）。 compose (music, etc.)
17. 爱戴	（动）	àidài	敬爱而且拥护。 love and esteem
18. 彻底	（形）	chèdǐ	深而透；完全。 thoroughly
19. 规模经济		guīmó jīngjì	指在生产技术水平基本不变的时候，生产规模的扩大导致单位产品成本的降低，企业收益增加。 economies of scale
20. 附加值	（名）	fùjiāzhí	额外加上去的价值。 extra value
21. 星火燎原	（成）	xīnghuǒ liáoyuán	比喻开始弱小的事物，有旺盛生命力和广阔前景。 a single spark can start a prairie fire
22. 奉献	（动）	fèngxiàn	恭敬地交付；呈献。 offer as a tribute

注　释

1. 星火计划

中国国家科学技术委员会为促进地方经济振兴、发展乡镇企业而拟订的一个计划。内容是推广一批有重要示范意义的具有"短平快"特点（技术成果商品化周期短，与中小企业技术开发水平相适应，而且投资后也能较快取得经济效益）的技术项目。此计划于1985年提出，1986年开始实施。取名"星火计划"的含意是这些项目规模虽然不大，但如"星星之火"，一定会发展为"燎原"之势。燎原即火烧原野的意思。

2. 秦汉时期

秦朝（前221—前206年）和汉朝（前206—220年）时期。

3. 郑和下西洋

明朝初年大规模的远洋航行。公元1405年明成祖命宦官郑和(小字三保或三宝)率水手、官、兵27800余人,乘船62艘,远航西洋(即今加里曼丹至非洲一带的海洋),两年后经印度西岸返回,以后又先后6次远航,历经28年,到达30多个国家,最远处到达非洲东岸、红海和麦加。比西方哥伦布远航早半个世纪,船队规模及船只之大,超过他们数倍。

4. 火药、指南针、造纸、印刷术的发明

即中国古代的四大发明。造纸由东汉蔡伦(？—121)发明,活字印刷由宋代毕昇(？—约1051)发明。指南针在战国时代就被应用,火药则被应用于古代战争。四大发明先后传入世界各国,是对人类文明的伟大贡献。

5. 民主党派

对中国共产党之外的其他八个在抗日战争或民主革命时期成立的政党的简称。这八个政党是：中国国民党革命委员会(民革)、中国民主同盟(民盟)、中国民主建国会(民建)、中国民主促进会(民进)、中国农工民主党(农工党)、中国致公党(致公党)、九三学社(九三)、台湾民主自治同盟(台盟)。

6. 八届人大四次会议

中华人民共和国第八届全国人民代表大会第四次会议的简称。本次会议1996年3月5日至3月17日在北京召开。

7. 两个根本性转变

指经济体制从传统的计划经济体制向社会主义市场经济体制转变和经济增长方式从粗放型向集约型转变。

报刊词语、句式示例

一、"星火计划"十年来的显著成就,归功于党中央、国务院的英明领导和亲切关怀。

"归功于"意思为"把功劳归属到或归给(个人或集体)"。类似的还有"归罪于"、"归咎于"等,意思为"把罪过归属或归给……"、"把过错归属到或归给……"等。例如：

1. 校长说,优异成绩的取得归功于老师们的辛勤劳动和同学们的刻苦钻研。

2. 父亲是个乒乓球爱好者,也是她的第一个教练,因此,她今天能取得世界冠军的称号,首先应当归功于她父亲的启蒙。

3. 工作是我们大家一起做的,成绩大家都有份,错误当然也不能归咎于他一个人。

二、我们向为实施星火计划作出贡献的广大科技人员、管理工作者及社会各界人士致以崇高的敬意。

"向……致以……",意思为"对对方表示礼节、情意等"。用于书面或庄重的场合。例如：

1. 在国庆节来临之际,我谨向在座的来宾们、朋友们致以节日的祝贺。

2. 我们所取得的成绩,是与老师们的辛勤劳动密不可分的,现在请允许我代表同学们向为我们辛勤工作的老师们致以诚挚的谢意。

三、农业和农村经济的腾飞,实现农村现代化,归根结底,**取决于**广大农民科学文化素质的提高。

"取决于"是"由……决定"的意思。例如:

1. 中国80%的人口在农村,中国的发展战略目标能否顺利实现,在很大的程度上取决于农村的发展状况。

2. 一个人学习成绩的好坏主要取决于一个人的努力程度。

3. 一个人的命运不是取决于家庭条件,个人的主观努力才是最重要的。

四、中华民族**以**勤劳、勇敢**著称**。

"以……著称"是"由于……而著名"的意思。"著称"也说"闻名",前面可加连词"而"。例如:

1. 中国文明曾以火药、指南针、造纸、印刷术四大发明著称。

2. 自然风景需要社会文化点缀,诗文常因风景而产生,风景又以诗文而著称。

3. 杭州以西湖美景而著称于世。

4. 中国许多少数民族以其能歌善舞而闻名于世。

练 习

一、选择恰当的汉字填空:

1. "星火计划"的宗____是把科技传播到农村,引导农民学习应用新的科学技术改变落后的生产方式,振兴农村经济。

2. 星火计划以其强有力的示范、引导和辐射作用,在全国已形成____原之势。

3. 十年来,"星火计划"的成果已经有目共____,有口皆____。

4. 百余万科技工作者,为了攻克科技难关,深入农村第一线,艰苦奋斗,夜以____日,废____忘食。

5. 继承祖国优秀的传统文化,并把她发扬光大,是我们青年一代的神____责任。

6. 新的历史时期,"星火计划"将面临新的任务,要实现新的目标,农村科技界的朋友们任重____远。

二、解释句中划线部分的词语:

1. "星火计划"实施十年来,<u>成果有目共睹,有口皆碑</u>。

2. "星火计划"要为缩小东西部差距,帮助<u>老、少、边、穷</u>地区人民脱贫致富作出贡献。

3. 乡镇企业经济增长方式的转变,是整个国民经济增长方式的<u>最重要领域之一</u>。

4. 广大科技界的朋友要坚持不懈地努力奋斗,<u>让科技之星火燎原华夏大地</u>。

5. 十年来的事实说明,<u>人民需要星火,星火属于人民</u>。

三、选择正确答案：

1. 从 1986 至 1996 年,在实施"星火计划"过程中,一共培训了多少农村适用的技术人才?
   A. 66700 名
   B. 217 名
   C. 127 名
   D. 3697 名

2. 中国实施"星火计划"所取得的成就与经验,其最重要的影响是什么?
   A. 提高了中国科技界的经济意识和驾驭现代经济发展的能力
   B. 不仅对中国农业发展有巨大现实作用,而且对未来农业发展也有深远影响
   C. 不仅对中国农业发展有巨大推动作用,而且对广大第三世界农业发展有示范作用
   D. 探索出一条科技与经济相结合实现中国农业现代化的道路

3. 文章认为,十年实施"星火计划"能取得巨大成就的主要原因是什么?
   A. 党中央、国务院的英明领导和亲切关怀
   B. 科技和管理工作者的无私奉献
   C. 各部门、各团体、社会各界的支持和参与
   D. 领导英明和关怀,科技、管理人员的奉献,各部门、各团体、社会各界的支持参与

4. 中国需要实施"星火计划"最根本的原因是什么?
   A. 中国的传统农业技术曾处于世界领先地位
   B. 中国有四大发明,为人类文明作出过巨大贡献
   C. 中国还有 6000 多万人没有脱贫
   D. 中国当前农民劳动生产率太低

5. 作者认为,"星火计划"将面临一项紧迫而长期的战略任务是什么?
   A. 把科技送到农村,提高农民劳动生产率,彻底摆脱贫困
   B. 为农业产业化和规模经营作示范
   C. 依靠科技加速乡镇企业经济增长方式的转变
   D. 加强科教扶贫和促进农村精神文明建设

四、判断正误：

1. 中国的"星火计划"是从 1986 年开始实施的。（   ）
2. "星火计划"是一项把与火有关的科学技术传授给中国农民的计划。（   ）
3. 把科技传播到农村,使中国农村实现从古老的自然经济向农业现代化转变,是实施"星火计划"的根本目的。（   ）
4. 一条科技与经济相结合,适合中国国情的农业现代化道路已经找到。（   ）

5. 在实施"星火计划"的过程中,有的科技人员献出了自己的生命,河北农大的老师就是其中之一。(　　)

6. 实施"星火计划"的科技人员,既创造了物质文明,也为精神文明建设作出了示范。(　　)

7. 中国共产党和其他民主党派都是赞成实施"星火计划"的。(　　)

8. 中国的传统农业、造船和航海技术都处于世界领先水平。(　　)

9. 现在中国农民的劳动生产率很低,只有先进国家的十分之一,甚至百分之一。(　　)

10. 《国民经济和社会发展"九五"计划和2010年远景目标纲要》所提出的科技任务,都需要"星火计划"来实现。(　　)

11. 中国尚有6500万人未脱贫,他们大部分生活在中西部和老、少、边、穷地区。(　　)

12. 文章认为,要采取多种形式,从广大农民、退伍军人、回乡知青、妇女中培训人才,造就一支宏大的、很土的农民技术队伍和企业家队伍。(　　)

四、回答问题:

1. 中国实施"星火计划"所取得的主要成就有哪些?其主要影响是什么?
2. 文章认为,中国实施"星火计划"取得成就的主要原因是什么?
3. "星火计划"今后面临的紧迫而长期的战略任务是什么?其具体工作又有哪些?
4. 为了进一步实施"星火计划",作者对科技界有什么希望?

五、根据课文内容填空:

本课文共有9个自然段。

第一段主要阐述"星火计划"的____以及十年来所取得的____及其____。

第二段主要说明"星火计划"_____。

第三、四段说明实施"星火计划"对未来中国社会主义现代化建设的_____。

第五至第八段主要说明"星火计划"面临的_____。

第九段是作者_____。

六、快速阅读:(限时4分钟)

"一流"也有假

编辑同志:

欣赏外国文艺团体的演出,如今已是我们日常生活中最为普通的事情,大大小小、各色各样、杰出或普通的团体在各地频繁登台,使我国观众足不出国,便可以了解世界文艺舞台的现状、领略外国优秀文化的风采。

和我国一样,世界各地的文艺团体在质量、阵容、声名上都有非一流、一流几流这样的演出也非几流几流这样的区分,各有各的作用,何况许多演出也非几流几流这样的标准能够衡量。来华的演出也当然也参差不齐,对此本来无可厚非,只要介绍得当,评价中肯,观众自会在各类艺术表演里获得不同感受。然而近一年来,冠以"一流"二字的演出似乎越来越多,掺杂水分的广告宣传正在干扰、误导我们的文化生活。为了增加票房收入,招徕观众,一些商业演出的主办单位利用中国观众对国外舞台不甚了解、中外文化信息沟通尚存隔阂的现状,言过其实,随意把种种溢美之辞塞进自己主办的演出宣传中。常常是看过演出,掏过腰包之后,才发现自己被欺蒙,可谓"一流的票价,二流的吹嘘,三流的演出,四流的感受"。

这种夸大其辞的演出宣传有伤观众的艺术欣赏热情,影响真正的优秀表演,而且使许多人错误地评估国外艺术现状。我想借贵报一角,呼吁演出主办和宣传媒介在评介、宣传外国演出时要实事求是,切不可单纯以牟利为目的而不顾实际情况,更不能欺蒙观众。

北京 **于志文**

选自《人民日报》1998年3月27日

回答问题:

文中说的"一流的票价,二流的吹嘘,三流的演出,四流的感受"是指一种什么现象?作者认为应当怎样纠正这种现象?

阅读(一)

人生目标:让农民满意

潘剑凯 叶辉

约一米六的个子,皮肤黝黑粗糙,脸上千沟万壑,刻满岁月的风尘,手上关节粗大,青筋暴起,穿着一身皱巴巴的衣衫……

这是一个高级知识分子?

然而,浙江省推荐到全国的唯一一名农口扶贫先进人物材料却不容怀疑:张世祖,浙江省农科院副研究员,1960年毕业于浙江农业大学……

我们把视线转向他的脚。听说他爱穿城市已绝迹了的"解放鞋",36年中竟穿破了36双。果然,此时他就穿着洗得发白、缀满补丁的解放鞋。

36年推广生涯有32年在农村度过,36年中和家人团聚的时间加起来只有4年多。那么36年的成果呢?著作呢?论文呢?他该得过许多奖吧?

在他的办公室里，张世祖抖动着把他珍藏的四篇论文拿给我们看，那是他毕业后发表的全部论文！那么成果呢？他一生的成果——太叫人失望了，总共只有4项，一项农业部二等奖，一项杭州市二等奖，2项农科院一等奖。

我们不无失望地翻开了他平淡的人生。

张世祖，1936年生于苏州，毕业后在浙江农科院从事农技推广工作。36年间，他足迹遍及黑龙江、广东、四川等省，曾援非到中非推广栽培技术。

1986年开始，省农科院组织了以他为主的农技推广队，在临安、天台、义乌等地建立了4000多亩高山蔬菜基地，这是浙江省的"菜篮子工程"。

1994年3月，张世祖来到了浙江省文成县二源乡进行高山蔬菜推广。文成是国家级贫困县，二源乡更是"贫中之贫"，人均耕地仅半亩，一直种植单季稻，人均收入在500元以下。

张世祖寄宿在农户家里。他翻山越岭，对二源乡的土壤、气候、地理进行调查研究，筛选出最适宜发展高山蔬菜的五个村，制定了"先试验，后推广，以上塘村为重点，逐步辐射全乡"的发展计划。

可是农民不相信高山蔬菜会给他们带来财富，不相信科技是第一生产力的道理。于是张世祖在上塘村辟出一块地，为五个村的村民示范如何栽种茄子。他又在上塘村租了5亩地，亲自动手种起了蔬菜，通过试验比较，确定了茄子、盘菜、黄瓜、甜椒四个品种作为二源乡的发展品种。示范那天，村民稀稀拉拉地只来10来个人。

"大家会种茄子吗？"张世祖问。"种茄子，谁不会！不就是……"农民回答。"不对，这是土办法，科学方法是……"张世祖细心指点。

正干着，天下起了雨。有村民手指天说："张老师，你说科技是第一生产力，老天爷才是第一生产力呢！你斗得过它？"

结果，5个村只有上塘、山头两个村栽种了55亩茄子。高山蔬菜是反季节菜，山下淡季，山上却是收获季节。张世祖的5亩和上塘、山头55亩地都获得大丰收。蔬菜运到温州市，便卖了个好价钱，一算，每亩收成比往年净增1000多元。

这下没种菜的农民后悔了："吃亏了，吃亏了，张老师，早该听你的话，还是你说得对，科技是第一生产力！"从此，一场绿色风暴在山乡刮起。

1995年，张世祖提出了两套新的高山蔬菜种植组合模式：土豆——茄子——盘菜；土豆——早杂制种——盘菜。两套种植模式在生产上带有根本性改革。他挨家挨户地把种子送到农民手中，一个村一个村传授种植技术。

农民吴宝风是个穷光蛋，看了张世祖的5亩菜地，也种了10多亩茄子，可茄苗刚长出来，就倒下去了。他赶忙来找张世祖。张世祖到田头一看，说："少浇水。"果然，茄苗挺起来了。吴宝风服了，从此专心学技术。而今这个穷光蛋变成了年收入超过5万元的种菜大户，不但懂得种植技术，知道蔬菜的纲与目，还担任了村里的菜农技术辅导。

3年来，张世祖为当地举办了262期技术培训，印发技术资料2400多份，举办广播讲座108次。目前像吴宝风一样能熟练应用种植技术的农民已有20多位。

二源乡已形成了一个具有1000亩种植面积的蔬菜基地，其中250亩被列为温州市蔬菜后备基地，1995年农民人均收入比1993年增加了170多元。

张世祖在生活上很随便，在文成，他每天的生活费不超过5块钱，吃的是蔬菜和豆腐。除了到省府里开会，他从不穿皮鞋。他喜欢抽烟，但抽的只是2块多钱的"杭州"。"烟抽太好的话，农民就觉得你不是他们的人。"张世祖说。

不仅苦，而且险。贫困山区交通不便。

1994年3月,他在去文成的途中,不幸遭遇车祸,头部、脖子受伤。这时正是高山蔬菜种植的关键时间,领导多次劝他等养好伤后再去文成,但他未等痊愈,便又踏上了去文成的路。

张世祖苦,家人也陪他一同受苦。两个孩子都是张世祖的爱人高明华拉扯大。张世祖回家高明华就高兴,张世祖下乡,高明华有时也生气,"老张,你究竟图个啥?!"张世祖静静地说:"啥也不图,就因为这是我的工作。"

我们问:"你这一生有没有遗憾?"他认真地想了想,摇了摇头。"比如,知识分子很看重成果,你的成果……"他依然摇头:"我的工作是为农民服务,农民满意,我也就满意了。""让农民满意",这就是他人生的目标!

选自《光明日报》1996年12月11日

生　词

1.	黝黑	(形)	yǒuhēi	黑。 dark
2.	粗糙	(形)	cūcāo	不光滑;(质料)不精细。 crude
3.	千沟万壑		qiān gōu wàn hè	壑,深的沟。本文中"千沟万壑"是形容脸上皱纹很多。 a crisscross network of gullies — full of wrinkles
4.	青筋	(名)	qīngjīn	皮下可以看见的静脉血管。 veins that stand out under the skin
5.	暴起	(动)	bàoqǐ	突出。 appear
6.	农口	(名)	nóngkǒu	农业系统。 agricultural departments
7.	缀	(动)	zhuì	用针线等连起来。 sew
8.	生涯	(名)	shēngyá	从事某种活动或职业的生活。 career
9.	单季稻	(名)	dānjìdào	每年只种植和收获一次的水稻。 single cropping of rice
10.	辟	(动)	pì	开。 open up
11.	纲	(名)	gāng	植物分类中的一个层次,如脊椎动物

				亚门分为鱼、鸟等纲。纲以下为目。
				class
12.	痊愈	(动)	quányù	病好了。
				fully recover from an illness
13.	拉扯	(动)	lāchě	指辛勤抚养。
				take great pains to bring up (a child)
14.	图	(动)	tú	贪图,极力希望得到。
				pursue; seek

注　释

1. 菜篮子工程

　　一项关于发展副食品生产,保障城市供应的计划,是1988年由中国农业部提出来的。该工程提出,在5年内,要缓解城市中菜、肉、蛋、禽、奶、鱼等主要副食品的供需紧张状况。由于措施得力,该工程在满足城市副食品需要方面取得显著成效。

2. 解放鞋

　　一种军用便鞋。橡胶底,布面,草绿色,80年代以前在中国流行。

练　习

判断正误:

　　1. 从相貌上看,张世祖不像个高级知识分子。(　　)
　　2. 张世祖到底是不是高级知识分子,记者也不敢肯定。(　　)
　　3. 文章认为,张世祖的科研论文和科研成果令人失望。(　　)
　　4. 张世祖是一位从事农业技术推广工作的副研究员。(　　)
　　5. 张世祖一生虽然没有去过非洲,但是曾经在一个中国与非洲合作经营的单位里推广农业技术。(　　)
　　6. 1994年3月,张世祖在文成县二源乡推广农业技术时,农民不相信科学技术是使他最伤脑筋的事情。(　　)
　　7. 张世祖推广农业技术时,不仅亲自指导,还亲自种菜,给农民作示范。(　　)
　　8. 张世祖在农村里生活很苦,每天只吃蔬菜豆腐,不穿皮鞋,抽很便宜的烟,因为他收入不高,农村交通又不方便。(　　)
　　9. 推广农技36年,有32年在农村生活,他成果不多,日子艰难,对不起妻子,也对不起孩子,张世祖深感遗憾。(　　)
　　10. 对于张世祖所做的工作,农民满意,浙江省的领导满意,他自己也满意。(　　)

205

阅读（二）

科普兴县——

热了小凉山

温红彦

在横断山脉的皱褶里，隐藏着一片神奇的土地，直到建国前后，它还较为完整地保存着从原始共耕到封建领主制的社会形态，被专家学者称为"人类历史的活化石"。而近10年来，在这片平均海拔近3000米的土地上，却发生了惊天动地的变化。它，就是小凉山，云南省宁蒗彝族自治县所在地。

金秋10月，我们应邀参加中国科协在这里举办的全国科普兴县现场交流会。会上，宁蒗人谈得最多的，正是这些科学技术给他们带来的新鲜事：地膜覆盖，果树栽培，电脑农业……

了解了小凉山的过去，我们才明白宁蒗今天的变化真像"一步登天"。宁蒗县委书记加觉阿三介绍说，1956年民主改革前，小凉山没有公路，没有学校，也没有医院，几乎与世隔绝，高寒山区彝族的奴隶制、坝区汉族的封建领主制、泸沽湖畔摩梭人的母系社会生产方式、金沙江边傈僳族的原始共耕制杂然并存，生产力水平惊人的低下。在民主改革的欢庆声中，奴隶娃子挣脱了身上的锁链，一步跨进了社会主义。此后，生产生活全靠社长、队长安排。秋叶落时，村民们盼着发棉衣；乍暖还寒，人们等着放救济粮。小凉山人乘着集体的大车，就这样年复一年地挨过来了。

进入80年代，不甘贫困的宁蒗人在苦苦思索一个问题：贫穷落后的根子在哪里？"治穷先治愚，经济开发与智力开发相结合"，成了宁蒗人脱贫致富的路标。而从1986年起，致力于提高现有劳动者素质的科技普及，摆到了县委、县政府工作的突出位置。他们以科协组织为主体，从县乡科协一直到村科普夜校，再加上近百个农民专业研究会，形成了一个上承下接、左右交织的科技普及和人才培训网络。县、乡、村科协主席都由相应的党政主要负责人担任，以致有人戏称：宁蒗县虽小，"科协"却很大。

在治穷治愚的初始阶段，宁蒗县科协秘书长成国正带领科协干部跑遍了小凉山，一支电筒，一个挎包，风风雨雨，村村寨寨。此次现场交流会参观各个科普示范点，又是成国正带着我们跑。他面如古铜，声若洪钟，即使和我们促膝而坐，他的嗓门也会高出八度，简直震耳欲聋。有时他故意放小音量，可讲着讲着又扬上去了。他抱歉地解释道，这么多年一直在乡下办培训班，没有正规课堂，没有扩音设备，全靠一个大嗓门，久而久之就习惯了吵架一般的讲话。

10年来，宁蒗县科协举办了5200多期各种科普培训班，培训总人数达44.7万人次，相当于把宁蒗全县总人口培训了两遍。然而，他们最先办的不是苹果栽培、农田耕作培训班，而是当家理财和建房定居培训班。科协的工作，从教会大家如何定居过日子起步。

原科协主席、如今是县人大常委会主任的何光明对此有切身的体会。他说，在那黑暗的社会里，他也曾是个奴隶娃子。奴隶的生产生活全凭主子使唤，砍柴的只准砍柴，背水的只能背水。民主改革后，由于依赖国家救济，许多农民对独立过日子缺乏最起码的常识。这几年，通过政府安置和科协培训，小凉山农民已有相当一部分居有定所。人有了居所，就有了房前屋后，就会想到门前植树、檐下种瓜，就有了当家理财的需要，有了定耕土地、建设家园的信心。

科普培训让农民尝到了甜头，还把分散的农户重新组织起来，人们从遍布小凉山村寨的农民"苹果专业研究会"，从山坡上硕果摇曳的苹果园，看到了贫困山区农村的美好明天。

宁蒗农村的"苹果专业研究会"，是在宁蒗科协帮助下建立起来的一种从事苹果种植和经营的民间组织。我们驱车来到被誉为"苹果之乡"的宁蒗县新营盘乡的果园。据乡长介绍，早在1986年，他们就成立了由9位农民参加的苹果专业研究会。如今，这个研究会已发展到105人，万元以上的苹果专业户就有43家。乡长领我们来到苹果专业研究会会员蒙赛阿霍家。此时正值苹果收获季节，就连主人的卧室都堆满了苹果，院子里只剩下一条狭长的过道。蒙赛阿霍的妻子告诉我们，她家除了种苹果，还搞苹果营销，别看他们身处小凉山腹地，这屋里院里的苹果几天后就会摆上泰国、缅甸的水果店。她还不怕露富地相告，她家这两年的收入已达10多万元，真要感谢科协呀。

科普正在赶走小凉山的贫困。与10年前相比，宁蒗县粮食从4600万公斤增加到6100万公斤，农民纯收入从115元增加到362元。在全县12万贫困人口中，有8万人依靠科技进步解决了温饱，实现了从游牧游耕到优质、高产、高效农业的跨越。

几日采访下来，我们心中的感受就像山坡上压弯了枝头的苹果，沉甸甸的。一个夕阳似火的傍晚，我们赶到采访的最后一站——永宁乡。宁静的泸沽湖，加上摩梭人奇异的"男不娶女不嫁"的走婚习俗，使这里成为神秘的所在。站在永宁乡商品粮科普示范田里，时空似乎一下子缩短了。在多数摩梭人还沿袭着母系社会生产方式的同时，他们也搞起了薄膜育秧，近两年又实行了电脑农业管理。依靠这种科学种植技术，永宁的稻谷产量平均提高了10%，还在海拔2700米的高寒地区种出了水稻。据说，这是全世界水稻种植区中海拔最高的地方。

离开永宁那天，天气格外晴朗。身着民族盛装的摩梭姑娘列队村口，为我们唱起摩梭民歌《送别》："朋友，朋友，你不要走，绿水牵衣，青山低头，泸沽湖处处把你挽留……"古朴的旋律在山间环绕。回望处，碧水悠悠，云路茫茫，我们分明看到了科普的热浪在小凉山升腾、激荡……

选自《人民日报》1997年11月26日

生　　词

1. 山脉	(名)	shānmài	成行列的群山,山势起伏,向一定方向延伸。 mountain range
2. 皱褶	(名)	zhòuzhé	物体一凸一凹的条纹,文中指高低起伏的山岭。 fold; crease; wrinkle
3. 化石	(名)	huàshí	古代生物的遗体、遗物或遗迹埋藏在地下变成的跟石头一样的东西。 fossil
4. 乍暖还寒		zhà nuǎn hái hán	刚刚开始暖和,但还是寒冷。 after suddenly getting warmer, it's turned cold again
5. 根子	(名)	gēnzi	根源。 source
6. 古铜(色)	(名)	gǔtóng(sè)	像古代铜器的深褐色。 bronze-coloured
7. 震耳欲聋	(成)	zhèn ěr yù lóng	欲,将要,快要。快把耳朵震聋了。形容声音巨大。 deafening
8. 主子	(名)	zhǔzi	主人,指奴隶主。 master; boss
9. 檐	(名)	yán	屋檐。 eaves
10. 摇曳	(动)	yáoyè	(灯光、树枝等)摇荡。 flicker; sway
11. 露富		lòu fù	显出有钱。 show one's wealth

专　　名

1. 宁蒗	Nínglàng	地名。 name of a place
2. 加觉阿三	Jiājué'āsān	人名。 name of a person
3. 蒙赛阿霍	Méngsài'āhuò	人名。

name of a person

注　释

走婚制

　　当地摩梭人通行的走访式婚姻。其特点是女不嫁,男不娶,无需缔结婚姻的仪式,只要男女双方本人同意,互换手镯、腰带等礼物,就算是建立了婚姻关系。女子住在自己母亲家里,男子夜晚到女家住宿,次日清晨便返回母亲家里劳动,同母亲家里的成员一起生活。所生子女归女方所有,这种关系只有婚姻关系,没有经济关系,离异经常发生,人均约六七次,多达几十次,带有早期对偶婚的特征。摩梭人属于哪个民族尚无最后定论。人口八万多。

练　习

回答问题:

　　1. 云南宁蒗彝族自治县所在地即小凉山地区在 1956 年民主改革前后有什么变化?最近 10 年来的主要变化又是什么?

　　2. 宁蒗县的科普组织机构有哪些?10 年来,县科协做了哪些科普培训工作?

　　3. 宁蒗县新营盘乡和永宁乡的不同点和共同点是什么?

　　4. 谈谈你对"星火计划"的看法。

第31课

课　　文

需要中国的参与

——中国经济的持续增长对世界的意义

张宇燕

全球依存加深

当今世界一个重要和显著的特征,是经济的日益全球化和地区一体化。这首先表现在世界贸易的发展上。1995年,全球贸易进出口总额首次突破10万亿美元,它占世界总产值的比重亦首次超过1/3。这意味着,当今世界每创造1美元产值中,就有30美分与各国或各地区的贸易有关。

不仅如此。半个多世纪来,从经济统计中可以发现,世界贸易与经济增长存在稳定的相关和互动关系。世界经济每增长一个百分点,贸易往往就增长两个多百分点。全球贸易已超过世界总产值的1/3。这样的事实,表明世界各国在经济上越来越相互依存。

全球化亦体现为直接投资的迅速扩大。1995年,发达国家全部对外直接投资总额为2.2万亿美元,这与1983年的6250亿美元已不可同日而语。全球的跨国公司已达到4.5万余家,海外子公司和分支机构逾25万个,其内部贸易额占世界贸易总额的22%,从而成为使经济全球化的一支主导力量。

此外,超国界的全球性问题日益增多,必将要求各国在全球范围内进一步合作。

市场规模的扩大

本文开头就说,全球化首先表现在世界贸易的发展。世界各国积极推进和融入全球化,最根本的原因在于能获取"得自交易的收益"(gain from trade)。"得自交易的收益"产生的根本原因在于国际分工和专业化的深化。而分工和专业化程度的高低,又取决于市场规模的大小。换句话说,市场规模的扩大,意味着需求总量的增加和需求更加多样性,从而将自然地引发出原来仅是潜在的形形色色的比较优势,并终将导致分工与专业化的发展,而分工与专业化的发展反过来又必然提高"得自交易的收益",其结果,使大家均受益的贸易最终将推进全球经济增长。有了这样的认识,我们便会对中国已经走过的18年的改革与开放历程,对中国已经持续了18年、并将继续下去的经济高速增长的意义，有更深刻的理解。

从市场规模的第一层即疆域和人口的涵义上看，作为世界第一人口大国、第三疆域大国的中国，积极而稳妥地进入世界经济，无疑将会导致世界市场规模的扩大，从而对国际劳动分工与专业化，以及由此带动的经济增长具有重大意义。从市场规模的第二层即随经济结构及制度变迁和经济增长而来的规模变动的涵义看，中国经济的持续高速增长，财富的迅速积累，内部市场或生产与消费需求的急剧扩张，都将对世界的繁荣作出日益重要的贡献。

参与合作与竞争

在世界经济舞台上，各国间的相互依存、互助合作、平等竞争，是三位一体的。文明世界的本质从相当意义上讲，就是在充分认识到人类唯有相互依靠才能生存与发展的前提下，使合作与竞争以一种最有效的、或最能让各国接受的方式得以进行。

中国目前正在建设社会主义市场经济。对外开放、积极参与国际分工是核心内容之一。截至1995年，中国的对外贸易依存度已高达40%以上。按照《中华人民共和国国民经济和社会发展"九五"计划和2010年远景目标纲要》，到2010年时，中国的对外贸易依存度仍将保持在40%左右的高水平。中国每挣的一块钱中，就有四角多与国际市场有关。这意味着在今后相当长的时期内，中国的经济进步与其世界市场密切相关，甚至可以说是唇亡齿寒。

推行改革开放政策18年来，中国共吸收境外投资1800多亿美元。如此巨额的投资一方面使投资方从中有利可图，因为伴随着资本输出而来的常常是商品输出，投资所得的高额利润又将增加投资者母国（或地区）的积累从而扩大就业；另一方面也弥补了中国国内储蓄或投资的相对不足。与此同时，大规模的外资进入，对中国产业结构的调整、技术水平的提高、经营管理的升级，均产生了相当积极的影响。

也许比合作更为本质的，还在于竞争，尤其是公平的、不受限制的竞争。中国逐步地向世界开放市场，无疑在短期内会给国内的某些部门、地区和企业造成或大或小的困难。然而，唯有积极参与国际分工、充分发挥自身的比较优势，中国的经济实力才能不断增强，产品的竞争力方可不断提高。当然，中国对世界的开放与世界对中国的开放应该是对等的。在某些领域，中国的出口对某些国家或地区的相关产业造成了一定的压力。然而从长远看，这种来自诸如中国这样的发展中国家的日益增强的竞争压力，对世界经济的长期增长则实实在在是件好事，因为这势必促使那些国家，特别是发达国家更加重视变革与创新，以便更有效地利用各类稀缺资源，发挥自身的比较优势，进而提高劳动生产率的总水平。

中国是一个发展中国家。而发展中国家出口到发达国家的，主要是些附加值低的、相对廉价的制成品。对发达国家而言，即使大量进口这样的商品，对其国内就业的影响在通常情况下也远不如想象的那么大，因为像美国、日本或德国这样的发达国家，其就业的70%左右都集中在服务业内。不仅如此，发达国家进口这样的商品，事实上是直接增加了其国内消费者的实际收入。举例讲，目前美国进口的服装中，有30%来自发展中国家。在过去的十多年里，美国服装平均价格下降了20%，其中的一个重要原因就在于大量进口发展中国家价格低廉的服装。显而易见，从中受益的是广大的美国消费者。

其他方面的贡献

按照经济学的逻辑，有效地配置资源的途径，是使所有的生产要素自由流动。

尽管经济逻辑强烈地支持彻底的、包括劳动力在内的要素自由流动,但当今世界的政治现实却与之相悖,并且在短期内看不见全面实现劳动力自由流动的前景。鉴于此,在未来相当长的一段时期内将面临巨大人口压力的中国,就必须通过经济的高速,甚至是超高速的增长,来创造尽可能多的就业机会。经验表明,国内生产总值增长率与就业增长率之比,在发达国家大体为 3∶1,而在中国则为 5.8∶1。未来五年内中国的劳动力年增长速度为 1.1%。这就要求中国的国内生产总值的年增长率超过 6%。如果再考虑到吸收目前大量存在的失业和就业不足的人口,则中国的经济增长率就必须更高。在一个不允许劳动力自由流动的世界中,如果说突发的大批劳动力流动对其他国家(地区)或现行国际秩序将构成某种损害的话,那么,中国经济的高速发展以及由此而来的充分就业目标的基本实现,便是对国际经济的一种实实在在的贡献。

当今的世界经济是在现行的国际经济秩序下运行的,而后者从相当意义上讲,是由当今世界的既得利益国家集团制定的。换句话说,由于经济、政治、军事实力及文化影响力上的差异,世界经济远非一个充分竞争的市场,制定国际经济游戏规则的权力已经被少数强国所垄断。与公平和效率原则或多或少地相违背的现行国际经济秩序,其改进的便捷而有效的途径之一,就在于有更多的、相对强大的国家参与到国际经济游戏规则的制定者的队伍中来,以求打破少数强国在规则制定上的垄断。从这个意义上讲,中国经济的强大,无疑有助于建立更公正、平等、合理、有效的国际经济秩序。

时至今日,中国经济持续增长的制度基础与运行机制已经初步形成,中国积极进入世界市场,无论对中国自身还是对世界,都将产生深远的影响。中国的发展离不开世界,而世界的繁荣亦需中国。

节选自《世界知识》1997 年第 5 期

生　　词

1. 全球化	(动)	quánqiúhuà	指不同国家或地区的经济相互渗透,相互依存,向全球性方向的变化。 globalize
2. 一体化	(动)	yītǐhuà	若干事物关系密切,向同一整体发展。 integration
3. 依存	(动)	yīcún	互相依附而存在。 depend on sb. or sth. for existence
4. 跨国公司		kuà guó gōngsī	通过直接投资、转让技术等活动,在国外设立分支机构或与当地资本合股拥有企业的国际性公司。也叫多国公司。 transnational corporation

5. 分支	（名）	fēnzhī	从一个系统或主体中分出来的部分。 branch	
6. 疆域	（名）	jiāngyù	国家领土(着重面积大小)。 territory	
7. 涵义	（名）	hányì	所包含的意义,同"含义"。 meaning	
8. 三位一体		sān wèi yī tǐ	指三个事物组成一个整体。 three in one; trinity	
9. 核心	（名）	héxīn	中心,事物关系中的主要部分。 core	
10. 唇亡齿寒	（成）	chún wáng chǐ hán	比喻关系密切,利害相关。 share a common lot	
11. 弥补	（动）	míbǔ	把不足的部分填足。 make up	
12. 逻辑	（名）	luóji	指客观规律性或思维的规律。 logic	
13. 相悖		xiāng bèi	不相符合。悖:相反,违背。 contrary; opposite	
14. 垄断	（动）	lǒngduàn	指操纵贸易,把持或独占。 monopolize	

注　释

《中华人民共和国国民经济和社会发展"九五"计划和 2010 年远景目标纲要》

　　这个"计划"和"纲要"是 1996 年 3 月第八届全国人民代表大会第四次会议审查批准的。这是中华民族跨世纪的宏伟的奋斗纲领。"九五计划"要求实现人均国民生产总值比 1980 年翻两番,使人民生活达到小康水平,并初步建立社会主义市场经济体制。"2010 年远景目标纲要"要求实现国民生产总值比 2000 年翻一番,使人民的小康生活更加宽裕,形成比较完善的社会主义市场经济体制。在改革和发展的同时,加强物质文明和精神文明建设,实现社会全面进步。

报刊词语、句式示例

一、世界经济每增长一个百分点,贸易往往就增长两个多百分点。

　　副词"每"、"就"配合连用,表示同一动作或情况有规律地反复出现。例如:

　　1. 北方入秋以后,每下一场雨,天气就会凉一些。可谓"一场秋雨一场寒"。
　　2. 我国高等院校的在校女生已达 70 万,每三个大学生中就有一个是女的。
　　3. 人们希望加快地铁建设,以缓解城市交通拥堵现象。殊不知,每修一公里地铁,就需要6亿元的投资。

二、世界各国积极推进全球化,最根本的原因在于能获取"得自交易的收益"。

动词"在于"如同"正是"、"就是",指出事物的本质所在或事物以什么为内容。主语多为名词性短语,宾语多为名词、动词或小句。例如:

1. 核电站工程的根本问题不在于进度,而在于质量。
2. 生命在于运动。
3. 庐山不仅具有"奇秀甲天下"的自然景观,更重要的在于它的文化价值。3000年来有1500多位文人墨客留下了4000多首赞美庐山的诗词,这里有400多处摩崖石刻。

三、世界贸易比合作更为本质的还在于竞争,尤其是公平的、不受限制的竞争。

比较句"比……更……"后与副词"尤其"连用,强调进一步的补充。例如:

1. 许多宝石比黄金更加贵重,尤其是金刚钻石。
2. 我国人口老化速度比西方发达国家来得更快,尤其是在社会养老制度尚未健全情况下,使得我国人口老化问题更加严重。
3. 在禁毒工作中,宣传教育工作比严厉打击更具长远意义,尤其是对青少年的教育,要让我们的子孙后代从小就懂得毒品的危害,远离毒品。

四、中国积极进入世界市场,无论对中国自身,还是对世界,都将产生深远的影响。

在这个句子中,连词"无论"和"还是"表示不同的选择,副词"都"表示不受前边所说条件的影响。例如:

1. "一国两制"这一构想,无论从历史上看,还是从国际视角考察,都具有重大意义。
2. 无论上班工作,还是假日休息,张师傅都在考虑新的设计方案。
3. 在美国,无论共和党,还是民主党,对于中美建交这一历史性事件,都没有提出过异议和挑战。

练 习

一、选择恰当的汉字填空:

1. 由于经济、政治、军事实力及文化影响力上的____异,世界经济远____一个充分公平竞争的市场,制定国际经济游戏规则的权____已被少数强国所____断。
2. 巨____的投资一方面使投资方从中有利可____,另一方面也____补了中国国内投资的相____不足。
3. 中国的对外贸易依存度已高达40%以上,这意____着在今后相____长的时期中,中国经济进步与世界市场____切相关,甚至可以说是唇____齿寒。
4. 全球化还体____在直接投资迅速扩大方面。1995年发达国家对外直接投资总额为2.2万亿美元,这与1983年的6千多亿不可同日而____。全球____国公司已达4.5万余家,海外子公司分____机构超过25万个。

二、按正确顺序排列句子：
1. A. 其内部贸易额占世界贸易总额的22%
   B. 海外子公司和分支机构逾25万个
   C. 全球的跨国公司已达到4.5万余家
   D. 从而成为使全球一体化的一支主导力量
      (1)   (2)   (3)   (4)

2. A. 而分工和专业化程度的高低又取决于市场规模的大小
   B. "得自市场交易的收益"产生的根本原因在于国际分工和专业化的深化
   C. 最根本的原因在于能获取"得自市场交易的收益"
   D. 世界各国积极推进和融入全球化
      (1)   (2)   (3)   (4)

3. A. 在一个不允许劳动力自由流动的世界中
   B. 便是对国际经济的一种实实在在的贡献
   C. 那么中国经济的高速发展以及就业目标的基本实现
   D. 如果说突发的大批劳动力流动对现行国际秩序构成损害的话
      (1)   (2)   (3)   (4)

4. A. 无疑将会导致世界市场规模的扩大
   B. 从而对国际劳动分工与专业化具有重大意义
   C. 作为世界第一人口大国和第三疆域大国的中国
   D. 积极而稳妥地进入世界经济
      (1)   (2)   (3)   (4)

5. A. 目前美国进口的服装中有30%来自发展中国家
   B. 显而易见，从中受益的是广大的美国消费者
   C. 十多年来，美国服装平均价格下降了20%
   D. 其中一个重要原因就在于大量进口发展中国家价格低廉的服装
      (1)   (2)   (3)   (4)

三、判断正误：
1. 经济的日益全球化首先表现在世界贸易的发展上。（   ）
2. 世界经济每增长百分之一，贸易就增长百分之二点多，世界贸易比世界经济多增长百分之一点多。（   ）
3. 国际分工和专业化程度的高低决定了市场规模的大小。（   ）
4. 世界经济舞台上，各国间的互助合作与平等竞争并不矛盾。（   ）

5. 中国的对外贸易依存度已达到40%,这意味着中国市场上40%的商品来自国外。(   )

6. 境外投资所得的高额利润将增加引进国的积累从而扩大了该国的就业。(   )

7. 中国向世界开放市场,在某些领域会对某些国家或地区的相关产业造成一定的压力。(   )

8. 美国服装平均价格近年来下降了20%,这与大量进口发展中国家的低价服装有关。(   )

9. 从劳动力流动理论来说,中国经济快速增长从而基本实现充分就业,这对国际经济是一种实际贡献。(   )

10. 中国积极进入世界市场,对中国,对世界都是有益的。中国的发展离不开世界,而世界的繁荣也需要中国。(   )

四、选择正确答案:

1. 1995年全球贸易进出口总额突破10万亿美元,它占世界总产值的比重超过1/3。这意味着什么?
    A. 各国贸易共赚取了10万亿美元
    B. 全世界的产品1/3用于进出口
    C. 全世界总产值的1/3与世界贸易有关
    D. 各国国民生产总值的1/3与世界贸易有关

2. 世界贸易发展,经济日益全球化,最根本的原因是什么?
    A. 国际市场规模不断扩大
    B. 能够获取得自交易的收益
    C. 国际分工和专业化发展
    D. 社会需求的增加和多样化

3. 中国经济持续发展,有益于世界市场规模的扩大。其主要根据是什么?
    A. 中国的人口多
    B. 中国的面积大
    C. 中国的内部市场与需求急剧扩张
    D. 中国的经济结构及制度的巨大变化

4. 最能说明"中国的经济进步与世界市场密切相关"的是什么?
    A. 中国正在建设社会主义市场经济体制
    B. 中国实行改革开放的政策
    C. 中国积极吸引境外投资
    D. 中国的对外贸易依存度已高达40%

5. 国际贸易既有合作,也有竞争,从长远看对世界经济的增长是件好事。其根本原因是什么?
   A. 推动各国市场的开放
   B. 促进劳动生产率的提高
   C. 可以积极参与国际分工
   D. 能够充分发挥自身的比较优势

6. 文中是怎样提到现行国际经济秩序状况的?
   A. 不尽符合公平和效率的原则
   B. 考虑到当今世界各国的利益
   C. 打破了少数强国在规则制定上的垄断
   D. 体现了公正、平等、合理、有效原则

五、根据课文内容填空:
1. 当今世界经济的日益全球化主要表现在:
   (1)_____;
   (2)_____。
2. 从市场规模的两层涵义上看中国经济发展对于世界的意义,它们是:
   (1)_____;
   (2)_____。
3. 中国经济的发展对国际经济的贡献还表现在两个方面,即:
   (1)_____;
   (2)_____。
4. 在世界经济舞台上,各国间的关系应该是三位一体的。即:
   _____、_____、_____。
5. 全文的结论是:_____。

六、快速阅读:(限时6分钟)

两岸用词差异

陈　强

台湾人既讲台语(即闽南话),也讲国语(即普通话)。据我这个地道的福建人判断,他们的普通话说得比他们祖居地的闽南人还标准,所以交谈起来并无大碍。

不过,由于两岸隔绝多年,遣词用句上难免有些微差别。正如台湾人把普通话称做"国语"一样,交谈中他们偶尔会冒出一两句令我们"耳生"的词句。

试举几例:在高雄港参观时,介绍者多次提到的"货柜",其实就是"集装箱";在公共汽车上,台湾人叫售票小姐为"车掌小姐";在农村,拖拉机被称作"耕耘机";菠萝在台湾又叫"凤梨";让我们百思不得其解的"芭乐汁"饮料,喝了之后才知道原来是番石榴汁;马路上写着"公共专用,机车禁行",意思是公共汽车专用道摩托车不得入内;从电视上,我们看到前世界冠军陈静在台湾打乒乓球却被解说成是打"桌球";途经南投县时,同行的台湾朋友指着路边不断出现的槟榔摊说:"这些卖槟榔的女子为了吸引司机停车买槟榔,往往打扮得很'清凉'。"原来"清凉"一词竟等同于"暴露",逗得大家直乐。

即便是我们耳熟能详的词汇,有的意思也不相同。台湾人常把"检讨"挂在嘴边,并非犯了什么错,而是说要对已经做过的某件事进行检查总结;在台湾经常听说"透过交流的管道增进互信",这里所说的"管道"便是"渠道"。不可思议的是,"同志"一词现在却被台湾新潮一族用来暗指同性恋者。

在台湾报面上,还经常出现一些我们不太熟悉的译名,比如沙乌地阿拉伯(即沙特阿拉伯)、寮国(即老挝)、纽西兰(即新西兰)、国协(即独联体)等等。这些名称通过上下文还勉强能猜得出,要是单独出来恐怕就搞不懂了。

近年来,随着两岸交流的不断扩大,两岸间的词汇差异越来越小。有些台湾的用词我们已经不再陌生,比如计程车(即出租车)、卡通片(即动画片)、镭射(即激光)、巴士(即客车)、理念(即观念)、负面(即反面)、水准(即水平)、弹性(即灵活性)、瓦斯(即煤气)、艺员(即演员)等,已不知不觉成了我们日常用语的一部分。当然,我们也注意到,大陆的"人民"、"改革"、"开放"甚至连口头语"吹吹风"(即事先打招呼)等也频频出现在台湾人的谈吐中。

从某种意义上说,两岸用词差异的多寡,可视为两岸交流成果累积的一个指标。

节选自《中国青年报》1997年3月27日

问题:
你觉得文中介绍的最有意思的用词是什么?

阅 读(一)

中美经济贸易 25 年

周世俭

超过最乐观的预计

中美贸易是自尼克松总统访华的 1972 年开始恢复的,迄今 25 年了。那年中方统计的中美双边贸易额为 0.56 亿美元,美方统计为0.96亿美元。这两个统计数字与1996年中方统计的中美贸易额达428.4亿美元相比,已不可同日而语。

中美贸易在1979年1月1日两国正式建立外交关系后快速跃进。特别是中美两国政府在1979年7月7日签订"中美贸易关系协定",1980年2月1日协定生效。协定规定:"为了使两国贸易关系建立在非歧视的基础上,缔约双方相互给予最惠国待遇。"此后,中美贸易发展十分迅速。其间虽然摩擦不断,此起彼伏,但总的趋势是迅速增长的。依照中方统计,从1979年到1996年双边贸易额累计达2606亿美元。从中美建交的1979年起,美国就超过西德成为中国第3大贸易伙伴;1996年美国又超过香港,成为中国第2大贸易伙伴。按照美方统计,从1979年至1995年双边贸易额累计达3125亿美元。1980年中国是美国第24位贸易伙伴,1990年上升至第10位,1995年中国成为美国第5大贸易伙伴(从1993年起中国成为美国第4大进口贸易伙伴)。中美贸易发展的速度超过了建交前两国经济界人士最乐观的预测和估计。

十分重要的互利作用

多少年来,中国从美国进口农产品和资本技术密集型产品如飞机、动力设备、通讯设备和化工产品。中国对美国出口的大宗商品是纺织品、服装、鞋、玩具、家用电器和旅行箱包等。正是双边贸易中这种互补性的产品结构,有力地推动了两国贸易的发展进程,这是中美贸易发展的主流,是不以人的主观意志为转移的。根据1995年中美各自的统计,中国自美国的进口占中国进口总额的12.2%,美国自中国的进口占美国进口总额的6.1%。

美国对华投资始于1980年,截至1996年9月底,美国在中国投资的项目数为21713个,协议投资金额为340亿美元,实际投资额130亿美元。除香港、台湾地区外,美国略低于日本,居各国在华投资的第二位。

事实证明,中美两国已成为对相互国家经济发展具有十分重要作用的互利的经济贸易伙伴。两国贸易的不断增长对促进两国经济的发展、增加就业和人民生活水平的提高,发挥了重要作用,美国消费者也从中国输美产品中得到了实惠。世界银行1994年曾作过统计,指出如果美国取消了对中国的最惠国待遇而从别的国家进口同样的商品,美国消费者一年需要增加140亿美元的支出。

摩擦与纠纷不应影响主流

中美经济贸易的发展从来就不是一帆风顺的。由于中美两国在社会制度、意识形态和价值观念等方面的差异,以及来自美国国会内右翼亲台势力的政治性因素的干扰,中美经贸关系经常出现摩擦与纠纷,此起彼伏,接连不断,在摩擦中前进。

中美两国在经济领域发生的摩擦与纠纷不是两国根本的利害冲突,可以通过平等协商来解决。有时矛盾虽然很尖锐,但仍可以化险为夷,可算是"山重水复疑无路,柳暗花明又一村"。过去的经验已经充分说明了这一点。这些摩擦与纠纷是中美经贸关系的支流,不应当影响两国经贸合作的主流。两国之间随着经济领域接触面的增加,摩擦点也会增多。遇到摩擦与纠纷,双方应当站得高一些,看得远一些,从中美经贸关系的全局出发,慎重处理,避免矛盾激化,防止失控,保持合作。平等互利是发展贸易的基础,友好磋商是处理贸易摩擦的原则。动辄以制裁和报复相威胁的做法是不可取的。这既违反多边贸易机制的原则,也无助于问题的解决。贸易战的结果只能是两败俱伤,使他人坐收渔翁之利,而且"城门失火,殃及池鱼"。与中美双边经济贸易关系密切的国家与地区也会受到损害。通过平等、耐心的磋商,积极地解决有关问题,互谅互利,才能为扩大经贸合作铺平道路。

争取更大发展

发展中美经济贸易是符合两国人民的根本利益的。两国经济贸易越发展,友好关系就越牢固。双边经贸关系已经并将继续作为纽带促进中美两国人民的友谊。从1995年起到2000年的6年里,为了实现现代化建设的需要,中国的进口额将超过1万亿美元。只要美国政府努力排除非经济因素对经济贸易的干扰,完全撤销对华制裁,大幅度放宽对华技术转让的限制,积极提供出口信贷,美国的大中型企业就有能力也可能在中国这个迅速增长的新兴大市场上多占一些份额。倘能如此,到2000年中美贸易额可望达到1千亿美元。美国的资金、技术和管理经验与中国的巨大市场、廉价劳动力和资源相结合,就能给两国经济发展带来巨大的益处,大大有利于两国经济的振兴。中美恢复贸易以来的25年历史告诉我们,中美双边经贸关系的顺利发展必须有一个良好的双边关系。而维持一个良好而稳定的双边关系,为两国企业发展经济贸易创造一个良好的条件正是两国政府不能推卸的职责。只要中美双方都严格遵守三个联合公报的原则,努力排除各种非经济因素的干扰,中美经济贸易必将会有更大的发展。中美两国经济贸易合作的前景十分广阔,中美双方都应当为此而努力。

节选自《世界知识》1997年第5期

生　　词

1. 最惠国	(名)	zuìhuìguó	享有一国在贸易、航运等方面给予的不低于任何第三国的优惠待遇的国家。 most-favored-nation
2. 摩擦	(动)	mócā	因利害矛盾而引起的冲突。 friction; conflict
3. 此起彼伏	(成)	cǐ qǐ bǐ fú	这里起来,那里落下,表示连续不断。 rise one after another
4. 一帆风顺	(成)	yī fān fēng shùn	比喻非常顺利,毫无挫折。 plain sailing
5. 右翼	(名)	yòuyì	指政党或阶级、集团中在政治上倾向保守的一部分。 the Right
6. 化险为夷	(成)	huà xiǎn wéi yí	化险阻为平坦,指转危为安。 turn danger into safety
7. 动辄	(副)	dòngzhé	动不动就。 easily

8. 制裁	（动）	zhìcái	用强力管束并惩处。sanction
9. 两败俱伤	（成）	liǎng bài jù shāng	比喻斗争的双方都受到损失。both sides suffer
10. 渔翁之利	（成）	yúwēng zhī lì	"鹬蚌相争,渔人得利"（见《战国策·秦策二》）比喻双方争持不下,使第三者坐享其利。when the snipe and the clam grapple, it's the fisherman who stands to benefit—it's the third party that benefits from the tussle
11. 城门失火,殃及池鱼	（成）	chéngmén shī huǒ yāngjí chíyú	城门失了火,人们用护城河里的水救火,水干了,鱼也就死了。比喻无辜受到连累。when the city gate catches fire, the fish in the moat come to grief—innocent people suffering from what happens to others
12. 纽带	（名）	niǔdài	指能够起联系作用的事物。link; tie
13. 倘	（连）	tǎng	倘若,如果。表示假设。if

练　习

判断正误：

1. 中美贸易是在1979年两国正式建立外交关系后开始恢复的。（　）
2. 中美贸易关系协定规定,双方相互给予最惠国待遇。（　）
3. 到1996年,美国已经成为中国第二大贸易伙伴。（　）
4. 对美国来说,在对外贸易中,中国所占的地位并不重要。（　）
5. 中国从美国进口的主要是农产品和资本技术密集型产品。（　）
6. 美国对华投资,居美国海外投资的第二位。（　）
7. 据世界银行统计,进口物美价廉的中国产品使美国消费者每年得到140亿美元的好处。（　）
8. 中美经济贸易发展并不顺利,甚至可以说两国贸易是在摩擦中发展前进的。（　）
9. 中美双方都不赞成采用制裁和报复威胁对方的做法。（　）
10. 中美两国政府有责任维持一个良好而稳定的双边关系,为促进和发展两国经济贸易创造良好条件。（　）

阅读（二）

铺设亚欧金桥

吴绮敏

古老的丝绸之路，至今还闪射着亚欧大陆商贸往来的历史折光；而刚刚结束的第一次亚欧会议又把经济发展选为最优先的课题，使亚欧平等合作展现了新的广阔前景。世界上最具经济活力的亚洲地区与世界上最大的贸易集团欧盟之间，正在形成一种新型伙伴关系，它植根于历史渊源，顺应着时代大潮，掀开了历史新的一页。

欧洲国家在摆脱了90年代以来面临的经济困难之后，正探索着新的发展出路。挪威首相布伦特兰夫人认为："19世纪是欧洲时代，20世纪是北美时代，下个世纪将是东亚时代。如果不明白这一点，欧洲就会犯愚蠢的错误。应该赶上亚洲这趟列车。"

亚洲，特别是东亚经济近年来的迅速崛起，是引起西方发达国家关注的重要原因。经合组织的报告预测，在今后10年内，全世界经济增长的1/3将在亚洲实现。短短几年时间，欧洲已成为亚洲的第三大市场，亚洲同欧盟的贸易额已超过欧美之间的贸易额。难怪法国总统希拉克认为，欧洲和亚洲对双方来说是"两个最有希望的市场"，应当"抓住这些机会"。他的主张展示了法国和欧洲对亚洲市场的雄心以及他们对未来多极世界的看法。其目的是要改变欧洲在亚洲市场远远落后的状况，争取成倍增加市场份额。足见欧洲领导人正迫切希望弥补失去的时间。

在欧洲人看来，亚洲是当今世界经济竞争最激烈的地方，回避在这里的较量绝对是不智之举。欧洲委员会负责人曾表示："只要欧洲企业不扩大对亚洲的投资，不频繁地开展经济活动，就难以在经济和技术革新方面领先。亚洲是掌握未来繁荣的关键地区。"如今，"与亚洲携手巩固世界贸易组织的多国主义"，已成为欧盟的基本战略。

亚洲以自身经济实力的增强，赢得了不容低估的国际地位。但要保持这种势头，需要有利的外部环境。亚欧两个地区的经济活力和多样性，带来了彼此加深合作的巨大潜力，两大洲维持较为开放的经济联系于双方都有利。

亚欧合作的宏旨，在于促进亚洲的广阔市场和发展潜力与欧洲的雄厚资金和先进技术的结合。它会带动双方经济的繁荣。铺设未来的亚欧金桥，虽不如2000多年前开辟丝绸之路那般艰辛，却需要人们运用更多的智慧、拿出更大的勇气。

选自《人民日报》1996年3月5日

生　词

1. 课题　　　　（名）　　　kètí　　　　　研究或讨论的主要问题,亟待解决的重大事项。
   problem; task
2. 渊源　　　　（名）　　　yuānyuán　　比喻事情的本原。
   origin; source
3. 首相　　　　（名）　　　shǒuxiàng　　政府首脑,内阁总理。
   prime minister
4. 愚蠢　　　　（形）　　　yúchǔn　　　愚笨,不聪明。
   stupid
5. 雄心　　　　（名）　　　xióngxīn　　 远大的理想和抱负。
   great ambition
6. 多极世界　　　　　　　 duōjí shìjiè　指世界上存在着代表不同地区和国家的多种政治、军事或经济力量。
   multipolar world
7. 宏旨　　　　（名）　　　hóngzhǐ　　 宏大的意图,主要的目的。
   main purpose

专　名

挪威　　　　　　　　　　　Nuówēi　　 国名。
Norway

注　释

欧盟
　　"欧洲联盟"的简称。其目标是实现欧洲一体化,现有英、法、德等15个成员国。其行政机构是欧洲委员会。

练　习

回答问题：
1. 根据标题"铺设欧亚金桥"推测文章的内容是什么？
2. 亚洲经济为什么引起了西方的关注？
3. 亚欧合作的根本目的何在？前景如何？
4. "下个世纪将是东亚时代",对此你有何评价？

第32课

课 文

谁拥有文化谁就拥有未来

——谈谈经济文化一体化

胡典世

经济和文化是一个复杂的彼此相互联系、相互影响、相互制约、相互依存的有机系统。经济发展和文化发展之间存在着水乳交融的内在联系。纵观人类社会发展的历史，任何一次重大的社会变革，必然震荡着某一特定的文化体系，并要求它做出与之相适应的调整。在我国，随着社会主义市场经济的建立和发展，经济与文化相互依赖、相互渗透的趋势愈来愈明显。

在马克思主义学说中，文化是社会上层建筑的重要组成部分。马克思主义的经济—文化观一方面肯定历史过程的决定性因素归根到底是实现生活中的生产和再生产；另一方面，也给文化和其它参与交互作用的因素以应有的重视，肯定了包括文化在内的上层建筑对经济基础的反作用。文化对经济的反作用也具有两面性：一方面，可以推进、加速经济的发展；另一方面，也可以阻碍、拖延经济的发展。例如新中国成立后，以马克思主义为主要内容的社会主义新文化，对中国经济建设的巨大推动作用，是众所周知的。然而，中国传统文化中的一些落后因素，如重农轻商、平均主义等，也对我们的经济发展起了阻滞作用。文化对经济的作用不是直接的，而是以人为中介，通过影响人的价值观念、思维方式、行为方式以及信仰、风俗等来实现的。特别是价值观的形成，对指导人的行为的选择和态度具有重要作用。

现在，文化在经济发展中的地位已被越来越多的发展中国家所认识。人们普遍认为，文化是一个社会的价值观、信仰、心态、风俗和行为方式的总和，是社会和经济变革的重大支柱。资本形成和技术进步是社会发展的重要因素，但是，所起作用的大环境则是一个社会的文化。所以，文化是社会发展战略的中心要素。

现代市场中，可以说任何经济活动都是以一定的文化方式进行的。即使是经济活动的各个环节，如生产、运输、交换、分配等，都或多或少地蕴含着各种文化因素，其功能的具有和发挥，也都是建立在文化基因之上的。文化弥漫于整个经济领域，既表现为动力、资源，又体现为一种润滑剂。自70年代以来，在某些发达国家更进一步呈现出经济与文化的一体化。

经济与文化一体化是发展市场经济的必然趋势。70年代以来，经济结构的调整日趋增大文化的含量（包括知识、教育、技术和信息），市场经济也日趋推进文化商品化和产业化，作为人类文明的两大车轮的经济与文化，虽然各自的发展有着内在的动因和独立性，但它们保持着"脐带关系"，即经济对文化具有奠基性，文化对经济具有前瞻性，两者具有互动效应，并在交互作用中同步发展。中国要发展社会主义市场经济，必然要迎接文化挑战。市场经济条件下，文化要产业化，产业要文化化。经济的发展决不能忽视文化背景和文化力。有中国特色的社会主义理论蕴藏着一种新的文化形态，市场经济体制也有深刻的文化内涵，在经济活动中，文化起着内在的、无形的支配作用。因此，我们不能仅仅从经济的角度看市场，而且要从文化的角度看市场。

概括地说，经济文化一体化的表现主要有以下几点：

一、现代商品的文化含量越来越高。人们看到，现代商品中的文化价值所形成的价格比重日益增加。从小吃店到美食城，从服装店到时装大厦，从家具店到灯饰总汇，人们吃、穿、用都要为商品所含的文化价值付费。而且在许多现代商品中，其文化价值所形成的价格比重远远高于使用价值所形成的价格比重。比如：香水是化妆品家族的宠儿和明星，一瓶香水的成本最多不过几十元，但在精品店售价却高达几千元。这翻倍的奥秘是什么？有位广告人精辟地指出："化妆品公司出售的并不是香水，而是某种文化，某种期待，某种联想和某种荣誉。"

那么这种文化是从哪儿来的呢？当然不是从生产香水的流水线上制造出来的，它是由商品"演"出来的。西方广告大师卓波·丹尼尔曾说过：做广告的过程，其实就是给商品塑造性格的过程。通过广告、公关、包装等塑造出来的商品形象，正是商品所"演"的文化。

二、文化因素在现代经济增长中的作用日趋显著。现代经济是宏观文化背景下的经济，现代企业的决策，不仅仅是经济决策，同时也是一种文化决策。国家、企业只有体察民族和世界的文化发展趋势，才能制定出具有重大经济效益和良好社会效益的科学决策。如世界著名的飞利浦公司1989年为挖走美国硅谷的一位集成电路专家，以200万美元的年薪高聘，美方并不为之所动，为了得到这位专家，该公司索性用3000万美元将这位专家所在的企业吞并。这个例子曾被广泛引用，足以说明科技大脑的价值。

世界知名企业无形资产的形成和逐渐提高，一方面与企业的产品质量、服务质量、管理质量、市场占有份额密切相关，即"有价"是"无价"的基础；但另一方面，它与企业的理念和价值观、社会声誉、形象力量、品牌推广等是分不开的。据统计，1991年世界上价值最高的名牌是万宝路，它的价值是310亿美元，相当于其年营业额的两倍，它之后的名牌依次有：可口可乐、索尼电器、奔驰轿车、柯达胶卷、迪斯尼乐园、雀巢饮料、丰田汽车、麦当劳快餐等。不管怎样统计，有一点是肯定的，世界名牌企业无形资产的价值远远高于企业的有形资产和年销售额。并不具有独立实体因而"无形"的这部分资产，其产出的却是远远高出一般生产资料、生产条件所能创造的利润。

三、现代企业积极追求

经济目标与文化目标的统一,树立经济文化一体化的良好形象。现代企业不仅是市场经济的主体,而且是市场经济的文化主体。企业以文化为手段,通过增强员工的主体意识、自律意识和人才意识,通过提高企业员工的文化素质,通过企业的文化建树来完善企业的人际关系,提高企业的管理水平,加强企业内部的凝聚力。企业越来越注意以文化为媒介,通过投资公益事业和参与文化活动的方式来塑造企业的社会形象,以扩大企业的知名度,密切企业与社会的关系。

四、环境价值与文化认同成为全球产业调整、全球区域经济合作的深层基础。60年代以来,"绿色和平运动"、"环境革命"已经或正在改变着人类社会的生产方式,并将对世界各国的产业结构和经济发展产生巨大的影响。目前,在世界范围内正在形成如欧洲共同体、非洲经济共同体、北美自由贸易区、东南亚经济贸易区等若干个以传统经济文化联系为基础的区域市场和经济集团,它们的形成,除地区因素、经济互补和传统的经济联系外,还基于传统的文化联系这一不可忽视的重要因素。这些区域市场和经济集团,有的具有相同的文化和语言,有的具有相同的宗教信仰和价值观念,有的则有着相同的文化背景和共同的文明历史。毫无疑问,由相同的文化背景、语言、宗教信仰、价值观念、风俗习惯、文化意识的人群构成经济方面的联系,在减少和克服由于文化差异带来的贸易冲突和经济磨擦方面,在方便经济往来和信息方面,在适应贸易环境和投资环境方面,具有其它方式不具备的独特优势,能够起到其它方式所起不到的独特作用。

可以预见,谁拥有科技优势、信息优势、知识优势、人才优势,一句话,谁具有文化优势,谁就将会拥有竞争优势,谁就将会拥有未来。

选自《中国文化报》1997年2月6日

生　　词

1. 渗透	(动)	shèntòu	逐渐进入。 permeate；infiltrate
2. 归根到底		guī gēn dào dǐ	归结到根本上。 in the final analysis
3. 经济基础		jīngjì jīchǔ	社会发展一定阶段上的社会经济制度,即社会生产关系的总和,它是上层建筑的基础。 economic base
4. 反作用	(名)	fǎnzuòyòng	承受作用力的物体对于施力物体的作用。 reaction
5. 平均主义		píngjūnzhǔyì	主张人们在工资、劳动等方面享受同等待遇的思想,认为只有绝对平均才

				是平等,是个体手工业和小农经济的产物。
				equalitarianism
6.	阻滞	(动)	zǔzhì	阻挡、阻碍。
				stop; hold back
7.	润滑剂	(名)	rùnhuájì	比喻促进事物发展的物质。
				lubricant
8.	脐带	(名)	qídài	连接母体与胚胎的带状物。
				umbilical cord
9.	前瞻		qián zhān	展望未来。
				look forward to the future
10.	宠儿	(名)	chǒng'ér	比喻受到宠爱的人或事物。
				favourite; darling
11.	精辟	(形)	jīngpì	深刻、透彻。
				penetrating
12.	流水线	(名)	liúshuǐxiàn	指按流水作业特点所组成的生产程序。
				assembly line
13.	吞并	(动)	tūnbìng	把别人的产业强行并入自己的范围内。
				annex; swallow up
14.	自律	(动)	zìlǜ	自己约束自己。
				be strict with oneself
15.	建树	(动)	jiànshù	建立功勋。
				make a contribution
16.	媒介	(名)	méijiè	使双方发生关系的人或事物。
				medium

专 名

硅谷	Guīgǔ	地名。
		Silicon Valley

注 释

1. 马克思主义

指马克思和恩格斯所创立的无产阶级思想体系。它的基本组成部分是马克思主义哲学(即辩证唯物主义和历史唯物主义)、政治经济学和科学社会主义。

2. 绿色和平运动

也叫"绿色运动",指70年代以来在一些国家兴起的维护生态平衡、反对核武器的运动。进入80年代后,该运动进一步发展,并派生出一些思潮、组织和政党,如"生态社会主义"、"绿色和平组织"、"绿党"等。其宗旨主要是建立人与人、人与自然之间平等、和谐的关系,争取民主与和平。

报刊词语、句式示例

一、马克思主义的经济—文化观一方面肯定历史过程的决定性因素归根到底是现实生活中的生产和再生产;另一方面,也给文化和其它参与交互作用的因素以应有的重视,肯定了包括文化在内的上层建筑对经济基础的反作用。

"一方面……,另一方面……"用来分述同一事物不同侧面的情况。例如:

1. 文化对经济的反作用也具有两面性:一方面,可以推进、加速经济的发展;另一方面,也可以阻碍、拖延经济的发展。

2. 世界知名企业无形资产的形成和逐渐提高,一方面与企业的产品质量、服务质量、管理质量、市场占有份额密切相关,即"有价"是"无价"的基础;但另一方面,它与企业的理念和价值观、社会声誉、形象力量、品牌推广等是分不开的。

二、现在,文化在经济发展中的地位已被越来越多的发展中国家所认识。

"被……所……"表示被动,主动者由"被"引出。"所"后边接单音节动词时,"所"字不能省略,接双音节动词时,"所"字可省略。例如:

1. 现在,铁路一统天下的客运垄断局面被公路、航空及其他运输方式的崛起所打破。

2. 旧货市场这个被大都市的人们所遗忘的角落,近年来居然火爆起来。

3. 阿里地区连续几天大雪,连救援灾区的车队也被风雪所阻,前进十分困难。

三、即使是经济活动的各个环节,如生产、运输、交换、分配等,都或多或少地蕴含着各种文化因素,其功能的具有和发挥,也都是建立在文化基因之上的。

"即使……也……"表示假设兼让步,说明在假设的情况下所产生的结果不受这种情况的影响。例如:

1. 现在小学生课业负担太重,即使是成年人,要想在较短的时间内完成那些作业也很困难。

2. 绿化这片荒山是我的夙愿,我还要更加努力地工作,即使再用几十年,也一定要实现我的愿望。

3. 即使北京的冬天很冷,他也坚持每天早上锻炼,从不间断。

四、国家、企业只有体察民族和世界的文化发展趋势,才能制定出具有重大经济效益和良好社会效益的科学决策。

"只有……才能……"表示必须具备某种条件,才有可能获得某种结果。例如:

1. 只有积极加以扶持和引导,才能促使个体经济健康、蓬勃地向前发展。
2. 年轻人只有把个人的理想和国家的需要结合起来,才能真正实现自我价值。
3. 只有妇女自尊、自信、自立、自强,拼搏不息,才能得到社会的重视和承认,才能争取到社会上应有的权利和地位,才能最终实现妇女的解放。

五、这些区域市场和经济集团,有的具有相同的文化和语言,有的具有相同的宗教信仰和价值观念,有的则有着相同的文化背景和共同的文明历史。

"有的……有的……有的……"表示列举,逐一说明各种各样的情形。例如:

1. 每逢植树节,都有许多人到这里来参加植树活动,有的挖坑,有的提水,有的运树苗,热闹极了。
2. 大赛在即,运动员们正在加紧训练,有的练发球,有的练推挡,有的练抽杀,一个个都是满头大汗。
3. 每当双休日,许多北京市民走出家门。有的远足京郊,有的在体育场所健身,有的到剧院看戏,还有的来到图书馆在知识的海洋里遨游。

练 习

一、解释词语:
  1. 水乳交融——
  2. 众所周知——
  3. 重农轻商——
  4. 平均主义——
  5. 中介——
  6. 润滑剂——
  7. 脐带关系——
  8. 互动效应——
  9. 美食城——
  10. 流水线——
  11. 无形资产——
  12. 有形资产——
  13. 凝聚力——
  14. 知名度——

二、选词填空:
1. 经济和文化是一个复杂的彼此相互联系、相互影响、相互____、相互依存的有机系统。(制约 制服)
2. 经济发展和文化发展之间存在着水乳交融的____联系。(深入 内在)
3. 现在,文化在经济发展中的地位已____越来越多的发展中国家所认识。(由 被)

4. 人们____认为,文化是一个社会的价值观、信仰、心态、风俗和行为方式的总和,是社会和经济变革的重要支柱。(普遍　普通)

5. 资本形成和技术进步是社会发展的重要因素,但是,所起作用的大环境____是一个社会的文化。(则　而)

6. 现代市场中,可以说任何经济活动都是____一定的文化方式进行的。(在　以)

7. 文化弥漫于整个经济____,既表现为动力、资源,又体现为一种润滑剂。(领域　地区)

8. 经济与文化一体化是发展市场经济的必然____。(趋势　形势)

9. 在许多现代商品中,其文化价值所形成的价格比重远远____使用价值所形成的价格比重。(高于　等于)

10. 化妆品公司出售的并不是香水,____某种文化,某种期待,某种联想和某种荣誉。
（但是　而是）

11. 做广告的过程,____就是给商品塑造性格的过程。(的确　其实)

12. 环境价值与文化认同成为全球产业调整、全球区域经济合作的____基础。(深入、深层)

三、根据语境选择一组最恰当的词语填空:

1. 在我国,____社会主义市场经济的____和发展,经济____文化相互依赖、相互渗透、____愈来愈明显。
　　A. 随着　　建立　　与　　趋势
　　B. 跟着　　建设　　和　　走势
　　C. 围着　　建树　　对　　态势
　　D. 由着　　建造　　并　　形势

2. 文化____经济的反作用也____两面性:一方面,可以推进、加速经济的发展;_____,也可以____、拖延经济的发展。
　　A. 向　　拥有　　再一方面　　阻挡
　　B. 对　　具有　　另一方面　　阻碍
　　C. 朝　　持有　　别一方面　　阻止
　　D. 往　　享有　　次一方面　　阻拦

3. 文化对经济的作用不是____的,而是以人为____,通过影响人的价值____、思维方式、行为方式____信仰、风俗等来实现的。
　　A. 共有　　媒介　　意见　　尤其
　　B. 同步　　媒人　　建议　　特别
　　C. 直接　　中介　　观念　　以及
　　D. 一贯　　中人　　观点　　甚至

4. ____是经济活动的各个环节,如生产、运输、交换、分配____,都_____地蕴含着各种文化因素，____功能的具有和发挥,也都是建立在文化基因之上的。
   A. 不仅   种   可大可小   这
   B. 尽管   类   可多可少   那
   C. 虽然   及   或大或小   它
   D. 即使   等   或多或少   其

5. 有中国特色的社会主义理论____着一种新的文化形态,市场经济体制也有深刻的文化____,在经济活动中,文化起着内在的、无形的支配____。
   A. 蕴藏   内涵   作用
   B. 隐藏   内容   功能
   C. 埋藏   含义   影响
   D. 储藏   意义   力量

6. 文化因素在现代经济增长中的作用日趋____。现代经济是____文化背景下的经济,现代企业的决策,不仅仅是经济决策,____也是一种文化决策。
   A. 明确   微观   同样
   B. 显著   宏观   同时
   C. 清楚   可观   同步
   D. 醒目   直观   同理

7. 现代企业积极追求经济目标与文化目标的____,树立经济文化一体化的良好____。现代企业不仅是市场经济的____,____是市场经济的文化主体。
   A. 共性   典型   主导   那么
   B. 融合   代表   主旨   才能
   C. 统一   形象   主体   而且
   D. 一致   榜样   主权   然而

8. 企业以文化____手段,通过____员工的主体意识、自律意识和人才意识,通过提高企业员工的文化____,通过企业的文化建树来完善企业的人际关系,____企业的管理水平,加强企业内部的____。
   A. 是   补充   品格   加强   离心力
   B. 做   拓宽   教养   增加   向心力
   C. 当   扩大   水平   扩充   离散力
   D. 为   增强   素质   提高   凝聚力

9. 企业____注意以文化为媒介,通过投资公益事业和____文化活动的方式来____企业的社会形象,____扩大企业的知名度,____企业与社会的关系。
   A. 越来越   参与   塑造   以   密切

231

B. 越来越　参加　制造　为　加强
C. 愈来愈　参考　创造　向　建立
D. 愈来愈　参照　改造　为　培养

10. _____，由相同的文化背景、语言、宗教信仰、价值观念、风俗习惯、文化意识的人群____经济方面的联系，在减少和克服由于文化差异带来的贸易____和经济磨擦方面，在方便经济往来和信息方面，在适应贸易环境和投资环境方面，____其他方式不具备的独特优势，能够起到其他方式____起不到的独特作用。

A. 不言而喻　组成　矛盾　拥有　将
B. 毫无疑问　构成　冲突　具有　所
C. 毋庸置疑　形成　纠纷　享有　于
D. 不可否认　造成　争论　占有　在

四、用指定词语改写句子：

1. 文化对经济的反作用也具有两面性：一方面，可以推进、加速经济的发展；另一方面，也可以阻碍、拖延经济的发展。
　　（既……也……）

2. 现在，文化在经济发展中的地位已被越来越多的发展中国家所认识。
　　（为……所……）

3. 文化弥漫于整个经济领域，既表现为动力、资源，又体现为一种润滑剂。
　　（一方面……另一方面……）

4. 国家、企业只有体察民族和世界的文化发展趋势，才能制定出具有重大经济效益和良好社会效益的科学决策。
　　（如果……那么……）

5. 据统计，1991年世界上价值最高的名牌是万宝路，它的价值是310亿美元，相当于其年营业额的两倍。
　　（约等于）

6. 世界名牌企业无形资产的价值远远高于企业的有形资产和年销售额。
　　（比……高得多）

7. 这些区域市场和经济集团，有的具有相同的文化和语言，有的具有相同的宗教信仰和价值观念；有的则有着相同的文化背景和共同的文明历史。
　　（或者……或者……或者……）

8. 可以预见，谁拥有科技优势、信息优势、知识优势、人才优势，一句话，谁具有文化优势，谁就将会拥有竞争优势，谁就将会拥有未来。
　　（一言以蔽之）

五、回答问题：

1. 经济与文化之间是什么样的关系？

2. 文化对经济有什么样的反作用？请举例说明。
3. 为什么说文化对经济的作用不是直接的？
4. 为什么说文化在经济发展中的地位很重要？
5. 什么是经济与文化的"脐带关系"？
6. 为什么说我们不仅要从经济的角度看市场，而且要从文化的角度看市场？
7. 在现代社会，经济文化一体化主要表现在哪些方面？请举例说明。
8. 你是否同意"谁拥有文化谁就拥有未来"这一观点？为什么？

六、快速阅读：(限时3分钟)

第三只眼睛看市场

沈永昌

用第三只眼睛看市场，即用消费者的观点来看市场，这是企业家力透纸背的经验之谈。繁纷多变的市场，广大消费者无不关注。精明的企业家把众目睽睽分为三个层次，即第一只眼睛是企业看市场，第二只眼睛是政府看市场，第三只眼睛是消费者看市场。作为企业的经营者，不仅要站在企业的角度看市场，还要站在消费者的角度看市场。站在不同的角度就会有不同的感受，消费者的消费心理和消费需求，正是不少企业家们知之不多而求之不得的。

用第三只眼睛看市场，成功的企业并非仅仅是看，而是在看中分析市场、研究市场，从消费者的需求中去开发市场，适应市场。我们的东邻日本，市场上就有一种专事收集消费者意见、揣摩消费者心理的跑街先生。日本伊藤忠商事株式会社，在国内外就设立了100多家机构，跑街先生每天可向商社发回有关商务的信息数万条，使商社对世界各地消费者的需求了如指掌，销售业绩越来越大。国内不少企业也正是不断根据市场调查获得的信息，了解和发现消费者的需求后再开发新品，使企业在市场的大潮中如鱼得水，游刃有余。

用第三只眼睛看市场，并非像说说那么容易。市场千变万化，消费者的消费心理、消费习惯也不尽一致，精明的企业家，既要看准市场，更要有正确的市场定位能力。可以这样说，企业创造利益的原动力在于尊重"消费者主权"，这是企业成功占领市场的关键所在。我们众多的企业家们，你能用第三只眼睛看市场吗？有心者不妨一试。

选自《经济日报》1996年4月18日

问题：

请你试试用第三只眼睛看市场。

阅 读（一）

地铁——一条文化暗河

老 猜

　　胡女士常对同事说，她和地铁相依为命。这话听起来有些夸张，实际上却表达了一种真实的感受。她家住古城，在复兴门工作，全仗着有地铁，才免去了每日东奔西走之苦。地铁方便快捷，风雨无阻，这是称人心意之处，但乘地铁也有一份微妙的尴尬：高峰时的那份拥挤是不必说了，要命的是目光没处落脚——窗外是一片漆黑，车厢内是面面相觑，大家都在努力调整表情。起初，胡女士靠闭眼假寐来打发这段时间，后来见读书看报的人多了，便也仿效起来。就这样，她不知不觉间加入了庞大的地铁"书报一族"。由于这一族群的存在，北京城的地底下有了一道日见鲜亮的文化风景线。于是，地铁不光成为都市的动脉，也变成了文化信息的承载者，一条文化的暗河。

都市地底下的读书人

　　为了搞清楚地铁乘客都读些什么，记者曾花了两天时间，专门在一线和环线转悠。记者不无惊讶地发现，一线看书的多，环线读报的多。而更让人吃惊的是，学习式读书的比消遣型读书的多。

　　第一天，记者在一线地铁里看到一个姑娘低头读一本大书，目不转睛，非常专注。走过去一问，姑娘向我亮了亮封面，原来是厚厚的《生理学大纲》。交谈中，姑娘告诉我，她正在读夜大。我问她："能看得进去吗？"她回答说："一般都能看进去，但有时太乱，就不行了。"在离她不远的地铁车门边，坐着一位年龄稍大的"嫂子"。我费了很大的劲才弄清，她正在读的是一本《初级会计》。在"嫂子"的对面，有一个小伙子在读一本杂志模样的读物。他不像两位女士那么专注，时不时抬起眼光看看四周，手中的读物也一开一合的。就在一开一合之间，我看清那"杂志"原来是一本电脑教材——《快快乐乐学 DOS》。

　　我还看到过一位头发剪得很短、打扮入时的姑娘，拿着一本《毕淑敏散文·素面朝天》踏进地铁。书很新，像是刚买的，一问，果然不错。她说她曾经在《北京青年报》和晚报上读到过毕淑敏的散文，挺喜欢的，见到地铁书摊上有卖的，于是就买了。大多数地铁乘客像她一样，进出站的时候，总要到书摊上流连一番。不一定买，但起码能过个眼瘾。地铁各站一般都有书摊，除了小说、儿童读物和人物传记外，甚至还有《尼采文集》这类书。记者曾问公主坟站守书摊的女同志：什么书卖得好，她打量了我一下说："小说，还有经济类，谋略类图书。"木樨地站卖书的女同志还向我推荐《老舍小说精选》四卷本，说是"卖得特好"。我一看价钱，50多块。

我在环线上还和另外三本书照过面,那是《红楼解梦》、《商海沉浮》和《追寻今生的至爱》。商海传奇是商品时代的神话,爱情之作自古以来就有市场。

看来,地铁的确是地面世界的投影。人们的追求、期盼乃至随风跑,都无一不在这里得到反映。

大师的背影深入地铁

地铁绵延数十里,既是一个人的世界、车的世界,也是一个广告的世界。把广告说成地铁中最耀目的风景,是一点也不过分的。除了两侧墙壁上灿烂的广告灯箱外,站台的大立柱也被作为广告媒体:一线是荣事达的天下,环线则由顶新集团独享。然而,就在这片夺人心神的广告丛中,突然吹进一阵清新的风。1995年秋天,180幅名家字画突然被挂进地铁,给地铁乘客带来了极高的精神享受。

这股艺术之风是由地铁总公司、亚都科技集团和中央书画院联合吹起来的。参与企划这一举动的亚都广告公司王亚兴经理不无自豪地说:"亚都是个带有文化色彩的企业,我们的老总何鲁敏又是个儒商,所以碰到这种既能美化地铁环境、促进精神文明建设,又能提升企业总体形象的事,我们当然不会错过。"地铁总公司在亏损运营、经济困窘的境况下,仍然拿出部分资金来装裱字画和作为启动费用,显示出地铁方面对文化建设的一片苦心。而中央书画院在组织联络大批名家题诗作画方面,也是功不可没。

有关方面的同志介绍说,180多幅字画,尽出名家之手,有很高的艺术品位。书协、美协的一些负责人和中央美院、工艺美院的许多知名教授都参与了这一活动。像阿老、吴作人、李铎、韩美林、沈鹏等,都是大师级的艺术家,他们的作品也是万金难求。但是,当他们听说是为地铁"美容"时,无不慷慨泼墨。

记者在各个地铁车站观看时,感到的确幅幅字画皆是精品、珍品。苍鹰、猛虎、翠竹、山水、渔樵,无不向都市人展示着大自然的刚健清新,而诗词歌赋,则令人读之忘俗,如"两三星斗胸前落,十万山峦足下青。"

在公主坟站,有这样一首诗赞美地铁:"连绵地下城/满目溢琼华/四季春风渡/飞驰旅客家。"

在公宝山站,有一幅名为"清影摇风"的墨竹图。古道热肠的画家在画上题道:"献给早起人。"我想,倘若人们在行色匆匆之中注意到了这寥寥几字的话,他一定会感受到人情的温暖。

透过这180幅字画,我仿佛看到大师们的背影在汹涌的人流中隐现。

温馨的《回家》诉说了什么

常坐地铁的人大概都不会忘记,地铁车门上曾出现过一幅小画:一个少妇手抚一尊半身老妪塑像,凝眸窗外昏黄温暖的落霞。整个画面流露着古典的、思念般的忧郁。在画面的下方,有几句似诗非诗的劝谕,大意是:我们曾经因为奔波于事业、陶醉于爱情而疏于问候年迈的母亲,回家吧,不要总是默默地牵挂。

这帧初看上去并不起眼的公益广告,是由印象广告公司在母亲节前推出的。当印象广告的一帮年轻人在深夜里把这幅《回家》贴上地铁车门的时候,他们谁也没有想到,《回家》会成为一个不大不小的事件。许许多多的人被这幅广告打动了,被日常琐事压抑着的亲情在心灵里悄悄复苏。一时间,众口纷纭都在读《回家》。一家著名的购物中心在电子屏幕上引用了《回家》中的句子,还引发了一场小规模的著作权纠纷。印象广告公司一时间名声大振。

《回家》的创作者刘澜当时还是北京大学的学生,和我是老相识。在印象广告公司召开的公益广告研讨会上,刘澜私下里告诉我说,他也没料到会获得如此成功,当时完全是凭着一种直觉去完成它的。

现在想起来,《回家》的成功并不偶然。它呼应了人们心中一种普遍的怀乡情结,表达了人们对精神家园的渴求。就在《回家》亮相前后,肯尼·G的一曲同名萨克斯吹遍了中国大地,《九月九的酒》等怀乡歌曲也不胫而走。此外,当时公益广告还鲜为人知,除了中央电视台偶尔播出一两集,还有太阳神为教师节而做的公益广告外,几乎是一个空白。于是,《回家》借母亲节之机,"不著一字,尽得风流",为印象广告公司做了一次深入人心的广告。在地铁站、车的众多广告中,它也许是最成功的,因为它直接诉说了观众的情感,散发着浓厚的人情味,它用亲情包裹着商业信息,在轻言细语、耳畔叮咛之际,就完成了它作为广告的多重使命。

《回家》给那些有意于在地铁中做广告的商家们以怎样的启示?在广告与文化之间,也许有一条最为秘密的孔道。一旦找到这条孔道,你就会一举数得。

地铁是一条河,人的河,文化的河,地铁中有说不尽的话题。瞻望地铁的将来,当地下交通网络延伸到都市的每一个角落的时候,文化的神经末梢也必然会得到更有力的扩展。

选自《北京青年报》1996年3月19日

生　词

1. 相依为命	(成)	xiāng yī wéi mìng	互相依靠着生活,谁也离不开谁。 depend on each other for survival
2. 微妙	(形)	wēimiào	非常奇妙,难以捉摸。 delicate; subtle
3. 面面相觑	(成)	miàn miàn xiāng qù	你看我,我看你,形容大家无可奈何地互相望着。 look at each other in blank dismay
4. 假寐	(动)	jiǎmèi	假装睡觉。 catnap; doze
5. 仿效	(动)	fǎngxiào	模仿。 imitate
6. 转悠	(动)	zhuànyou	漫步,随意走动。 stroll
7. 流连	(动)	liúlián	非常留恋,舍不得离去。 be reluctant to leave
8. 谋略	(名)	móulüè	计谋、策略。 astuteness and resourcefulness

9. 困窘	（形）	kùnjiǒng	困难、窘迫。	
			in a difficult position	
10. 装裱	（动）	zhuāngbiǎo	裱褙书画并装上轴子等。	
			mount (a picture, etc.)	
11. 品位	（名）	pǐnwèi	此指水平、水准。	
			grade; level	
12. 慷慨	（形）	kāngkǎi	大方,不吝惜。	
			generous	
13. 泼墨	（动）	pōmò	此指作画。	
			paint	
14. 渔樵	（动）	yúqiáo	捕鱼、打柴。	
			fish and cut firewood	
15. 汹涌	（动）	xiōngyǒng	（水）猛烈地向上涌。	
			surging	
16. 隐现	（动）	yǐnxiàn	时隐时现。	
			be now visible, now invisible	
17. 温馨	（形）	wēnxīn	充满温情的。	
			full of tender feelings	
18. 老妪	（名）	lǎoyù	老年妇女。	
			old woman	
19. 凝眸	（动）	níngmóu	注视。	
			gaze at	
20. 忧郁	（形）	yōuyù	愁闷。	
			heavy hearted	
21. 劝谕	（动）	quànyù	劝告。	
			advise	
22. 奔波	（动）	bēnbō	忙忙碌碌地往来奔走。	
			rush about	
23. 复苏	（动）	fùsū	复活。	
			come back to life or consciousness	
24. 纷纭	（形）	fēnyún	多而杂乱。	
			diverse and confused	
25. 萨克斯	（名）	sàkèsī	即萨克管,一种乐器。	
			saxophone	
26. 叮咛	（动）	dīngníng	反复地嘱咐。	
			urge again and again	
27. 瞻望	（动）	zhānwàng	展望。	
			look forward	

练 习

选择正确答案：

1. 胡女士与地铁相依为命是因为——
    A. 她上下班需要乘坐地铁
    B. 她喜爱地铁这种交通工具
    C. 她在地铁部门工作
    D. 她的家人在地铁部门工作

2. 地铁里看书看报的人越来越多,其根本原因是——
    A. 地铁越来越拥挤
    B. 坐地铁没有风景可观赏
    C. 乘客之间的关系不融洽
    D. 上班时没有时间看

3. 作者发现一线地铁乘客多是——
    A. 学习式读报的
    B. 消遣型读报的
    C. 学习式读书的
    D. 消遣型读书的

4. 作者在地铁中遇见的小伙子读的书是——
    A.《生理学大纲》
    B.《初级会计》
    C.《快快乐乐学 DOS》
    D.《毕淑敏散文·素面朝天》

5. 作者特别提到地铁书摊"甚至还有《尼采文集》这类书",其含义是——
    A. 这类书价格便宜
    B. 供选择的书籍太少
    C. 地铁里没有报摊
    D. 乘客的文化素质较高

6. "大师的背影深入地铁"指的是——
    A. 地铁总公司的领导是名人
    B. 地铁对名人实行优惠政策
    C. 名人经常乘坐地铁

D. 名人字画被挂进地铁

7. 地铁里悬挂名人字画的目的是——
　　A. 为文化建设做出贡献
　　B. 提升地铁的总体形象
　　C. 获得较高的经济效益
　　D. 使名人的知名度更高

8. 公益广告《回家》之所以获得成功是因为——
　　A. 作者是名牌大学学生
　　B. 它抒发了人们内心深处的感情
　　C. 它的画面十分美丽
　　D. 它的诗句被大商场的电子屏幕引用过

阅读（二）

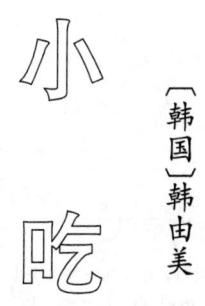

小吃

〔韩国〕韩由美

　　我到中国来就读两年多了。谈论一个国家的文化时，少不了饮食文化。在谈中国的饮食文化时，举世公认的北京烤鸭好，满汉全席也好，但给我留下最深刻印象的却是中国传统的小吃。

　　在韩国，我从小就喜欢吃街上卖的一些小吃，但我母亲不让我吃，因为那些东西没有营养，又不干净。但我每次下课回家，路过小吃摊时，仍然经不住诱惑，凑出兜里的零钱买小吃，把母亲的嘱咐忘得一干二净。说来也奇怪，我也健康地长大了。可惜，越长大越看不到小吃。但来中国不多久我就知道了北京有小吃街，而且惊讶地发现中国的小吃别有一番风味。在北京我比较爱去的地方是王府井和东四的小吃摊。

　　记得有一个周末，我和一个朋友到东四逛街。傍晚时，又饿又累，想去麦当劳吃汉堡包。刚走到门口就看见对面一些人忙忙碌碌地在准备什么东西，一会儿便灯火通明。我很好奇，情不自禁地走过去想看看究竟。哇！原来这就是常听说的小吃街！此时我童年在韩国吃小吃的情景又浮现在眼前。我一下子兴奋起来，庆幸自己找到了好去处。这时候汉堡包的诱惑已经飞到九霄云外去了。

　　不多久，小吃街变得热闹起来了，香味扑鼻，热气缭绕。最令我好奇的是他们的叫卖声——这是中国朋友后来告诉我的。当时他们的语调一会儿高,一会儿低,真让我觉得新鲜。

我先买了一碗担担面。里面有小小的黄豆和绿绿的菜叶。因为我喜欢吃蔬菜,特意让卖主多给我放一些。我吃了一大口,可马上要吐出来。天呀,这是什么香味儿啊?真让我受不了。原来这就是中国人常吃的香菜。我立刻把香菜拨出去。面的味道倒还不错,也许是香菜的小插曲,使我对担担面的印象最深。

小吃街人群熙熙攘攘,叫卖声此起彼伏,我的食欲来了,我看有人在吃一种饼,饼里夹着许多蔬菜,我也买来尝尝。里面的青菜都是生的,很合我的口味。后来才知道这叫做春饼。立春的时候家家都做,还是个传统呢。

经过一个小摊时,我闻到了一种难闻的臭味儿。那是些方方的、黑灰的小东西。真奇怪,这么难闻的东西,有人卖,而且还有人买!我到现在也不敢吃臭豆腐。

我还买了紫米粥、炸鸡串等等。小吃街转了一趟,我已经饱饱的了,但还意犹未尽。

从此以后,小吃街便是我最喜欢去的地方。有时对学习生活感到厌烦,想轻松一下,我便一下子想到小吃。即使是学校对面的小摊,也能让我感到满足。

北京的传统小吃,以它的独特风味,赢得了许多留学生的好评。我个人认为,它是中国饮食文化中独特的一部分。在韩国有一种说法,一个国家要走向世界,最好的办法是保持自己的传统文化,要有自己的特色。虽然我谈的是小吃,但千万不要忽视小吃也是中国独特的文化之一。我希望在麦当劳、肯德基、比萨饼充斥中国快餐市场的情况下,中国的传统小吃能够继续发扬下去,独树一帜。

哎!写到这里,我肚子觉得有点饿了,我现在就要买煎饼去了。

摘自《经贸大学》旬报

选自《中国青年报》1996年2月28日

生　　词

1. 举世公认		jǔ shì gōng rèn	全世界都承认。 universally acknowledged
2. 营养	(名)	yíngyǎng	养分,即物质中所含的能供给有机体营养的成分。 nutrition
3. 凑	(动)	còu	聚集。 gather; assemble
4. 嘱咐	(动)	zhǔfù	告诉对方记住应该怎样,不应该怎样。 exhort
5. 忙忙碌碌	(形)	mángmánglùlù	形容非常繁忙。 as busy as a bee

6. 情不自禁	（成）	qíng bù zì jīn	抑制不住自己的感情。cannot help（doing sth.）
7. 究竟	（名）	jiūjìng	原因；结果。outcome; what actually happened
8. 浮现	（动）	fúxiàn	（过去的事情）再次在脑子里显现；呈现。appear before one's eyes
9. 九霄云外		jiǔxiāoyúnwài	形容远得无影无踪。beyond the highest heavens far, far away
10. 缭绕	（动）	liáorǎo	回环旋转。curl up
11. 叫卖	（动）	jiàomài	吆喝着招揽主顾。cry one's wares
12. 独特	（形）	dútè	独有的；特别的。unique
13. 忽视	（动）	hūshì	不注意；不重视。ignore
14. 充斥	（动）	chōngchì	充满(多含贬义)。be full of; flood
15. 独树一帜		dú shù yī zhì	单独树立起一面旗帜。比喻自成一家。fly one's own colours — develop a school of one's own

练　习

判断正误：

1. 饮食文化是一个国家传统文化的组成部分。（　　）
2. 作者最喜欢的中国食品是北京烤鸭和满汉全席。（　　）
3. 作者小时候从来不吃韩国小吃，因为她妈妈不让她吃。（　　）
4. 在北京，作者喜欢去王府井和东四是因为爱吃那里的小吃。（　　）
5. 作者是在无意中发现小吃街的。（　　）
6. 作者在小吃街吃的第一种小吃是担担面。（　　）
7. 春饼是只有在立春的时候才能吃到的传统食品。（　　）
8. 作者一开始不敢吃臭豆腐，后来闻惯了它的气味儿，也就敢吃了。（　　）
9. 作者有时候去吃小吃是为了消除紧张的学习给她带来的疲劳。（　　）
10. 中国饮食文化要想走向世界必须吸收世界各国饮食文化的特点。（　　）

第33课

课　文

加强我国广告市场建设

潘大钧

中国广告市场现状透视

现代广告业是以高新技术为依托的知识、技术、人才密集的信息产业。广告市场是广告业赖以运作的基础，是市场体系不可缺少的组成部分。

十一届三中全会以来，我国广告市场发生了巨大变化：1978年以前，我国没有广告市场；1979年国内广告业恢复时，全国年广告营业额只有1000多万元；然而，到1995年，我国广告营业额已达到273.77亿元。在世界广告增长率排名表上，我国列于首位。同时，经过工商管理机关依法确认的广告经营单位和从业人员成倍增加。1979年广告经营单位只有10余家、从业人员1000多人，到1995年猛增到4.8万家、47万人，既有国有、集体企业，也有个体、私营以及中外合资合作企业，遍及全国各个角落。随着社会主义市场经济体制的确立，我国广告业不但成为沟通生产与消费的中介，而且成为帮助企业开拓市场、参与竞争、引导消费的有效方式，许多企业投入广告的费用与日俱增。现在，我国每年广告费达百万元、千万元的企业大批涌现，广告费上亿元的广告主也已出现。广告经营者、发布者投入技术设备更新的资金逐年增加，高新技术、先进设备不断运用于广告活动的各个环节。

当前，我国广告市场层次由低到高、从零星市场交易转向立体化市场网络。广告经营者由单纯的媒体代理或仅作设计、制作服务，逐步转变为从市场调查入手、以创意为中心、策划为主导的全面综合服务。广告媒体单位发布广告从限制多、渠道窄、发布量少到拓宽渠道、增加传播容量、加快发布速度，使广告流通量大幅增长。广告作品在创意策划、美学思想、艺术情趣和文化品位上实现高层次的飞跃。广告市场规则从无到有、渐趋完善。广告业恢复伊始，广告市场运行规则仅是一些不完备的地方性法规。针对广告市场的混乱局面，1982年国务院发布广告管理暂行条例，政府各部委也陆续发布一批关于广告运作的专项规定，使广告宣传、广告经营活动有了可遵循的全国统一规范。1987年，国务院正式发布了广告管理条例,广告市场规则得到进一步规范。如今我国第一部广告法颁布实施,我国广告市场已经完全纳入依法治理的轨道。

然而,毋庸讳言,我国广告市场尚不成熟,还存在着种种亟待解决的问题。一是广告市场上虚假广告、违法经营两大公害屡禁不止,依然猖獗。这不仅严重地损害国家和社会公众的利益,而且也极大地损害广告业的形象,破坏着广告市场。二是广告市场在新旧体制转轨过程中,出现了无序状态:不正当竞争、部门垄断广告业务、广告承揽与发布一体化、广告审查形同虚设等,既阻碍广告业健康发展,也干扰了社会主义市场经济秩序。这两大问题,是与广告市场建设滞后密切相关的。为了健康地发展中国现代广告业,要刻不容缓地加快建设广告市场。

中国广告市场走势展望

当今世界,发展最快的广告市场首推中国。然而,我国广告市场的巨大潜力尚未充分开发出来。众多经济发达国家在垂涎我国市场的同时,也都紧盯着潜力巨大、颇有诱惑力的我国广告市场。我国广告市场的走势,也越来越被人们所关注。

*广告市场发展国际化。*当代社会,"经济全球化"已见端倪,竞争无国界已成事实。广告市场的国际化趋势是现代广告业发展的一大特征。它与跨国公司和现代高科技的出现、发展紧密联系着,与国际服务贸易的发展息息相关。我国国内广告市场与国际广告市场衔接,趋向国际化,已成定势。

*广告市场竞争白热化。*眼下,在广告市场内,已出现两大竞争趋势:一是广告主之间在争夺市场中作为商战组成部分的广告战;二是广告业内各广告经营者、发布者之间为争夺广告主、广告受众在广告市场上的广告战。走上国际竞争大舞台的我国广告业,在广告市场上卷入白热化的竞争也将是不可避免的。

*广告市场运作规范化。*现代广告市场成熟的一个重要标志,就是按照市场经济规律运作,依据科学制度规范广告行为。随着中国广告业蓬勃发展,以及社会主义市场经济体制全面完善,势必要求我国广告业在吸收国外科学有效的广告运作经验的同时,创建具有中国特色的现代广告市场,使我国的广告市场向科学化、现代化、规范化方向发展。

*广告市场管理法制化。*在广告市场上活动的广告主、广告经营者、广告发布者以及广告受众,存在着复杂的经营、交换、利益甚至产权关系,存在着各自的责任、权利和义务。若无相应的法律规范和司法保障,广告市场就不可能健康发育和正常运行。依法管理广告市场,是世界各经济发达国家的成功经验,我国广告市场实现法制化管理也是必然趋势。

中国广告市场建设思路

为加速培育和发展我国广告市场,要切实依据广告市场运行规律,以直接服务于经济建设。当前,应着重抓好以下几方面工作:

*全面增强广告市场意识。*要全面地从广告管理者的管理思想上,广告经营者、广告发布者的经营观念上和广告创意、策划、设计、制作人员的工作要求上,增强有利于发展社会主义市场经济的新思路,强化市场责任意识,树立大市场观,注意广告市场中的人生价值观导向,把我国广告市场建设成为开放、统一、有序、公平、竞争的现代广告市场。

*全方位规范广告市场主体行为。*一要确立广告主、广告经营者和发布者真正的广告市场主体地位;二要贯彻以广告法为核心的广告法律体系,全面规范广告主体的权利、义务、责任和行为,维护广告市场公平竞争的有

序化运行;三要认真组织执法检查,切实做到执法到位、有法必依、违法必究;四要完善宏观调控体系,主要运用经济、法律的手段,并辅之以必要的行政手段,对广告市场活动加以正确的指导和调控。

全国提高广告质量。广告产品质量、广告发布质量、广告服务质量,反映着广告市场的面貌和内容。以真实性为基础的、高文化品位、有艺术魅力的广告作品和优质、全方位的服务与传播,是健康有序的广告市场的一个标志。在建设广告市场过程中,一要采取各种有效措施,鼓励博采众长,提高广告作品这一属于知识形态的智力产品的创意、策划、设计、制作和发布水平。二要完善广告监控系统,建立广告审查人员管理制度,实行层层监督管理责任制。三要建立国际水准的广告质量研究评定权威机构,制定广告质量标准体系,技术进步标准体系和考核办法。

全力完善广告市场经营机制。一是采取有力措施,用市场机制吸引一切有利于广告业发展的知识、人才、技术、资金等资源,并使它们得以合理配置。二是努力推行广告代理制这一国际通行的广告经营体制,逐步在广告业内建立科学的和权利、义务、责任明晰的运作机制,解决经营职能交叉、功能错位和替代问题。三是完善广告业有序运行的宏观调控机制和指导协调服务体系,实现广告行业结构的优化和利益结构的合理,并在此机制下形成较为稳定的广告经营、广告宣传和广告市场的新秩序。

强化广告市场的管理。一要改革广告行政管理体制,加快政府机关职能的转变,用科学的政策实现有效的管理,做到"管",有制度、有章法、有力度;"活",有导向、不放弃原则、不软弱、不放任自流;并崇尚法制,防止以言代法,以权压法。二要正确界定管理内容,包括微观上的监督广告市场主体的行为,治理市场环境,整顿市场秩序,惩处违法广告、违法分子;宏观上的战略决策、政策引导、制度建设、法规完善和运作协调;以及指导加强基础管理,完善宏观调控体系和监督保障体系。三要大力发展市场中介组织,指导加强行业自律。

全面开展广告人才培养。在建设广告市场中,既需重视技术设备的更新以提高物的素质,更需要强化人才培养以提高人的素质。因此,要增加智力投资,走人才教育兴业的路子,建立广告人才培训中心;建立广告科学研究、开发基地,大力倡导广告理论研究风气,走科技兴业的路子,完善广告系统的咨询信息网络,开发信息资源。

选自《人民日报》1996年6月8日

选自《人民日报》漫画增刊1997年3月20日

生 词

1. 透视 （动） tòushì 比喻观察事物的本质。
see through

2. 赖 （动） lài 依靠。
rely on

3. 与日俱增 yǔ rì jù zēng 随着时间的推移而不断增长。
grow with each passing day

4. 零星 （形） língxīng 少量的。
little

5. 遵循 （动） zūnxún 按照。
follow

6. 创意 （名） chuàngyì 指艺术创作的构思。
conception

7. 毋庸 （副） wúyōng 无须，不必。
need not

8. 讳言 （动） huìyán 不敢说或不愿说。
dare not or could not speak up

9. 屡禁不止 （成） lǚ jìn bù zhǐ 多次禁止但没有效果。
continue happening without regard to rules and regulations

10. 承揽 （动） chénglǎn 承包，承办。
contract to do a whole job

11. 走势 （名） zǒushì 发展趋势。
trend

12. 推 （动） tuī 推举、推选。
elect; choose

13. 垂涎 （动） chuíxián 因想吃而流口水，比喻看到别人的好东西想得到。
drool; slaver

14. 诱惑力 （名） yòuhuòlì 吸引力。
appeal

15. 端倪 （名） duānní 事情的眉目。
clue; inkling

16. 息息相关 （成） xī xī xiāng guān 呼吸相关连。比喻关系十分密切。
be closely linked

17. 白热化 （动） báirèhuà 指事物发展到最紧张的阶段。
turn white-hot

18. 博采众长	（成）	bó cǎi zhòng cháng	广泛吸取别人的长处。learn from the other's strong points
19. 水准	（名）	shuǐzhǔn	水平。level; standard
20. 明晰	（形）	míngxī	清楚。clear
21. 放任自流	（成）	fàng rèn zì liú	让事物在不加干预的情况下自由发展。let things drift

注　释

中国第一部广告法

1994年10月27日中国第八届全国人民代表大会常务委员会第十次会议通过了《中华人民共和国广告法》，这是中国第一部广告法，该法于1995年2月1日起施行。《广告法》的颁布与实施，对加强广告活动的管理、规范广告主、广告经营者和广告发布者的行为，促进广告业的健康发展，保护社会公众的合法权益，维护社会主义市场经济秩序都具有十分重要的意义。

报刊词语、句式示例

一、当前，我国广告市场层次由低到高、从零星市场交易转向主体化市场网络。

"由……到……"：表示从起点到终点，或是一种发展过程。例如：

1. 广告媒体单位发布广告由限制多、渠道窄、发布量少到拓宽渠道、增加传播容量、加快发布速度，使广告流通量大幅增长。

2. 随着经济体制改革的深入，这个地区的企业类型由单一到多样，逐步形成了比较合理的工业结构。

3. 由在美国开始运行的第一台电子计算机到今天以计算机网络为基础的信息高速公路，整整跨过了半个世纪。

二、为了健康地发展中国现代广告业，要刻不容缓地加快建设广告市场。

"为(了)……要……"：表示应该通过什么手段达到预定的目的。例如：

1. 为加速培育和发展我国广告市场，要切实依据广告市场运行规律，以直接服务于经济建设。

2. 为了使孩子在德、智、体各方面得到全面发展，要把学校教育和家庭教育综合起来。

3. 为了子孙后代的生存和发展，要处理好经济建设与人口、资源、环境的关系，实行可持续发展战略。

三、在建设广告市场中,既需重视技术设备的更新以提高物的素质,更需要强化人才培养以提高人的素质。

"既……更……":用于递进复句,表示后面的意思比前面更进一层。例如:

1. 在改革开放和现代化建设深入发展的新形势下,既要搞好物质文明建设,更要搞好精神文明建设。

2. 在给学生组织课外活动时,既要注重趣味性,更要注重知识性。

3. 对于违法犯罪的未成年犯,既要有必要的惩处,更要注意启发他们的觉悟,给予热情的帮助和耐心的教育。

练 习

一、解释句中划线词语:

1. 现代广告业是以高新技术为依托的知识、技术、人才密集的信息产业。

2. 当前,我国广告市场层次由低到高、从零星市场交易转向立体化市场网络。

3. 广告作品在创意策划、美学思想、艺术情趣和文化品位上实现高层次的飞跃。

4. 如今我国第一部广告法颁布实施,我国广告市场已经完全纳入依法治理的轨道。

5. 当代社会,"经济全球化"已见端倪,竞争无国界已成事实。

6. 走上国际竞争大舞台的我国广告业,在广告市场上卷入白热化的竞争也将是不可避免的。

7. 要认真组织执法检查,切实做到执法到位、有法必依、违法必究。

8. (要)崇尚法制,防止以言代法、以权压法。

二、选字填空:

1. 许多企业投入广告的费用与日____增。

2. 广告市场上虚假广告、违法经营两大公害____禁不止,依然猖獗。

3. 为了健康地发展中国现代广告业,要刻不容____地加快建设广告市场。

4. (广告市场)与跨国公司和现代高科技的出现、发展紧密联系着,与国际服务贸易的发展息息相____。

5. 要采取各种有效措施,鼓励____采众长,提高广告作品这一属于知识形态的智力产品的创意、策划、设计、制作和发布水平。

三、选择正确答案:

1. "广告市场是广告业赖以运作的基础"这句话的意思是——
   A. 广告市场依靠广告业
   B. 广告业依靠广告市场
   C. 广告市场和广告业相辅相成
   D. 广告市场和广告业没有关系

2. 到1995年为止,中国广告企业的性质一共有——
   A. 一种
   B. 两种
   C. 三种
   D. 四种

3. 针对广告市场的混乱局面,1987年国务院正式发布的法律文件是——
   A. 广告管理暂行条例
   B. 关于广告运作的专项规定
   C. 广告管理条例
   D. 广告法

4. 广告市场在新旧体制转轨过程中出现的无序状态主要表现在——
   A. 一个方面
   B. 两个方面
   C. 三个方面
   D. 四个方面

5. 与跨国公司和现代高科技联系最为紧密的广告市场走势是——
   A. 广告市场发展国际化
   B. 广告市场竞争白热化
   C. 广告市场运作规范化
   D. 广告市场管理法制化

6. "全方位规范广告市场主体行为"中"全方位"的意思是——
   A. 从各个方面
   B. 在许多机构
   C. 由每一个人
   D. 将每种产品

7. 全面提高广告质量的做法有三种,其中第二种做法是——
   A. 建立广告法律体系
   B. 完善广告监控系统
   C. 推行广告代理制度
   D. 界定广告管理内容

8. "用科学的政策实现有效的管理,做到管,有制度、有章法、有力度。"句中"有章法"的意思是——

A. 有逻辑性
B. 有条理性
C. 有法律条文
D. 有专门机构

四、按正确的顺序排列句子：
1. A. 我国广告业不但成为沟通生产与消费的中介
   B. 许多企业投入广告的费用与日俱增
   C. 随着社会主义市场经济体制的确立
   D. 而且成为帮助企业开拓市场、参与竞争、引导消费的有效方式
   　　　　（1）　　　（2）　　　（3）　　　（4）

2. A. 1982年国务院发布广告管理暂行条例
   B. 广告业恢复伊始
   C. 针对广告市场的混乱局面
   D. 广告市场运行规则仅是一些不完备的地方性法规
   　　　　（1）　　　（2）　　　（3）　　　（4）

3. A. 这两大问题
   B. 为了健康地发展中国现代广告业
   C. 是与广告市场建设滞后密切相关的
   D. 要刻不容缓地加快建设广告市场
   　　　　（1）　　　（2）　　　（3）　　　（4）

4. A. 我国广告市场的走势
   B. 众多经济发达国家在垂涎我国市场的同时
   C. 也越来越被人们所关注
   D. 也都紧盯着潜力巨大、颇有诱惑力的我国广告市场
   　　　　（1）　　　（2）　　　（3）　　　（4）

5. A. 创建具有中国特色的现代广告市场
   B. 势必要求我国广告业在吸收国外科学有效的广告运作经验的同时
   C. 以及社会主义市场经济体制全面完善
   D. 随着中国广告业蓬勃发展
   　　　　（1）　　　（2）　　　（3）　　　（4）

6. A. 若无相应的法律规范和司法保障
   B. 依法管理广告市场

C. 是世界各经济发达国家的成功经验
D. 广告市场就不可能健康发育和正常运行
　　　(1)　　(2)　　(3)　　(4)

7. A. 反映着广告市场的面貌和内容
　 B. 以真实性为基础的、高文化品位、有艺术魅力的广告作品和优质、全方位的服务与传播
　 C. 广告产品质量、广告发布质量、广告服务质量
　 D. 是健康有序的广告市场的一个标志
　　　(1)　　(2)　　(3)　　(4)

8. A. 因此,要增加智力投资,走人才教育兴业的路子
　 B. 更需要强化人才培养以提高人的素质
　 C. 既需重视技术设备的更新以提高物的素质
　 D. 在建设广告市场中
　　　(1)　　(2)　　(3)　　(4)

五、根据课文内容填空：

1. 中国广告市场的走势是：
　(1)_____
　(2)_____
　(3)_____
　(4)_____

2. 建设中国广告市场的思路是：
　(1)_____
　(2)_____
　(3)_____
　(4)_____
　(5)_____
　(6)_____

六、回答问题：

1. 简述1978年以来中国广告市场发生的巨大变化。
2. 目前中国在广告管理方面有哪些法律法规？
3. 目前中国广告市场存在的问题是什么？
4. 中国广告市场的发展趋势是什么？
5. 哪种发展趋势标志着现代广告市场的成熟？
6. 建设中国广告市场应当做好哪几方面的工作？

7. 怎样才能全面提高广告质量？

8. 应当如何管理广告市场？

七、快速阅读：(限时4分钟)

京腔京韵几多情　名家票友彩虹桥

这里是京剧票友的乐园

——记东城区文化馆京剧名家票友俱乐部

杜　染

每到周五晚7点，在东城区文化馆那钢琴型大楼里，就会飘出京剧名家票友俱乐部会员们悠扬悦耳的京胡声和铿锵高亢的锣鼓响，这情景几年来从未间断。

东城区文化馆京剧名家票友俱乐部成立于1993年，当时许多著名京剧表演艺术家都前来庆贺并称赞东城区文化馆为弘扬民族传统文化，为振兴京剧做了一件实事。

在此后的日子里，京剧名家票友俱乐部在文化馆的领导下确实成了京剧名家、票友和戏迷之间的一架彩桥。在"纪念梅兰芳诞辰一百周年"等多次纪念活动中，梅葆玖、梅葆玥、高玉倩、刘长瑜、张学津、于魁智等名家先后来参加活动并登台表演。

为了给京剧开辟一席之地，在俱乐部的带动下，现在全区10个街道中，已有正规京剧队13支，定期搞演出，很多文化室也都有京剧活动项目。

从1995年10月开始，京剧名家票友俱乐部每周日下午在文化馆的舞台上唱开了大戏，把公园凉亭下自娱自乐演唱的演员和观众一下子吸引到了文化馆的大楼里。戏剧本来就是舞台艺术，京剧更不例外，舞台上的正规演出更加显现出京剧艺术的全部魅力。然而舞台演出也为演员提出了更高的要求，何况是业余演员。因此俱乐部的演员们为了提高演出质量，勤学苦练，拜师访友、提高技艺，并且每周五晚上准时来文化馆排练。俱乐部自成立以来，他们已先后上演了《赵氏孤儿》、《玉堂春》、《苏武牧羊》、《法门寺》、《望江亭》等优秀传统剧目近70出，而且全部是整出彩唱，每场演唱会，固定观众达300—400人。

东城区文化馆京剧名家票友俱乐部，京腔京味音弦不断，吸引了众多名家名票前来助兴，也促使全区百姓对京剧更加一往情深，同时也吸引了社会有识之士的慷慨支持，有的票友义务承担组织工作，有的戏迷或单位伸来援助之手和文化馆一起为演出更新设备，改善演出条件，为京剧艺术的普及和振兴铺垫道路。

节选自《北京日报》1996年12月18日

问题：
请简单介绍一下东城区文化馆京剧名家票友俱乐部。

阅读（一）

广告幼稚病

王府井随笔　寇成茂

说句不中听的话，我们的广告业似乎还没有成年。之所以有这印象，因为各种媒介广告的"幼稚病"屡见不鲜。

广告的"幼稚病"表现在，把幻想说成现实，给人的感觉是，不是也是，是也不是，不假也不真，不偏也不正，说得过去，又解释不通，即便存疑，也让你动心。

请看近日刊登在首都一家大报上的几则具有这种"病态"的广告。

一则广告说："把您的家迁到北京来。"又说，6月1日前享受特惠价。还说，投资购房，转移户口，云云。把家迁到北京，那是许多人求之不得的；何时间享受何种价，可以由你去说；房子多么豪华舒适，那由购物者认同；还有以什么形式付款，双方自便。而唯有那"转迁户口"实是令人存疑。据笔者所知，进京户口的转迁，除了劳动人事和公安部门有权审批外，其他任何部门是无权过问和审批的。这如果是出于无知，也就罢了，否则，岂不是有意混淆视听，以假乱真？相信那购房者是不会同作广告者一起幼稚到此种地步的。

再一则广告说："全脑速读记忆法"函授，可让人"一目十行，过目成诵成为现实"。如果是这样，那真是读书人的幸运，也会令不读书的人眼馋。可客观事实是，"一目十行，过目成诵"，不仅过去现在，甚至将来也不可能仅以一种现代化的函授方法就能解决。登广告不是写小说，过分的夸张是有损自己的形象的。倘若有人试用此法，发现没有达到"一目十行，过目成诵"的效果，无疑会产生被愚弄的感觉。

还有一则广告，为"九六全国律师考试"列出一大串参考书目后说："考试多得一分，人生道路不同"。那些书目为想成为律师的考生提供学习的参考应该是没有问题的，可单凭那一分的高低便能决定人生的道路，似乎也绝对了些。年年举行的各类高考，多一分上线，少一分落榜，这是常见的现象，但也不一定因此就能决定一个人的人生道路。至于律师考试之类的资格考试，今年不中，明年再来，人生道路上有多大的区别呢？

货真价实的广告，不仅具有直面效益，也是潜在的交流，而且更具有导向的作用。这是无可置疑的。广告商出资登广告，为了推销自己，将九说成十，将零变成整，固然不对，到最后还有消费者对他们的考察和监督。而刊发广告的单位和部门，难道就没有责任去堵截这种疏漏？为读者负责，也包括广告读者。至少不该通过自己的手将这种"幼稚病"传染给读者。

选自《经济日报》1996年6月7日

生　　词

1. 求之不得	（成）	qiú zhī bù dé	求取却没有得到。 all one could wish for; most welcome	
2. 以假乱真	（成）	yǐ jiǎ luàn zhēn	把假的当做真的。 mix the false with the true	
3. 一目十行	（成）	yī mù shí háng	形容看书看得很快。 take in ten lines at a glance	
4. 过目成诵	（成）	guò mù chéng sòng	看过一遍就能背诵出来，形容非常聪明。 be able to recite sth. after reading it once	
5. 眼馋	（动）	yǎnchán	看见自己喜爱的事物极想得到。 cast covetous eyes at sth.	
6. 夸张	（动）	kuāzhāng	夸大，言过其实。 overstate	
7. 愚弄	（动）	yúnòng	蒙蔽玩弄。 deceive; hoodwink	
8. 潜在	（形）	qiánzài	存在于事物内部不容易被发现或发觉的。 latent; potential	
9. 无可置疑		wú kě zhì yí	毫无疑问。 undoubtedly	
10. 刊发	（动）	kānfā	刊登、发表。 print and publish	
11. 堵截	（动）	dǔjié	堵住；制止。 intercept; stop	
12. 疏漏	（名）	shūlòu	疏忽遗漏。 careless omission	

练　　习

选择正确答案：

1. "我们的广告业似乎还没有成年"中的"还没有成年"的意思是——
   A. 还没有长大成人
   B. 还没有开始发展
   C. 还没有发展到成熟阶段

D. 还没有进入国际市场

2. 广告的"幼稚病"主要表现在——
    A. 不真实
    B. 不精美
    C. 不可爱
    D. 不潇洒

3. "'病态'的广告"中"病态"是指——
    A. 产品不合格
    B. 广告不合格
    C. 生理上不健康
    D. 心理上不正常

4. 第一则关于把家迁到北京来的广告中有一项是不可能实现的,即——
    A. 在某段时间内享受优惠价格
    B. 房子十分豪华舒适
    C. 选择付款方式
    D. 把户口迁到北京来

5. 第二则广告中"一目十行,过目成诵"的意思是——
    A. 读书读得快
    B. 广告做得好
    C. 小说写得夸张
    D. 函授教育发展得迅速

6. "律师考试之类的资格考试,今年不中,明年再来"中"不中"的意思是——
    A. 不想参加考试
    B. 没有参加考试
    C. 考试没有通过
    D. 无法知道成绩

7. 发展广告业需要社会各个方面的努力,全面说来,包括——
    A. 广告商
    B. 消费者
    C. 刊发广告的单位
    D. 以上三者

8. 这篇文章是一篇——
   A. 诗歌
   B. 散文
   C. 小说
   D. 剧本

阅 读（二）

商业广告也要讲文化品位

齐海滨

广告业是我国改革开放以来,最富生机、最富活力的产业之一。广告业的日益繁荣,不但有效地沟通了生产和消费,为促进经济繁荣和人民生活水平的提高发挥了积极作用,对促进全社会的精神文明建设也产生了积极的影响。由于大量的广告是通过新闻媒介传播的,广告在客观上已成为舆论引导的一个重要组成部分。

广告业在迅速发展的过程中,也出现了一些问题,一些品位不高、格调不高的广告,在价值导向、生活方式导向和文化意识导向方面造成了一些不好的影响。比如,有些广告极力宣扬"贵族气派"、"宫廷享受",有些广告客观上在助长崇洋意识,有些广告宣扬"娶美妻,喝美酒"等陈腐人生观。一家新闻传媒在列数广告制作中存在的问题时说:一是王婆卖瓜,海口乱夸;一是无女不成广告,搔首弄姿,媚态百出;一是乱改成语,弄巧成拙。这些广告,未必都违反了什么规定,但是品位太低。这样的广告如果在收视率较高的时间播出,甚至在黄金时段播出,那么它的消极影响就太大了。现在在相当多的受众中,广告的声誉不是太高,与此有很大关系。

有的人提出,制作广告要有政治意识、法律意识、防伪意识、责任意识和效果意识。我很赞成。我认为,注意商业广告的文化品位,就是责任意识和效果意识的体现。

有的人认为,似乎只有我们国家特别强调广告的导向问题、品位问题,在一些西方发达国家则可以想播什么就播什么。这是一种误解。固然,西方国家的价值观和道德观和我们有很大差别,但是他们也不是不重视广告的导向和品位的。拿美国来说,全国有一千六百家广告公司,每年广告营业额高达一千六百亿美元。那里的广告经营者在制作广告时,也要求广告符合社会伦理道德,看重公众的反应。有一次一家电视台播出了一则以十二三岁的少男少女做模特的内衣广告,遭到很多家长强烈反对,电视台就立即停止播出。可见,商业广告不仅要追求商业效益、经济效益,而且必须考虑文化品位、社会效益,这是广告自身特性的一种客观要求。

  1979年,我国的广告业刚恢复时,全国的广告经营单位才十多家,从业人员一千多人,营业额只有一千多万元。到1995年,经营单位已达四万八千家,从业人员达到四十七万人,营业额达二百七十三点七七亿元,广告增长率在全世界名列第一。广告业如此蓬勃发展,从一个侧面反映了我国社会主义市场经济蒸蒸日上的好形势。近两年来,随着精神文明建设力度的加大,公益广告也日渐兴旺起来,出现了商业广告与公益广告比翼齐飞的可喜局面。

  去年六月,我国第一次派团参加被誉为"广告人的奥运会"的戛纳国际广告节,虽然正式选送的作品无一获奖,但是广告节组委会主席说:"中国的广告业发展得很快,第一次参加广告节所选送的作品在质量上要比其他亚洲国家和地区第一次带来的作品高出一筹。"这次广告节使我国广告界人士看到了同国际广告水平的差距,增强了赶超世界先进水平的信心。"优秀的广告会超越文字的障碍,而优秀的创意就是国际语言。"他们正在从广告的创意、策划、设计、制作和发布等各个环节入手,为提高我国广告业的水平而进行卓有成效的探索。

  健康向上的广告能够弘扬真善美,品位低劣的广告势必助长假恶丑。目前,广告业内部虽然也开展了一些好广告的评比活动,但是影响还不够大。为了促进我国广告业更加健康、繁荣,为发展社会主义市场经济和社会主义精神文明建设服务,有关部门能否像评选好电影、好电视、好新闻那样,也适当组织评选好广告的活动呢?

选自《人民日报》1997年2月17日

生　　词

1. 格调	(名)	gédiào	指文学艺术等作品的综合表现。 (literary or artistic) style
2. 陈腐	(形)	chénfǔ	陈旧、过时。 old and decayed
3. (夸)海口		(kuā) hǎikǒu	漫无边际地说大话。 talk big
4. 搔首弄姿		sāo shǒu nòng zī	装腔作势。 be affected or pretentious
5. 媚态百出		mèi tài bǎi chū	做出各种各样取悦于人的姿态。 obsequious
6. 弄巧成拙	(成)	nòng qiǎo chéng zhuō	本来想要巧妙的手段,结果反而坏了事。 try to be clever only to end up with a blunder

256

7. 蒸蒸日上	（成）	zhēngzhēng rì shàng	形容迅速发展。 becoming more prosperous every day
8. 卓有成效	（成）	zhuō yǒu chéngxiào	非常有成效。 fruitful; highly effective

练　习

判断正误：
　1. 广告业是中国的传统产业。（　　）
　2. 广告的主要传播手段是新闻媒介。（　　）
　3. 目前在广告制作中主要存在着三种问题。（　　）
　4. 制作广告需要有防伪意识、责任意识和效果意识，但不一定需要有政治意识和法律意识。（　　）
　5. 中国特别强调广告的导向问题、品位问题，而西方一些发达国家想怎么做广告就怎么做广告。（　　）
　6. 广告的商业效益、经济效益很重要，社会效益则不需要过多考虑。（　　）
　7. 近年来中国广告的增长率居世界首位。（　　）
　8. 中国的公益广告与商业广告同步发展。（　　）
　9. 在1996年6月的戛纳国际广告节上，中国选送了广告作品并获了奖。（　　）
　10. 中国广告业也应像影视界那样举办评奖活动。（　　）

阅　读（三）

让中国品牌走向世界

——访奥美国际集团新任总裁夏兰泽女士

黄丽陆

　　世界著名的广告及市场传播服务公司——奥美国际集团新任总裁夏兰泽女士1月16日应国家体改委外事咨询服务中心之邀，在北京作了《中国名牌全球化之路》的专题演讲。就中国的名牌战略及奥美与中国企业合作等问题，夏兰泽女士接受了本报记者的采访。

　　谈到品牌战略，她说，奥美在同行中首创"品牌"的概念,其创始人大卫·奥格威早在50年代就悟出了"建立、培育和发展品牌"的重要性,将品牌定义为"消费者对一产品的体验",今天奥美将这一概念发展为系统的"品牌管家"理论,它包括品牌检验和品牌写真两个阶段,由一套奥美专有的营销策划程序和技术组成。"品牌管家"已获得了世界性的成功经验,正是靠这一独创性的理论,奥美公司在数十年间由一家小企业发展成为世界第六位的国际广告业巨头。中国在发展市场经济的过程中,将"品牌"作为一项发展战略来提高企业乃至民族工业的竞争力,这无疑是正确的。奥美的"品牌管家"理论同样适用于中国的品牌战略,这将是奥美不断扩展在华业务的基础。

对中国品牌走向世界,夏兰泽女士充满信心。她说,西方有些广告评论者和经营者认为,在中国,"品牌"的观念并不成熟,"品牌"常被认为是权威的象征而并非吸引消费者。但奥美最近在中国就20至40岁的消费者所做的一次广泛的调查结果表明,上述看法欠公正。中国消费者对广告态度的成熟度可与亚洲其他地区人民相媲美,他们对不同品牌的定位有着自然的敏感和理解,并对传播的情感和理论都作出积极的反应。中国人对象征和比喻比西方人更敏感。这说明了观看广告者的文化涵养,而这些都将是品牌战略成功的基础。

当然,夏兰泽女士也认为,中国在品牌的国际化方面还有很长的路要走。目前,中国约1万家拥有外贸进出口权的企业中,真正认识到培育品牌重要性的企业还为数不多。因此,首先要做的是观念更新,即要深入地了解产品所销售市场上消费者对你产品或服务的感觉,而并非你自己的感觉;其次要使中国的品牌更具专业标准,这样中国才能尽快由商品出口国变为品牌产品出口国。

话题转到奥美与中国企业的合作方面,夏兰泽女士说,她在上任后不久就来中国考察即表明了奥美对中国市场及企业的兴趣。1979年,奥美在中国大陆发布了第一则广告,80年代中期先后在上海、北京设立办事处,1991年在上海合资成立了上海奥美广告有限公司,今年的营业额将达7亿元人民币,足见中国是一个蓬勃发展的大市场。目前该公司已在北京、广州、深圳等地建立了分公司,初步形成了一个区域性服务网络,能为客户提供包括广告、公共关系、直效行销、促销、市场调研、销售规划和美术设计在内的完整的传播服务。近期将在大连、成都、武汉建立分公司,这将使奥美成为首家在中国传统的广告中心城市以外地区设点的国际广告公司。

在服务对象上,过去奥美主要是在中国宣传国外的品牌,近两年这种现象已有所改观,越来越多的中国企业已开始和奥美接触,有些已开始了成功的合作,如江中制药和重庆牙膏等。另外,奥美已开始在国际市场宣传中国品牌,最近为中国银行新加坡分行筹划了一个广告计划,以吸引年轻一代的华侨成为中银的顾客。

选自《经济日报》1997年2月11日

生　词

1. 写真	（动）	xiězhēn	对事物的如实描绘。	decribe sth. at it is
2. 营销	（动）	yíngxiāo	经营销售。	marketing
3. 巨头	（名）	jùtóu	政治、经济界等有较大势力的头目。	magnate; tycoon
4. 乃至	（连）	nǎizhì	甚至。	and even
5. 欠	（动）	qiàn	缺乏。	be short of
6. 媲美	（动）	pìměi	比美。	compare favourably with
7. 定位	（动）	dìngwèi	把事物放在恰当的地位并作出评价。	fix position
8. 涵养	（名）	hányǎng	修养。	ability to control oneself

练　习

回答问题：
1. 夏兰泽女士为什么到中国来？
2. 什么是"品牌"？
3. 什么是"品牌管家"理论？
4. 奥美集团能在世界广告业中位居前列的原因是什么？
5. 奥美集团能够不断扩展在华业务的基础是什么？
6. 奥美集团对中国消费者对广告态度的调查说明了什么？
7. 怎样才能使中国众多的企业真正认识到培育品牌的重要性？
8. 简述奥美集团在中国大陆的发展历程。
9. 目前奥美集团能为中国客户提供什么样的服务？
10. 近年来奥美集团在服务对象上有什么变化？

第 34 课

课　文

联合国改革知难而进

何洪泽　周德武

当世界即将迈入 21 世纪的时候，联合国必须改革。这一点已成为大多数成员国的共识。回顾今年联合国的工作，联大各改革工作组的活动是一个重要的内容。它们的工作既取得一些进展，又面临诸多困难。然而，联合国的改革已不可逆转，它正克服重重障碍，知难而进。

联合国改革问题被提上议事日程有其内因和外因。冷战后国际形势的重大变化是主要的外因。正如加利秘书长所说："今天全球化正加速进行，同时分崩离析的力量也在增长。这两种现象及它们所带来的新机遇和新问题，使我们比以往任何时候更需要一个切实有效的联合国。"与此同时，联合国已从成立之初的 51 个成员国发展到现在的 185 个。发展中国家数目大大增加，它们要求联合国实行改革，以更好地维护发展中国家的利益和发挥其应有作用。而联合国机构本身所存在的问题如机构臃肿、效率低下、资源不能有效合理配置及财政危机，则是其需要改革的内因。联合国需要通过自身内部机制的改革，更好地服务于《联合国宪章》的宗旨和原则。

目前，联合国有五个改革工作组：和平纲领工作组、发展纲领工作组、安理会改革工作组、财政状况工作组及加强联合国系统工作组。前两个工作组旨在重新界定联合国在维护世界和平与安全，以及在发展领域方面的作用和目标。后三个工作组主要着眼于联合国内部机制的改革与调整。两方面相辅相成，缺一不可。因此，联合国大会一直强调一揽子改革方案，不能只进行局部改革。去年 10 月，在联合国成立 50 周年特别纪念会议上，各国国家元首和政府首脑对联合国及其理想的庄严承诺，是推动联合国改革的一次重大努力。从目前的情况看，联合国改革取得了一些进展。各工作组分别向联大提出了进度报告，有的已就某些问题达成共识。然而，由于各成员国对改革抱有不同的目的，必然有一些利益冲突。所以，在如何改革的问题上还存在着许多分歧，有些分歧是尖锐的。

安理会改革是联合国改革中最重要的方面，分歧也最大。自 1994 年 1 月安理会改革工作组正式运作以来，至今形成三种有代表性的观点。一是美国等国提出的只吸收德、日为常任理事国的"快捷法"；二是北欧国家提出的"2 + 3"方案，即常任理事国扩大不仅包括德、日，而且从亚、非、拉三大洲各产生一名;三是不结盟国家提出在常任理事国扩大僵持的情况下,首先将非常任理事国扩大6至10个。由于"快捷法"实际上排斥了增加发展中国家担任安理会常任理事国的可能,同时也有违《联合国宪章》第二十三条关于"选举安理会成员国时,宜充分斟酌地域之公允分配"的原则,理所当然地遭到广大发展中国家的反对。所以"快捷法"难以实行。但美国已明确表示,如果不吸收德、日为常任理事国,安理会就不能扩大,只增加非常任理事国的改革设想也无法实现。

联合国财政改革的原因在于财政危机。而联合国财政危机本质上是"支付危机",即由于某些成员国不交或拖欠会费造成的。造成这种状况的主要原因有两个:一是一些国家,特别是弱小发展中国家因自然灾害和经济困难无力缴纳应承担的会费。二是个别大国出于政治目的拒绝缴纳会费,要挟联合国。特别是美国,它拖欠联合国各种应缴款项多达16亿美元,占拖欠款总额的一半以上。因此,联合国财政改革的关键是解决这种政治性的"支付危机"。然而,以美国为代表的发达国家却提出了"责任支付原则"改革方案,即谁在联合国承担的责任大,谁就应分摊更多会费;谁分摊会费多,谁就拥有在联合国事务中更大的发言权。显然,这个原则实际上削弱了广大发展中国家在联合国的地位。因此,联合国的问题远比单纯的经济数字复杂得多。由于分歧不少,工作组认为,仍须进一步磋商。

加强联合国系统是联合国改革的重要一环,其目的是更好地发挥联合国系统的作用和效能。它包括两个重点,即加强联合国大会的作用和提高秘书处的工作能力。对此,各国已有一些共识。如普遍认为,联大是联合国的最高政治机关,应加强联大主席的作用,同时确保大会对秘书处的监督机制。一些国家呼吁改变议事规则和决策程序,让联大发挥更大的影响,改变目前"沦为其他机构的橡皮图章"的状况。在提高秘书处工作能力问题上,各国对加强责任制和秘书处人员管理方面意见一致,但在秘书长的作用和甄选问题上有不少分歧。

联合国改革是一项系统工程,具有长期性、艰巨性和复杂性等特点。急躁冒进和畏难情绪都是不可取的。不论联合国改革方案出现何种分歧,斗争如何激烈,只有本着公平合理、统筹兼顾的原则,进行充分、耐心的探讨和协商,才是妥善之策。

中国政府不仅积极参与了各方面的改革工作,还提出了联合国改革应坚持的四条标准:即改革应有利于维护成员国的主权;应有助于国际冲突的和平解决;应有益于世界各国经济的均衡、健康、持续的发展;应体现民主、公正、客观、平衡的原则。一句话,改革方案只有得到大多数成员国的支持和拥护才能成功。企图将联合国改革服务于极少数国家利益的做法是行不通的。

前不久,本届联大主席拉扎利就联合国改革问题发表谈话强调,改革进程必须要有行动,必须有结果。他要求各工作组进入谈判阶段,明年拿出改革方案,并提交联大讨论。因此,1997年将是联合国改革的关键一年。

节选自《人民日报》1996年12月28日

生　　词

1. 逆转　　　　（动）　　　　nìzhuǎn　　　　向相反的方向或坏的方面转变。

				reverse
2. 冷战	（名）	lěngzhàn		指国际间进行的战争形式之外的敌对行动。
				cold war
3. 分崩离析	（成）	fēn bēng lí xī		形容集团、国家等分裂瓦解。
				disintegrate
4. 机遇	（名）	jīyù		时机，境遇，机会（多指有利的）。
				opportunity
5. 臃肿	（形）	yōngzhǒng		比喻机构庞大，调度不灵。
				overstaffed
6. 相辅相成	（成）	xiāng fǔ xiāng chéng		互相补充，互相配合。
				supplement each other
7. 常任	（形）	chángrèn		长期担任的。
				permanent; standing
8. 一揽子	（形）	yīlǎnzi		对各种事物不加区别或不加选择的。
				wholesale; package
9. 僵持	（动）	jiāngchí		相持不下。
				(of both parties) refuse to budge
10. 斟酌	（动）	zhēnzhuó		考虑事情、文字等是否可行或是否适当。
				consider
11. 公允	（形）	gōngyǔn		公平恰当。
				fair; just
12. 要挟	（动）	yāoxié		利用对方的弱点，强迫对方答应自己的要求。
				coerce
13. 磋商	（动）	cuōshāng		反复商量，仔细讨论。
				consult
14. 橡皮图章		xiàngpí túzhāng		比喻只有名义而无实权的人或机构。
				rubber stamp
15. 甄选	（动）	zhēnxuǎn		经考查鉴定而选择。
				choose
16. 冒进	（形）	màojìn		超过具体条件和实际情况的可能，进行得过快。
				rash advance
17. 畏难	（形）	wèinán		害怕困难。
				be afraid of difficulty
18. 妥善	（形）	tuǒshàn		妥当完善。
				proper

注　释

联合国
　　第二次世界大战后建立的国际组织。1945年10月24日正式成立。据联合国宪章规定,其宗旨是"维持国际和平","制止侵略行为","促成国际合作"等。主要机构有联合国大会、安全理事会、经济及社会理事会、托管理事会、国际法院和秘书处。秘书长为联合国的行政主要负责人。总部设在纽约。现有会员国185个。

报刊词语、句式示例

一、联合国改革工作组的活动面临诸多困难。然而,联合国的改革已不可逆转,它正克服重重障碍,知难而进。
　　"然而"连词。在连接句子时用在下句的开头,表示转折,引出同上句相对的意思或限制、补充上句的意思。例如:
　　1. 青年男女一直向往浪漫爱情。然而在择偶时却趋于实际,择偶途径还是以毫无浪漫可言的亲朋介绍为主。
　　2. 孙教授是位生性古怪的老先生,然而他为人十分正直。
　　3. 随着社会的发展,"孝为德之本"、"百善孝为先"的封建伦理已被抛弃。然而,敬老养老的传统美德仍应代代相传,发扬光大。
　　4. 在北京,个人所得税的80%来自工资薪金。然而工薪阶层并不在高收入者之列。

二、由于只吸收德、日为常任理事国的"快捷法"排斥了增加发展中国家担任常任理事国的可能,同时也有违联合国宪章"公允分配"的原则,理所当然地遭到了广大发展中国家的反对。所以"快捷法"难以实行。
　　句中"难以"相当"难于",表示不容易,不易于,用于书面语。后面接双音动词、动词词组或形容词。口语中用"难"即可。例如:
　　1. 有些失伴老人有再婚的要求,可是面对子女又难以启齿。
　　2. 仅凭一些毛发断定密林中存有野人,这一结论令人难以接受。
　　3. 这件事不妥善处理,大家的心情难以平静。

三、美国提出的"责任支付原则"改革方案,即谁在联合国承担的责任大,谁就应分摊更多的会费;谁分摊会费多,谁就拥有在联合国事务中更大的发言权。
　　疑问代词"谁",分别用在两个句子中前后呼应,这是一种"任指",前后所指代的是相同的人。例如:
　　1. 为了保证产品的质量和企业的声誉,我们工厂提出,谁砸了企业的饭碗,我们就砸谁的饭碗。

2. 谁的汉语流利，就选谁去参加讲演比赛。

3. 市场经济的机制之一是优胜劣汰。谁的产品质量好，成本低，谁就能占领市场；反之，谁的产品质差价高，谁就会被市场淘汰。

四、不论联合国改革方案出现何种分歧，斗争如何激烈，只有本着公平合理、统筹兼顾的原则，进行充分、耐心的探讨和协商，才是妥善之策。

"不论"，也说"无论"，连词，表示在任何情况下，后边的结果都不会改变。与"只有……才……"这个结构连用时，强调了"只有"后的条件是唯一的。例如：

1. 不论做什么事情，只有认真对待，一丝不苟，才能办好。
2. 不论白猫、黑猫，只有抓住老鼠，才是好猫。
3. 不论影艺界人士评价如何，只有广大观众认可，才能称得上一部好影片。

练 习

一、选词填空：

磋商　沦为　运作　逆转　回顾
僵持　要挟　体现　面临　界定

1. ____今年联合国工作，联大各改革工作组的活动是一个重要的内容。
2. 改革工作组的工作既取得了一些进展，又____诸多困难。
3. 联合国的改革不可____，它正克服重重障碍，知难而进。
4. 和平纲领工作组和发展纲领工作组旨在重新____联合国在维护世界和平与安全，以及在发展领域方面的作用和目标。
5. 自1994年安理会改革工作组正式____以来，至今形成三种有代表性的观点。
6. 不结盟国家提出在常任理事国扩大____的情况下，首先将非常任理事国扩大6至10个。
7. 一些国家呼吁改变联大议事规则和决策程序，改变目前____其他机构的橡皮图章的状况。
8. 个别大国出于政治目的拒绝缴纳会费，____联合国。
9. 由于分歧不少，工作组认为，仍须进一步____。
10. 中国政府提出，联合国改革应____民主、公正、客观、平衡的原则。

二、用指定的词语改写句子：

1. 联合国本身存在着机构过于庞大、调度不灵、效率低下等问题。（机构臃肿）
2. 联合国有五个改革工作组，分为内外两个方面，二者互相补充、互相配合，缺一不可。

（相辅相成）

3. 各工作组分别向联大提出了进度报告，有的已就某些问题取得了一致意见。

（达成共识）

4. 联合国改革是一项系统工程,具有长期性、复杂性、艰巨性等特点,想马上达到目的,超过具体条件和实际情况的可能,过早过快地进行是不可取的。(急躁冒进)

5. 一些国家呼吁联大改变议事规则,以免变成空有其名而无实权的机构。(橡皮图章)

6. 对于联合国改革方案,只有本着公平合理,统一筹划,同时照顾的原则,进行充分耐心的探讨和协商,才是妥善之策。(统筹兼顾)

三、选择正确答案:

1. 当世界即将进入21世纪的时候,联合国大多数成员国对于"联合国必须改革"这一点意见如何?

   A. 存在着许多分歧

   B. 持有不同的意见

   C. 取得了一致的看法

   D. 尚需要耐心地探讨

2. "机构臃肿,效率低下"说的是什么?

   A. 联合国内部机制之一

   B. 联合国本身存在的问题

   C. 联合国的宗旨和原则

   D. 联合国改革的外因之一

3. 只吸收德、日为联合国常任理事国的"快捷法"难以通过实行,其原因并不是——

   A. 这个方案是由美国等国提出的

   B. 违反了联合国宪章的有关原则

   C. 遭到了广大发展中国家的反对

   D. 地域分配不公允,缺少非洲和拉丁美洲国家

4. 在联合国财政危机方面,最重要的问题是什么?

   A. 减免弱小发展中国家因经济困难无力缴纳会费的问题

   B. 实行"责任支付原则"改革方案的问题

   C. 精减机构、减少联合国各项费用的问题

   D. 美国等大国出于政治目的而拒绝缴纳会费的问题

5. 中国政府提出了联合国改革应坚持的四条标准。不在其列的是——

   A. 应有利于维护成员国的主权

   B. 应有益于世界各国经济的发展

   C. 应照顾到少数成员国的利益

   D. 应体现民主、公正、客观、平衡的原则

四、回答问题：

1. 为什么说联合国的改革不可逆转？具体的原因有哪些？
2. 目前，联合国改革工作组的主要任务是什么？
3. 迄今对于联合国安理会的改革有哪几种代表性的观点？
4. 造成联合国财政危机的主要原因是什么？
5. "加强联合国系统"是什么意思？包括哪两个重点？
6. 对于联合国改革，中国政府提出应坚持的四条标准是什么？其出发点是什么？
7. 请评论文章标题"联合国改革知难而进"。

五、根据课文内容填空：

1. 联合国改革的主要外因和内因是：
   (1)＿＿＿＿＿＿＿＿＿＿＿＿＿＿＿＿＿＿；
   (2)＿＿＿＿＿＿＿＿＿＿＿＿＿＿＿＿＿＿。

2. 联合国改革的主要方面有：
   (1)＿＿＿＿＿＿＿＿＿＿＿＿＿＿＿＿＿＿；
   (2)＿＿＿＿＿＿＿＿＿＿＿＿＿＿＿＿＿＿；
   (3)＿＿＿＿＿＿＿＿＿＿＿＿＿＿＿＿＿＿。

3. 中国政府提出的联合国改革应坚持的四条标准是：
   (1)＿＿＿＿＿＿＿＿＿＿＿＿＿＿＿＿＿＿；
   (2)＿＿＿＿＿＿＿＿＿＿＿＿＿＿＿＿＿＿；
   (3)＿＿＿＿＿＿＿＿＿＿＿＿＿＿＿＿＿＿；
   (4)＿＿＿＿＿＿＿＿＿＿＿＿＿＿＿＿＿＿。

六、快速阅读：(限时9分钟)

"克隆羊"的诞生与争议

李文政

在科学家首次成功培育出一只"克隆羊"之后，英国当代著名评论家马尔评论说："在过去几天里，我们对自身的认识正经历着巨大的变化。这一理论的巨大能量犹如哥白尼发现了太阳中心说，或者是原子裂变理论得到验证。"

2月24日，英国《泰晤士报》披露了惊世骇俗的重大科技消息：可通过无性繁殖生产新一代"克隆羊"。据从事此项研究工作的苏格兰卢斯林研究所胚胎学家维勒穆特博士证实，他领导的基因小组在绵羊无性繁殖技术领域取得重大突破，一只无性繁殖的绵羊已经在他的试验基地出生7个月！《泰晤士报》报道说，在发稿时，这只被命名为"羊娃娃"（英文原名为DOLLY）的小羊正在卢斯林研究所的实验场上悠闲地吃着青草。维勒穆特博士介绍说，他的研究小组从一只母羊乳房上提取一个乳腺细胞，把该细胞内的基因材料与从另一母羊身上提取的卵子（把卵子去掉内核）进行电子"焊接"，形成一个胚胎，并把此胚胎移入另外一母羊子宫内培育，便顺利生下了这只羊羔。羊羔是其"基因母羊"的完全复制品，其所有"生物特性"与提供"基因材料"的羊保持一致。科学家给利用这种无性繁衍技术生产的羊起名为"克隆羊"。维勒穆特博士证实，从理论上来说，利用同样方法，人也可以复制"克隆人"。一旦成为现实，世界上将有可能生存着完全一样的众多"克隆人"。《基因革命》一书的作者迪克逊博士称此为"历史性的事件"。

一个"克隆人"的幽灵开始困扰世界，引起人们的强烈反应。24日当天，美国总统克林顿发表谈话，认为"克隆羊"提出了严重伦理问题，要求美国国家生物伦理学咨询委员会研究克隆技术在法律和伦理方面可能造成的影响，并在90天内向他汇报。

除美国外，德国、法国和加拿大等国，也纷纷成立专家小组，研究这个问题，科学家们也要求对"克隆人"的研究加以限制。

目前，英国对人类胚胎研究的每一步，都有严格的法律控制，英国现在不存在"克隆人"的问题。维勒穆特博士本人认为，现时人类社会繁衍繁盛，不存在"克隆人"研究的临床意义。他说，"我看不到复制'克隆人'的医学理由。"

现在人们除了关心"人"能否复制外，还提出母体外复制和此项突破的实际价值等一系列重大问题。人们看到"克隆羊"带来的技术进步，也明显感到该项生物技术突破带来的困扰。问题是人类如何把握自己，也许就像当年发现原子裂变和核聚变理论一样，人类必须理智地驾驭它，才会使科学更有效地为人类自身服务。

节选自《人民日报》1997年3月3日

问题：
什么是"克隆羊"？为什么引起了人们的争议？

阅 读（一）

维护和平 促进发展
——纪念联合国成立五十周年

50年前的今天，联合国在世界人民反法西斯战争胜利的凯歌声中宣告诞生。这是国际关系史上的重大事件。联合国经过了半个世纪的风雨历程，在人类历史上谱写了重要篇章。今天，世界人民隆重纪念这个光辉日子，具有重要的现实意义。

联合国是当代最具普遍性、权威性的政府间国际组织，联合国宪章是指导现代国际关系的行为准则。联合国宪章的宗旨和原则明确规定：各国主权平等，不得干涉别国内政，不得威胁和以武力侵害任何国家的领土完整和政治独立；维护世界和平与安全，以和平方式解决国际争端；促进国际间经济、社会、文化的合作，实现共同发展。这集中反映了世界人民对和平、独立和发展的渴望。半个世纪的历史证明，宪章的宗旨和原则是行之有效的，是具有强大生命力的。

50年来，在广大成员国的共同努力下，联合国在推动裁军，缓和国际冲突，推动地区问题解决方面发挥了有益作用；联合国在维护民族自决权原则，推动非殖民化历史进程中多有建树，成绩斐然；联合国在加强国际合作，促进全球经济和社会发展，改善人类环境方面做了大量卓有成效的工作。

但毋庸讳言，联合国也有过挫折和失败。个别国家不遵循联合国宪章的有关宗旨和原则，企图把联合国当作实现自己政治意图的工具。它们之间为了各自的利益，置广大发展中国家的利益和愿望于不顾，把联合国变成争斗的场所，使联合国难以发挥应有的作用。这是值得认真记取的教训。

事实证明，只有恪守联合国宪章的宗旨和原则，联合国才能更好地履行其历史使命，否则就难以有所作为，甚至遭受挫折，并使其信誉蒙受损害。

今天，世界局势正在发生重大变化，人类面临共同的挑战，和平与发展仍然是当今世界的两大主题，联合国任重而道远。

冷战结束后，国际局势趋向缓和，但天下并不太平，武装冲突和局部战争连绵不断，霸权主义和强权政治继续存在，民族矛盾、宗教冲突、领土纠纷错综复杂。因此，和平依然是世界人民的第一需要，人们期待联合国在维护世界和平与安全方面发挥更有效的作用。但联合国维和行动要严格遵循宪章规定的国际关系准则，要量力而行，不应直接卷入冲突。要恪守主权平等和不干涉内政原则，不能允许少数成员国打着"民主"、"人权"的幌子，侵犯别国主权，破坏别国的民族团结和国家统一。

当前,发展问题变得越来越重要。国家和地区经济相互依存、优势互补更加明显。但是世界发展很不平衡,贫富差距拉大,不合理的国际经济秩序以及贸易保护主义阻碍了第三世界国家的发展。显然,促进各国经济共同发展和普遍繁荣,消除贫困,是联合国亟待解决的重要课题。此外,普遍存在的环境、人口、毒品、犯罪等一系列问题,也是联合国面临的严峻挑战。

面对世界形势的巨大变化和联合国肩负的艰巨使命,要求联合国进行必要的、适当的改革,以利于更好地贯彻其宗旨和原则,实现"联合起来共建一个更美好的世界"的崇高目标。

中国是联合国的创始国和安理会常任理事国之一,一贯把维护宪章的宗旨和原则作为自己应尽的责任。中国将一如既往,同其他成员国一道,使联合国在国际事务中发挥更加积极的作用,为维护世界和平、促进全球发展作出更大贡献。

选自《人民日报》1995年10月24日

生　　词

1.	法西斯	（名）	fǎxīsī	指法西斯主义,即一种对内实行恐怖统治,对外实行武装侵略和民族压迫的极其反动、野蛮的独裁制度和思想体系。 fascist
2.	凯歌	（名）	kǎigē	打了胜仗所唱的歌。 a song of triumph
3.	威胁	（动）	wēixié	以威力逼迫恫吓使人屈服。 threaten
4.	裁军		cái jūn	裁减武装人员和军事装备。 disarmament
5.	斐然	（形）	fěirán	显著。 notable; marked
6.	挫折	（动）	cuòzhé	失利、失败。 setback
7.	恪守	（动）	kèshǒu	严格遵守。 scrupulously abide by (a treaty, promise, etc.)
8.	霸权主义		bàquánzhǔyì	指凭借国家军事或经济实力对外实行侵略扩张,操纵控制他国,称王称霸的政策。 hegemonism

269

9. 量力而行		liàng lì ér xíng	根据自己的力量和可能去做。 act according one's capability
10. 保护主义		bǎohùzhǔyì	一种为"保护"本国或本地区利益实行各种限制性贸易措施的主张和政策。 protectism
11. 幌子	（名）	huǎngzi	比喻从事某一活动时所假借的名义。 pretense；cover
12. 一如既往		yī rú jì wǎng	完全跟过去一样。 just as in the past

练 习

判断正误：
1. 联合国的诞生宣告了世界人民反法西斯战争的胜利结束。（   ）
2. 联合国是当代最具普遍性、权威性的国际民间组织。（   ）
3. 联合国在推动裁军、缓和国际冲突方面起到了有益的作用。（   ）
4. 50年来，联合国也有过挫折和失败。（   ）
5. 毋庸讳言，许多国家企图把联合国当作实现自己政治意图的工具。（   ）
6. 当今世界面临的最大问题是和平与发展。（   ）
7. 文章认为，对于局部战争和武装冲突，联合国应立即派出部队直接参与。（   ）
8. 消除贫困是联合国急需解决的课题。（   ）
9. 为了解决环境、人口、毒品、犯罪等问题，联合国必须改革。（   ）
10. 中国是联合国的创始国之一，也是安理会的一个常任理事国。（   ）

阅 读（二）

决不许奥斯威辛悲剧重演

文有仁

我一直珍藏着照片，一张前纳粹德国奥斯威辛集中营一位女囚送给我的她在这个集中营登记的照片。照片上的她，是一位16岁的面目清秀的少女，但剃着光头，穿着条形花纹的囚服，木然的表情，呆滞的双眼，流露着痛苦和忧郁。囚服上缝的一个小布条有一个编号：32367。她告诉我，集中营的囚徒不再有自己的姓名，每人只有一个囚徒编号。编号还被烙印在胳膊上。她捋起衣袖给我看，前臂上仍赫然在焉！

我是在任新华社驻波兰首席记者，采访纳粹德国集中营解放纪念日的一次纪念大会时认识她的。她的姓名是亨莉卡·科佩尔茨卡。同时认识的，还有她的一位女难友——哈莉娜·格沃瓦茨卡。她们都已是年近花甲的老太太了，但一谈起奥斯威辛集中营，犹充满了恐怖感和仇恨感。她们二人中，一位是1942年夏天被关进集中营的，一位是1942年底被关押的。她们什么罪名也没有，只是在纳粹分子对整条街的人们进行梳篦式大抓捕时同许多无辜难友一起被抓的。格沃瓦茨卡也让我看了她手臂上烙的囚号：49982。她们只是由于身强力壮被纳粹分子关在集中营干重活方免遭杀害。直到纳粹德国崩溃、苏军解放奥斯威辛集中营时，她们才重见天日。

奥斯威辛集中营在波兰古都克拉科夫以西约30公里处，位于波兰南部只有4万人口的奥斯威辛市。

1939年9月，希特勒德国以"闪电战"方式占领波兰。1940年4月27日纳粹党卫军头目希姆莱下令建造奥斯威辛主营，6月14日收容第一批囚徒——728名波兰和德国政治犯。1941年6月，纳粹德国入侵苏联，苏联俘虏房也被投入奥斯威辛集中营。希姆莱视察奥斯威辛后要求扩建集中营。同年10月在布热津卡建立了2号营。不久又建了3号营。奥斯威辛集中营是纳粹德国建立的1000多个集中营中最大的一个。

1945年1月苏军解放奥斯威辛集中营。1947年，这里被辟为展示集中营纳粹分子暴行的博物馆。48年来，博物馆接待了波兰和外国观众两千多万人。

布热津卡营是其中占地面积最大的。我们来到这里，首先映入眼帘的是一眼望不到头的带刺铁丝网和每隔20米一座的木岗楼群。铁丝网后面是一排排木棚舍和简易的砖瓦平房。也许是为了便于从岗楼上监视囚徒，整个营区内没有一株树木。

一条专用铁路从布热津卡营西边的大门一直通到集中营东端。我们沿铁路走去，铁路尽头两边是两堆钢筋水泥建筑物的废墟。陪同人员告诉我们，这是集中营的两个毒气室——焚尸炉。集中营共有4个这样的大规模杀人装置。当年纳粹匪徒把从欧洲各国抓来的人用装运牲畜和货物的闷罐子车皮经铁路直接运到这里焚尸炉旁的站台上，在站台上进行挑选。极少数（在犹太人中平均仅占3%弱）身强力壮可供奴役者被挑出来，其余的，包括儿童乃至初生婴儿送去"洗淋浴"。纳粹分子让他们把全部衣服，鞋袜脱下、眼镜摘下，留在淋浴室外。淋浴室实际上是毒气室。其天花板上有许多淋浴喷头。一间210平方米的淋浴室要赶入2000人。把门关好以后就从淋浴喷头向室内喷入毒气。15—20分钟后人被毒死。1944年，整个奥斯威辛集中营平均每天焚烧6000具尸体。一些材料表明，在这个集中营存在的三年半期间，纳粹匪徒们杀害了110万—150万人，其中90%是犹太人，还有不少吉卜赛人以及其他民族的人。1945年1月，纳粹匪徒们在仓促逃窜时为了消灭罪证，把这些毒气室——焚尸炉炸毁了。

铁路两边是囚徒居住的一排排简易平房，共约300幢，大部分已在纳粹匪徒撤退时被夷为平地，现尚残存约100幢。我们看到，每幢房只是一个约200平方米的大房间，几个小窗户透进一点点阳光，阴暗潮湿，充满了霉味。靠门口隔开两个小间供看守住，其余空间全是三层木板统铺。统铺每隔两米有木柱支撑。一位当年曾在这里被关押两年的波兰人对我们说,这两米宽的统铺隔间上中下三层一共要睡24人。空间太窄,人们只好一个头朝里、一个头朝外互相紧贴着侧身躺卧,不能翻身。每个房间最多时住了1000名囚徒。

集中营东北角是所谓的"医院"。希特勒党卫军医生在这里利用犯人进行各种"医学实验",例如把囚徒冻僵后再进行复苏的实验、便捷绝育手术实验、毒药和新药效用实验、孪生子女活体解剖进行对照"研究"的实验等等。

集中营西南角的平房是"死牢"。凡准备逃跑或有其他抵抗行为的囚徒一旦被发现,就被送到这里刑讯逼供,追查同党。死牢中有一种刑具——"站笼"。人关在里面只能成天站着,不能坐、蹲,更不能躺。"站笼"只有一个5平方厘米的小透气孔。送到"死牢"的人最后命运都是被处死。

集中营囚徒的苦役十分繁重,而发的食物连充饥也不够,冬天衣服不足御寒。许多身强力壮的人,进来以后不久就由于劳累、饥饿、寒冷、毒打而瘦成皮包骨,终不免被送入毒气室、焚尸炉的命运。有的囚徒饥饿难熬,竟至割下死尸的肉来吃。

布热津卡营东南约3公里就是奥斯威辛主营。主营面积小于布热津卡营,占地近6公顷,是这一地区集中营管理部门所在地。这里大部分建筑物还保存着。集中营大门上端是几个大字:"劳动创造自由"。这不啻是对这个奴役——死亡营的绝妙讽刺。营内有集中营长官楼、盖世太保楼、党卫军楼、残存的十几幢囚房等。其中一些房间已被辟为展室。我们在这些展室里看到的展品是大量的人的头发、人发编织的毛毯、衣服、皮鞋、眼镜、金牙假肢等等。这些都是纳粹分子从囚徒身上掠夺来,在集中营被解放前没来得及运回德国的。苏军解放集中营时在集中营仓库里还存放着约7000公斤头发、近1.4万张人发毛毯、35万件男西服、84万件女服、近4万双男鞋,5千双女鞋。

一些囚徒在集中营内进行了英勇的反抗。有一个展室展出了囚徒斗争的各种实物和资料。囚徒们建立了一些同纳粹匪徒作斗争的地下组织。它们同当地居民和外面的抵抗中心建立联系,组织囚徒逃跑,争取改善囚徒处境,把集中营真相写成书面材料藏在烟卷、蜡烛里,转送到外面。地下组织曾编写了集中营内最凶残的党卫军分子名单及其罪行的材料,转送到伦敦。这些材料在伦敦电台广播后在全世界面前揭露了集中营党卫军的兽行,激起了各国人民的愤怒。

1945年1月27日苏军解放这个集中营时,营内仅剩下7600多名囚徒,其中包括156名儿童。

第二次世界大战期间,希特勒德国各集中营总共囚禁过1800多万人,其中1100多万人死于集中营中。

1967年4月16日,在布热津卡营铁路终点处两个毒气室废墟之间建立了一座受法西斯迫害死难者国际纪念碑。包括中国在内的许多国家为纪念碑的修建提供了财政支援。

奥斯威辛集中营的灾难不是孤立的事件,它是第二次世界大战带给各国人民的众多灾难的一部分。我回国以后曾去过侵华日军南京大屠杀遇难同胞纪念馆。大量的照片和实物揭露的日军占领南京后屠杀数十万中国战俘和平民的野蛮暴行,同纳粹德国在奥斯威辛集中营的罪恶行径如出一辙。帝国主义侵略者的残暴到处都是一样的。

在纪念第二次世界大战结束50周年的时刻,我耳际又一次回荡起当年在奥斯威辛集中营遗址举行的纪念大会上发出的巨大呼喊:"我们知道战争的噩梦,我们要和平!""永远不要战争!永远不要死亡营!"

节选自《瞭望》新闻周刊1995年5月8日

生　　词

1. 集中营	(名)	jízhōngyíng	帝国主义国家或反动政权把政治犯、战俘或掳来的非交战人员集中起来监禁或杀害的地方。
			concentration camp
2. 囚徒	(名)	qiútú	囚犯,被关押在监狱里的人。
			prisoner
3. 崩溃	(动)	bēngkuì	完全破坏,垮台(多指国家政治、经济、军事等)。
			collapse
4. 俘虏	(名)	fúlǔ	打仗时捉住的敌人。
			capture
5. 废墟	(名)	fèixū	城市、村庄遭受破坏或灾害后变成的荒凉地方。
			ruins
6. 焚尸炉	(名)	fénshīlú	焚烧尸体的炉子、装置。
			cinerator
7. 犹太人	(名)	Yóutàirén	古代聚居在巴勒斯坦的居民,曾建立以色列和犹太王国,后为罗马所灭,人口外迁散居各地。
			Jew (male); Jewess (female)
8. 吉卜赛人	(名)	Jíbǔsàirén	原住印度西北部的居民,十世纪时开始外迁,流浪各地,多从事占卜、歌舞等业,也叫茨冈人。
			Gypsy
9. 夷为平地		yí wéi píngdì	破坏建筑物,使成为平地。
			level to the ground
10. 幢	(量)	zhuàng	用于房屋计量,房屋一座叫一幢。
			(for houses)
11. 刑讯	(动)	xíngxùn	用刑具逼供审问。
			inquisition by torture

12. 野蛮	（形）	yěmán	蛮横残暴。cruel
13. 屠杀	（动）	túshā	大批残杀。massacre
14. 如出一辙	（成）	rú chū yī zhé	形容两件事情非常相像。be exactly the same as
15. 噩梦	（名）	èmèng	可怕的梦。night mare

专　名

1. 奥斯威辛	Àosīwēixīn	地名。name of a place
2. 亨莉卡·科佩尔茨卡	Hēnglìkǎ·Kēpèi'ěrcíkǎ	人名。name of a person
3. 哈莉娜·格沃瓦茨卡	Hālìnà·Géwòwǎcíkǎ	人名。name of a person
4. 克拉科夫	Kèlākēfū	地名。name of a place
5. 希姆莱	Xīmǔlái	人名。name of a person
6. 布热津卡	Bùrèjīnkǎ	地名。name of a place

注　释

1. 纳粹

"德国国家社会党"德语简称"Nazi"的音译，是以希特勒为首的最反动的法西斯主义政党。

2. 党卫军

德国纳粹党的特务组织和军事组织。德语缩写为"SS"。

3. 盖世太保

法西斯德国的国家秘密警察组织。是德语简称"Gestapo"的音译。

练　习

回答问题：

1. 读了文章，你了解了集中营女囚亨莉卡的哪些情况？

2. 请简介奥斯威辛集中营的概况。
3. 法西斯集中营的"洗淋浴"是怎么回事?
4. 集中营囚徒的居住、生活情况如何?
5. 被关押在集中营的人们进行了哪些反抗斗争?
6. 读了这篇专题报道,你有什么感想?

注 释 索 引

条目后面的数字表示课数,有横线的表示该课的阅读部分。

B

| 1. 八届人大四次会议 | Bājiè Réndà Sìcì Huìyì | 30 |

C

| 2. 菜篮子工程 | Càilánzi gōngchéng | 30—1 |

D

3. 达摩克利斯剑	Dámókèlìsījiàn	23
4. 党的十四大	Dǎng De Shísìdà	19
5. 党卫军	Dǎngwèijūn	34—2
6. 党中央第三代领导集体	Dǎngzhōngyāng Dìsāndài Lǐngdǎo Jítǐ	19

E

| 7. 恩格尔系数 | Ēngé'ěr Xìshù | 19—2 |

G

| 8. 盖世太保 | Gàishì Tàibǎo | 34—2 |
| 9. 国际禁毒日 | Guójì Jìndúrì | 28—2 |

H

| 10. 宏观经济管理体制 | hóngguān jīngjì guǎnlǐ tǐzhì | 19 |
| 11. 火药、指南针、造纸、印刷术的发明 | huǒyào、zhǐnánzhēn zàozhǐ yìnshuāshù de fāmíng | 30 |

J

12.	家庭联产承包责任制	jiātíng liánchǎn chéngbāo Zérènzhì	24
13.	建立现代企业制度	Jiànlì xiàndàihuà qǐyè zhìdù	19
14.	金三角地区	Jīnsānjiǎo Dìqū	28
15.	"金新月"地区	Jīnxīnyuè Dìqū	28—2
16.	酒里乾坤大 壶中日月长	jiǔ li qiánkūn dà hú zhōng rìyuè cháng	25
17.	解放鞋	jiěfàngxié	30—1

L

18.	绿色和平运动	Lǜsè Hépíng Yùndòng	32
19.	联合国	Liánhéguó	34
20.	两个根本性转变	liǎng ge gēnběnxìng zhuǎnbiàn	30

M

21.	马克思主义	Mǎkèsī Zhǔyì	32
22.	满汉全席	Mǎn-Hàn quánxí	25
23.	民主党派	mínzhǔ dǎngpài	30

N

| 24. | 纳粹 | Nàcuì | 34—2 |

O

| 25. | 欧盟 | Ōuméng | 31 |

Q

| 26. | 秦汉时期 | Qín-Hàn Shíqī | 30 |

S

| 27. | 三个有利于 | sānge yǒulìyú | 19—2 |

28. 三陪小姐	Sānpéi xiǎojiě	25
29. 世界屋脊	shìjiè wūjǐ	29

X

30. 星火计划	Xīnghuǒ Jìhuà	30
31. 西藏自治区成立三十周年	Xīzàng Zìzhìqū chénglì sānshí zhōunián	27

Y

32. 一粥一饭当思来之不易	yī zhōu yī fàn dāng sī lái zhī bù yì	25

Z

33. 郑和下西洋	Zhèng Hé xià xīyáng	30
34. 中国 80 年代乡镇企业的崛起	Zhōngguó bāshí niándài xiāngzhèn qǐyè de juéqǐ	24
35. 中国的东部和中西部地区	Zhōngguó de dōngbù hé zhōngxībù dìqū	27
36. 中国第一部广告法	Zhōngguó dìyībù guǎnggàofǎ	33
37. 中华人民共和国国民经济和社会发展"九五"计划和2010年远景目标纲要	Zhōnghuá Rénmín Gònghéguó Guómín Jīngjì Hé Shèhuì Fāzhǎn "Jiǔwǔ" Jìhuà Hé Èr Líng Yī Líng Nián Yuǎnjǐng Mùbiāo Gāngyào	31
38. 走婚制	Zǒuhūnzhì	30—2

词 汇 表

词后的数字表示课数,有横线的表示该课的阅读部分。

A

爱戴	àidài	30
艾滋病	àizībìng	28
按图索骥	àn tú suǒ jì	18—3
案件	ànjiàn	28

B

跋涉	báshè	18—2
霸权主义	bàquánzhǔyì	34—1
白热化	báirèhuà	33
百分点	bǎifēndiǎn	26—1
摆脱	bǎituō	18—3
板块	bǎnkuài	29
保护主义	bǎohùzhǔyì	34—1
暴利	bàolì	28
暴起	bàoqǐ	30—1
暴殄天物	bào tiǎn tiān wù	25
爆满	bàomǎn	18
奔波	bēnbō	32—1
崩溃	bēngkuì	34—2
迸发期	bèngfāqī	18
鼻青脸肿	bí qīng liǎn zhǒng	20—1
彼此牵扯	bǐcǐ qiānchě	19
避讳	bìhuì	20
壁龛	bìkān	26—2
敝屣	bìxǐ	25
必由之路	bì yóu zhī lù	24
边疆	biānjiāng	26—3
编者按	biānzhě'àn	29
贬值	biǎnzhí	18—3
标本兼治	biāo běn jiān zhì	22

279

标记	biāojì	18—3
标识	biāozhì	25—2
别有用心	bié yǒu yòng xīn	23
滨	bīn	18—2
彬彬有礼	bīnbīn yǒu lǐ	25
濒临	bīnlín	19—1
濒于	bīnyú	25—2
冰帽	bīngmào	29
冰芯	bīngxīn	29
病毒	bìngdú	23
波动	bōdòng	19
驳杂冗繁	bózá rǒngfán	25
博采众长	bó cǎi zhòng cháng	33
不法之徒	bùfǎ zhī tú	23
不凡	bùfán	28
不正之风	bù zhèng zhī fēng	22—1
布票	bùpiào	19—2
步伐	bùfá	19—2

C

裁军	cái jūn	34—1
采购	cǎigòu	18—3
采掘	cǎijué	26—3
菜肴	càiyáo	25
仓储	cāngchǔ	19—1
操作	cāozuò	22
嘈杂	cáozá	27—1
草甸	cǎodiàn	29
层出不穷	céng chū bù qióng	21—1
差异	chāyì	27
产权	chǎnquán	19
铲除	chǎnchú	28
猖獗	chāngjué	23
常任	chángrèn	34
长足	chángzú	29—3
超常	chāocháng	18
超前	chāoqián	18

彻底	chèdǐ	30
撤消	chèxiāo	24—2
尘封	chénfēng	21—1
陈陈相因	chén chén xiāng yīn	25
陈腐	chénfǔ	33—2
沉甸甸	chéndiāndiān	29—2
沉渣	chén zhā	25
称雄	chēngxióng	29—1
城门失火 殃及池鱼	chéngmén shī huǒ yāngjí chíyú	31—1
程控	chéngkòng	18—1
承包	chéngbāo	22
承揽	chénglǎn	33
承前启后	chéng qián qǐ hòu	26
持平	chípíng	20
赤裸裸	chìluǒluǒ	23
充斥	chōngchì	32—2
冲动	chōngdòng	24
宠儿	chǒng'ér	32
抽样调查	chōuyàng diàochá	18
筹集	chóují	18—2
踌躇满志	chóuchú mǎn zhì	20—1
出栏	chū lán	26—1
出台	chū tái	22
雏形	chúxíng	23—2
储藏	chǔcáng	29
储量	chǔliàng	26—3
矗立	chùlì	29
触目惊心	chù mù jīng xīn	22
传真机	chuánzhēnjī	23—1
窗口行业	chuāngkǒu hángyè	22—1
创汇	chuànghuì	18
创意	chuàngyì	33
垂涎	chuíxián	33
唇亡齿寒	chún wáng chǐ hán	31
蠢材	chǔncái	20—1
磁场	cíchǎng	29—2
磁铁	cítiě	18—3
此起彼伏	cǐ qǐ bǐ fú	31—1

凑	còu	32—2
粗糙	cūcāo	30—1
促膝	cùxī	25—1
篡改	cuàngǎi	23
催动	cuīdòng	19
村落	cūnluò	24
存栏	cúnlán	26—1
存储器	cúnchǔqì	23—1
磋商	cuōshāng	34
挫折	cuòzhé	34—1
错落有致	cuòluò yǒu zhì	26—2

D

大号	dàhào	21—2
大陆架	dàlùjià	29—1
大麻	dàmá	28
大头	dàtóu	22
大猩猩	dàxīngxing	18—2
待	dài	27
单季稻	dānjìdào	30—1
单元	dānyuán	29
档案	dàng'àn	20—1
档次	dàngcì	18—1
荡然无存	dàngrán wú cún	29—2
导航	dǎoháng	21—3
导向	dǎoxiàng	26
登峰造极	dēng fēng zào jí	25
等靠要	děng kào yào	27—3
低调	dīdiào	18
低龄化	dīlínghuà	28—1
抵消	dǐxiāo	21—2
抵御	dǐyù	26—1
地貌	dìmào	29
地壳	dìqiào	29—2
第一线	dìyīxiàn	30
缔造	dìzào	26—3
点缀	diǎnzhuì	26—1

典范	diǎnfàn	27
典籍	diǎnjí	25
电场	diànchǎng	29—2
电子管	diànzǐguǎn	23—1
调研	diàoyán	27—1
叮咛	dīngníng	32—1
鼎盛	dǐngshèng	29—1
定位	dìngwèi	33—3
动态	dòngtài	21—3
动辄	dòngzhé	31—1
陡峭	dǒuqiào	29
逗留	dòuliú	21—3
独树一帜	dú shù yī zhì	32—2
独特	dútè	32—2
独占鳌头	dú zhàn áo tóu	20—1
毒品	dúpǐn	28
毒枭	dúxiāo	28—2
堵截	dǔjié	33—1
堵源截流	dǔ yuán jié liú	28
端倪	duānní	33
蹲点	dūndiǎn	22
多管齐下	duō guǎn qí xià	19
多极世界	duōjí shìjiè	31—2
多媒体	duōméitǐ	23—1
哆嗦	duōsuo	30—1

E

恶性	èxìng	28
噩梦	èmèng	34—2
遏制	èzhì	18

F

发酵	fā jiào	25
法西斯	fǎxīsī	34—1
翻案	fān àn	23
翻天覆地	fān tiān fù dì	26—3

繁华	fánhuá	27—1
繁茂	fánmào	18—2
繁重	fánzhòng	29—1
反作用	fǎnzuòyòng	32
范例	fànlì	29—2
贩毒	fàndú	28
方兴未艾	fāng xīng wèi ài	23—2
仿效	fǎngxiào	32—1
放任自流	fàng rèn zì liú	33
斐然	fěirán	34—1
废寝忘食	fèi qǐn wàng shí	30
废墟	fèixū	34—2
分崩离析	fēn bēng lí xī	34
分红	fēn hóng	22
分水岭	fēnshuǐlǐng	24
分支	fēnzhī	31
纷纭	fēnyún	32—1
焚尸炉	fénshīlú	34—2
风华正茂	fēnghuá zhèng mào	24—1
奉献	fèngxiàn	30
扶贫	fú pín	28
浮雕	fúdiāo	26—2
浮萍	fúpíng	25—1
浮现	fúxiàn	32—2
俘虏	fúlǔ	34—2
腐蚀	fǔshí	23
附加值	fùjiāzhí	30
富商巨贾	fùshāng jùgǔ	25
复苏	fùsū	32—1
腹地	fùdì	26—1

G

改装	gǎizhuāng	18—3
干线	gànxiàn	21—2
纲	gāng	30—1
纲要	gāngyào	26
格调	gédiào	33—2

格格不入	gégé bù rù	25
隔世	gé shì	18
根子	gēnzi	30—2
工薪阶层	gōngxīn jiēcéng	22
功能	gōngnéng	24—1
公允	gōngyǔn	34
攻克	gōngkè	30
供过于求	gōng guò yú qiú	18
共识	gòngshí	18
沟通	gōutōng	18—3
古铜色	gǔtóngsè	30—2
股份制	gǔfènzhì	26—3
鼓捣	gǔdao	21—1
痼疾沉疴	gù jí chén kē	22—1
官吏	guānlì	29—1
惯例	guànlì	22—2
归根到底	guī gēn dào dǐ	32
规模经济	guīmó jīngjì	30
轨道	guǐdào	18—1
国计民生	guójì mínshēng	21
过渡	guòdù	18
过目成诵	guò mù chéng sòng	33—1

H

海拔	hǎibá	29
海禁	hǎijìn	29—1
海洛因	hǎiluòyīn	28
含量	hánliàng	26
涵义	hányì	31
涵养	hányǎng	33—3
豪门望族	háomén wàngzú	25
浩浩荡荡	hàohàodàngdàng	21—1
何以	héyǐ	24
核心	héxīn	31
黑洞	hēidòng	22
宏大	hóngdà	19
宏旨	hóngzhǐ	31—2

洪荒	hónghuāng	18—2
后劲	hòujìng	27—2
忽视	hūshì	32—2
华而不实	huá ér bù shí	22—1
化解	huàjiě	19—1
化石	huàshí	30
化险为夷	huà xiǎn wéi yí	31—1
环抱	huánbào	29—1
焕然一新	huànrán yī xīn	22—1
荒谬绝伦	huāngmiù juélún	25
恍如	huǎngrú	18
幌子	huǎngzi	34—1
恢恢	huīhuī	23
晦气	huìqì	25—2
讳言	huìyán	33
混淆	hùnxiáo	23

J

机理	jīlǐ	29
击节	jī jié	25—1
击毙	jībì	28—2
积劳成疾	jī láo chéng jí	30
急剧	jíjù	18
集成电路	jíchéng diànlù	23—1
集中营	jízhōngyíng	34—2
吉卜赛人	Jíbǔsàirén	34—2
几何级数	jǐhé jíshù	23—2
挤对	jǐduì	20—1
忌语	jìyǔ	22—1
继往开来	jì wǎng kāi lái	26
家当	jiādàng	18—3
假寐	jiǎmèi	32—1
驾驭	jiàyù	30
坚壁清野	jiānbì qīngyě	23
坚挺	jiāntǐng	18—3
兼并	jiānbìng	24—2

兼容	jiānróng	23—2
简陋	jiǎnlòu	26—1
简慢	jiǎnmàn	25—1
建树	jiànshù	32
建制镇	jiànzhìzhèn	24
僵持	jiāngchí	34
疆域	jiāngyù	31
交杯酒	jiāobēijiǔ	25
交错	jiāocuò	26—3
交换机	jiāohuànjī	18—1
缴	jiǎo	22
矫正	jiǎozhèng	28—1
叫卖	jiàomài	32—2
捷足先登	jié zú xiān dēng	21
结晶	jiéjīng	21
解剖	jiěpōu	22
筋骨	jīngǔ	19—1
津贴	jīntiē	20—1
紧凑	jǐncòu	21—2
紧锣密鼓	jǐn luó mì gǔ	21
禁锢	jìngù	19
浸润	jìnrùn	25—1
经济基础	jīngjì jīchǔ	32
经纪人	jīngjìrén	22
精辟	jīngpì	32
精湛	jīngzhàn	25
晶体管	jīngtǐguǎn	23—1
警报	jǐngbào	21—3
景点	jǐngdiǎn	18—1
景观	jǐngguān	18—1
竞奢比富	jìng shē bǐ fù	25
究竟	jiūjìng	32—2
九霄云外	jiǔxiāo yún wài	32—2
久违	jiǔwéi	21—1
局促	júcù	21—2
举步维艰	jǔbù wéijiān	19—1
举世公认	jǔshì gōngrèn	32—2
巨头	jùtóu	33—3

聚居	jùjū	26—3
捐赠	juānzèng	22—2
卷土重来	juǎn tǔ chóng lái	28
抉择	juézé	18
崛起	juéqǐ	18
绝迹	juéjì	26—1
均衡	jūnhéng	27

K

开拓	kāituò	26—3
凯歌	kǎigē	34—1
刊发	kānfā	33—1
勘测	kāncè	29—1
慷慨	kāngkǎi	32—1
苛刻	kēkè	20
恪守	kèshǒu	34—1
课题	kètí	31—2
空穴来风	kōng xué lái fēng	24—2
恐怖	kǒngbù	23
空当	kòngdāng	21—2
口福	kǒufú	25
扣除	kòuchú	22—2
库伦	kùlún	26—1
(夸)海口	(kuā)hǎikǒu	33—2
夸张	kuāzhāng	33—1
跨度	kuàdù	18—1
跨国公司	kuà guó gōngsī	31
跨越	kuàyuè	26—1
框架	kuàngjià	19
困窘	kùnjiǒng	32—1
扩散效应	kuòsàn xiàoyìng	27—3

L

拉扯	lāchě	30—1
赖	lài	33
劳动教养	láodòng jiàoyǎng	28

老大	lǎodà	19—1
老三大件	lǎo sān dà jiàn	21—1
老妪	lǎoyù	32—1
乐此不疲	lè cǐ bù pí	18—3
累计	lěijì	18—1
累进税率	lěijìn shuìlǜ	22—2
冷战	lěngzhàn	34
理顺	lǐshùn	27
理赔	lǐpéi	18—1
理智	lǐzhì	28—1
礼拜	lǐbài	26—2
礼仪之邦	lǐ yí zhī bāng	25
立项	lìxiàng	27—2
利索	lìsuo	21—2
利欲熏心	lìyù xūn xīn	23
连锁管理	liánsuǒ guǎnlǐ	25—2
脸庞	liǎnpáng	25—1
良种	liángzhǒng	26—1
粮票	liángpiào	19—2
两败俱伤	liǎng bài jù shāng	31—1
量力而行	liàng lì ér xíng	34—1
缭绕	liáorào	32—2
燎原	liáoyuán	24—2
琳琅	línláng	26—2
零星	língxīng	33
流连	liúlián	32—1
流水线	liúshuǐxiàn	32
隆冬	lóngdōng	25—1
垄断	lǒngduàn	31
笼罩	lǒngzhào	18
漏税	lòu shuì	22
露富	lòu fù	30—2
屡禁不止	lǚ jìn bù zhǐ	33
沦丧	lúnsàng	28—1
论坛	lùntán	28—2
论证	lùnzhèng	26
逻辑	luóji	31
螺旋桨飞机	luóxuánjiǎng fēijī	21—2

落差	luòchā	27—1

M

麻醉	mázuì	28—2
卖淫	mài yín	28—1
忙忙碌碌	mángmánglùlù	32—2
莽林	mǎnglín	18—2
毛拉	máolā	26—2
冒进	màojìn	34
媒介	méijiè	32
媚态百出	mèi tài bǎi chū	33—2
魅力	mèilì	18—2
盟	méng	26—1
弥补	míbǔ	31
弥漫	mímàn	25
密集	mìjí	24
免税	miǎn shuì	18—3
面面相觑	miàn miàn xiāng qù	32—1
明晰	míngxī	33
明细表	míngxìbiǎo	22
名列前茅	míng liè qián máo	20—1
模拟	mónǐ	23
摩擦	mócā	31—1
摩肩接踵	mó jiān jiē zhǒng	26—2
陌生	mòshēng	18—3
莫过于	mòguòyú	24—2
蓦然	mòrán	27—1
谋略	móulüè	32—1
慕名	mù míng	18—3
沐浴	mùyù	26—1

N

乃至	nǎizhì	33—3
内在	nèizài	19
泥沼	nízhǎo	25
匿报	nìbào	22

逆流	nìliú	23
逆转	nìzhuǎn	34
凝固	nínggù	26—1
凝眸	níngmóu	32—1
扭亏为盈	niǔ kuī wéi yíng	22—1
纽带	niǔdài	31—1
弄巧成拙	nòng qiǎo chéng zhuō	33—2
弄虚作假	nòng xū zuò jiǎ	22—1
农口	nóngkǒu	30—1

P

拍板	pāi bǎn	20—2
徘徊	páihuái	21
牌匾	páibiǎn	25—2
配套	pèitào	21
喷薄	pēnbó	18
喷发	pēnfā	18
喷气式飞机	pēnqìshì fēijī	21—2
毗邻	pílín	24—2
辟	pì	30—1
媲美	pìměi	33—3
偏僻	piānpì	24—2
频度	píndù	29—2
频繁	pínfán	22—1
频仍	pínréng	29—2
品位	pǐnwèi	32—1
平均主义	píngjūnzhǔyì	32
泼墨	pōmò	32—1
破获	pòhuò	28
剖面	pōumiàn	29
谱写	pǔxiě	30

Q

旗	qí	26—1
歧视	qíshì	26—3
奇葩	qípā	25—2

脐带	qídài	32
企盼	qǐpàn	21
启动	qǐdòng	20—2
千沟万壑	qiān gōu wàn hè	30—1
千里迢迢	qiānlǐ tiáotiáo	20
牵扯	qiānchě	19
乾坤	qiánkūn	25
潜力	qiánlì	24
潜水	qián shuǐ	29—1
潜在	qiánzài	33—1
前所未有	qián suǒ wèi yǒu	19
前瞻	qiánzhān	32
前兆	qiánzhào	29—2
欠	qiàn	33—3
嵌入	qiànrù	26—2
戕害	qiānghài	25
抢手货	qiǎngshǒuhuò	20—1
敲定	qiāodìng	20—2
切肤之痛	qiè fū zhī tòng	28
钦羡	qīnxiàn	25
青筋	qīngjīn	30—1
轻装上阵	qīng zhuāng shàng zhèn	19—1
情不自禁	qíng bù zì jìn	32—2
琼浆玉液	qióngjiāng yùyè	25—1
求之不得	qiú zhī bù dé	33—1
囚徒	qiútú	34—2
区域	qūyù	27
趋之若鹜	qū zhī ruò wù	20
全球化	quánqiúhuà	31
痊愈	quányù	30—1
劝谕	quànyù	32—1
确立	quèlì	19

R

热潮	rècháo	24
热忱	rèchén	30
热带雨林	rèdài yǔlín	18—2

人杰地灵	rén jié dì líng	26—2
人工智能	réngōng zhìnéng	23—1
仁者见仁	rénzhě jiàn rén	25—1
日臻	rìzhēn	18—1
融为一体	róng wéi yī tǐ	28
融资	róngzī	19—1
如出一辙	rú chū yī zhé	34—2
软件	ruǎnjiàn	18
软着陆	ruǎnzhuólù	19
锐意	ruìyì	26
润滑剂	rùnhuájì	32
若	ruò	25

S

萨克斯	sàkèsī	32—1
三陪小姐	sānpéi xiǎojiě	25
三位一体	sān wèi yī tǐ	31
搔首弄姿	sāo shǒu nòng zī	33—2
刹	shā	22—1
山吃海喝	shān chī hǎi hē	25
山脉	shānmài	30—2
山珍海味	shānzhēn hǎiwèi	25
删除	shānchú	23
煽动	shāndòng	23
商标	shāngbiāo	25—2
上马	shàng mǎ	21
上瘾	shàng yǐn	23
社区	shèqū	28—2
设防	shèfáng	25—1
涉外	shèwài	18
莘莘学子	shēnshēn xuézǐ	20
神圣	shénshèng	29—2
渗漏	shènlòu	27—3
渗透	shèntòu	32
生涯	shēngyá	30—1
省区	shěngqū	27
圣人	shèngrén	25

剩余	shèngyú	24
失衡	shīhéng	22—2
失密	shī mì	20—1
失足	shī zú	28—1
食不厌精	shí bù yàn jīng	25
识别	shíbié	21—3
实惠	shíhuì	19—2
始作俑者	shǐ zuò yǒng zhě	23
试点	shìdiǎn	24
势头	shìtóu	22
手续	shǒuxù	20—2
首脑	shǒunǎo	26
首相	shǒuxiàng	31—2
枢纽	shūniǔ	26
疏漏	shūlòu	33—1
输血	shū xuè	24—2
殊途同归	shú tú tóng guī	27—1
鼠标器	shǔbiāoqì	23—1
述评	shùpíng	19
数据	shùjù	23—1
衰退	shuāituì	18
双休日	shuāngxiūrì	18
水陆杂陈	shuǐ lù zá chén	25
水运	shuǐyùn	21
水准	shuǐzhǔn	33
说教	shuōjiào	23
思路	sīlù	25—2
伺机	sìjī	28—1
肆虐	sìnüè	26—1
俗不可耐	sú bù kě nài	25
塑造	sù zào	22—1
随机抽样	suí jī chōu yàng	24—1
隧道	suìdào	21
所得税	suǒdéshuì	22

T

| 坦诚 | tǎnchéng | 25—1 |

倘	tǎng	31—1
陶瓷	táocí	24—2
套话	tàohuà	25—1
特许	tèxǔ	25—2
提炼	tíliàn	29—2
提速	tísù	21
醍醐灌顶	tíhú guàn dǐng	25—1
体味	tǐwèi	18—2
天南地北	tiān nán dì běi	25
天之骄子	tiān zhī jiāozǐ	26—1
甜头	tiántou	21
挑剔	tiāotì	20
调控	tiáokòng	20
跳槽	tiàocáo	20—1
停机坪	tíngjīpíng	21—2
铤而走险	tǐng ér zǒu xiǎn	28
通货膨胀	tōnghuò péngzhàng	19
偷税	tōu shuì	22
投影	tóuyǐng	32—1
透露	tòulù	18—2
透明度	tòumíngdù	20—2
透视	tòushì	33
突飞猛进	tū fēi měng jìn	29
突破口	tūpòkǒu	23—1
图文并茂	tú wén bìng mào	18—3
屠杀	túshā	34—2
团伙	tuánhuǒ	28—1
吞并	tūnbìng	32
妥善	tuǒshàn	34

W

挖掘	wājué	22
瓦解	wǎjiě	28—2
完善	wánshàn	18—1
万头攒动	wàntóu cuándòng	26—2
枉	wǎng	26—2
网络	wǎngluò	23

望而却步	wàng ér què bù	20—2
望而生畏	wàng ér shēng wèi	25—1
威胁	wēixié	34—1
微利	wēilì	18
微妙	wēimiào	32—1
微缩	wēisuō	18—1
纬度	wěidù	29
委曲求全	wěiqū qiú quán	20
委托	wěituō	19—1
畏	wèi	29
畏难	wèinán	34
温馨	wēnxīn	32—1
瘟疫	wēnyì	28—1
问津	wènjīn	18
蓊郁奇崛	wěngyù qíjué	25—1
无可奈何	wú kě nàihé	23—2
无可置疑	wú kě zhìyí	33—1
毋庸	wúyōng	33
五彩缤纷	wǔ cǎi bīnfēn	26—2
武断	wǔduàn	29—2
物色	wùsè	20—2
误区	wùqū	23—2

X

夕	xī	21
吸纳	xīnà	24
息息相关	xī xī xiāng guān	33
喜忧参半	xǐ yōu cān bàn	23
系统工程	xìtǒng gōngchéng	28—1
先河	xiānhé	21
显耀	xiǎnyào	24—1
相辅相成	xiāng fǔ xiāng chéng	34
相悖	xiāngbèi	31
相关	xiāngguān	18
相依为命	xiāng yī wéi mìng	32—1
橡皮图章	xiàngpí túzhāng	34
消遣	xiāoqiǎn	21—1

逍遥法外	xiāoyáo fǎ wài	28—2
效应	xiàoyìng	24
携家带口	xié jiā dài kǒu	18
写真	xiězhēn	33—3
泄秘	xiè mì	23
新三大件	xīn sān dà jiàn	21—1
信息	xìnxī	23
信息高速公路	xìnxī gāosù gōnglù	23—1
信用卡	xìnyòngkǎ	22
兴起	xīngqǐ	24
星火燎原	xīnghuǒ liáoyuán	30
星罗棋布	xīng luó qí bù	27—1
行	xíng	27—1
行贿	xínghuì	22—1
刑罚	xíngfá	28
刑警	xíngjǐng	18—1
刑讯	xíngxùn	34—2
形同虚设	xíng tóng xū shè	22—2
修编	xiūbiān	26
修复	xiūfù	18—1
汹涌	xiōngyǒng	32—1
雄心	xióngxīn	31—2
蓄水池	xùshuǐchí	24
喧哗	xuānhuá	25
悬空	xuánkōng	19—1
炫耀	xuànyào	21—1
学以致用	xué yǐ zhì yòng	20
学者	xuézhě	19
血缘	xuèyuán	24—2
寻味	xúnwèi	20
循环	xúnhuán	28

Y

压迫	yāpò	26—3
鸦片	yāpiàn	28
亚热带	yàrèdài	29
岩浆	yánjiāng	18

297

研制	yánzhì	21
严峻	yánjùn	24
檐	yán	30—2
眼馋	yǎnchán	33—1
眼花缭乱	yǎn huā liáo luàn	26—2
验收	yànshōu	29
扬长避短	yáng cháng bì duǎn	27—2
要挟	yāoxié	34
摇曳	yáoyè	30—2
野蛮	yěmán	34—2
夜阑	yèlán	27—1
夜以继日	yè yǐ jì rì	30
一把手	yībǎshǒu	22—1
一睹为快	yī dǔ wéi kuài	25
一度	yīdù	26—2
一帆风顺	yī fān fēng shùn	31—1
一举多得	yī jǔ duō dé	18—2
一揽子	yīlǎnzi	34
一目十行	yī mù shí háng	33—1
一如既往	yī rú jì wǎng	34—1
一视同仁	yī shì tóng rén	18—3
一体化	yītǐhuà	31
一条龙	yītiáolóng	22—1
依存	yīcún	31
依赖	yīlài	21—3
依托	yītuō	21—1
衣冠冢	yīguānzhǒng	26
宜人	yírén	18—3
夷为平地	yí wéi píngdì	34—2
遗产	yíchǎn	22—2
以假乱真	yǐ jiǎ luàn zhēn	33—1
以权谋私	yǐ quán móu sī	22—1
亦	yì	25—2
异乎寻常	yìhū xúncháng	18—2
意识	yìshí	27
意向书	yìxiàngshū	25—2
因陋就简	yīn lòu jiù jiǎn	18—3
殷勤	yīnqín	25—1

淫秽	yínhuì	23
引咎	yǐnjiù	29—2
隐蔽	yǐnbì	18—2
隐现	yǐnxiàn	32—1
英明	yīngmíng	30
应届	yīngjiè	20
应有尽有	yīng yǒu jìn yǒu	19—2
罂粟	yīngsù	28
赢得	yíngdé	24—2
营销	yíngxiāo	33—3
营养	yíngyǎng	32—2
硬件	yìngjiàn	18
应酬	yìngchóu	25
应付	yìngfù	22—1
臃肿	yōngzhǒng	34
忧郁	yōuyù	32—1
悠久	yōujiǔ	18—3
优胜劣汰	yōu shèng liè tài	24—2
由衷	yóuzhōng	25—2
犹太人	Yóutàirén	34—2
游牧	yóumù	26—1
有口皆碑	yǒu kǒu jiē bēi	30
有目共睹	yǒu mù gòng dǔ	30
有限责任公司	yǒuxiàn zérèn gōngsī	19—1
黝黑	yǒuhēi	30—1
右翼	yòuyì	31—1
诱惑	yòuhuò	28—1
诱惑力	yòuhuòlì	33
于心不忍	yú xīn bù rěn	25—1
逾	yú	18—1
愚蠢	yúchǔn	31—2
愚弄	yúnòng	33—1
渔樵	yúqiáo	32—1
渔翁之利	yúwēng zhī lì	31—1
与日俱增	yǔ rì jù zēng	33
雨后春笋	yǔ hòu chūnsǔn	22—1
御	yù	25
渊源	yuānyuán	31—2

299

原始	yuánshǐ	18—2
原汁原味	yuán zhī yuán wèi	18—2
援	yuán	30—1
远见	yuǎnjiàn	30
运筹帷幄	yùnchóu wéiwò	21—3
蕴藏	yùncáng	26—3
蕴含	yùnhán	30

Z

载	zǎi	25
藻井	zǎojǐng	26—2
扎实	zhāshí	22—1
乍暖还寒	zhà nuǎn hái hán	30—2
诈	zhà	25
诈骗	zhàpiàn	28—1
瞻望	zhānwàng	32—1
朝	zhāo	21
招徕	zhāolái	18
折射	zhéshè	26—1
侦缉	zhēnjí	28—1
斟酌	zhēnzhuó	34
甄选	zhēnxuǎn	34
振振有词	zhènzhèn yǒu cí	25—1
震耳欲聋	zhèn ěr yù lóng	30—2
震慑	zhènshè	28
震源	zhènyuán	29—2
征收	zhēngshōu	18—1
蒸笼	zhēnglóng	18—3
蒸蒸日上	zhēngzhēng rì shàng	33—2
政企分开	zhèng-qǐ fēn kāi	19
支点	zhīdiǎn	24—2
支票	zhīpiào	22
支线	zhīxiàn	21—1
支援	zhīyuán	27
织锦	zhījǐn	26—2
执掌	zhízhǎng	26—2

指令	zhǐlìng	23—1
制裁	zhìcái	31—1
滞后	zhìhòu	18
滞留	zhìliú	21—1
智慧	zhìhuì	26—3
中介	zhōngjiè	18
重力场	zhònglìchǎng	29—2
种植	zhòngzhí	28
周期	zhōuqī	18
皱褶	zhòuzhě	30—2
珠光宝气	zhū guāng bǎo qì	26—2
诸如此类	zhū rú cǐ lèi	22
主子	zhǔzi	30—2
嘱咐	zhǔfù	32—2
嘱托	zhǔtuō	30
铸	zhù	26
转轨	zhuǎn guǐ	19
撰	zhuàn	27—2
转悠	zhuànyou	32—1
装裱	zhuāngbiǎo	32—1
装置	zhuāngzhì	21—3
幢	zhuàng	34—2
追根溯源	zhuī gēn sù yuán	22—1
缀	zhuì	30—1
准	zhǔn	21
卓识	zhuōshí	30
卓有成效	zhuō yǒu chéngxiào	33—2
着力	zhuólì	26
着实	zhuóshí	21
滋润	zīrùn	24—2
咨询	zīxún	18—3
自负盈亏	zì fù yíng kuī	19
自律	zìlǜ	32
自然经济	zìrán jīngjì	30
自恃	zìshì	20—1
综合治理	zōnghé zhìlǐ	28—1
走后门	zǒu hòumén	22—1

走势	zǒushì	33
走私	zǒu sī	28
走穴	zǒuxué	22
阻滞	zǔzhì	32
最惠国	zuìhuìguó	31—1
遵循	zūnxún	33